21 世纪职业教育教材·财经商贸系列

管理基础与实务

主　编　何　桑　程文忠
副主编　姜启跃　王金梅
　　　　胡　萍
参　编　李　智　曹玉敏
　　　　崔玲珑　聂群华

内 容 简 介

本书根据高职学生的学习特点,精心设计教学内容,着重突出学生管理意识和能力素养的培养,依据"理实一体化"教学模式的要求,力求"从经验到体验"的转变,让学生在体悟领会管理的基本知识和基本技能中,提高管理意识和人文素养,为学生的可持续发展奠定基础。本书可用于高职经济管理类各专业的教学。

根据学生未来岗位职业能力要求,本书共设计了九大模块,包括管理、计划、决策、组织、领导、沟通、激励、控制、创新,以便学生掌握管理基础知识,树立现代管理思想与理念,同时提高学生中基层管理岗位综合技能与素质。在每一模块中,以学生可理解的待解决实际管理问题导入课堂教学,知识点的介绍由浅入深、循序渐进、简单明了。同时,在教材中加入大量管理小故事、补充阅读材料使教材更加生动活泼,增加了可读性,提高了学生的学习兴趣。在思考与应用部分增加了实训内容及考核方式,力求做到理实一体。

图书在版编目(CIP)数据

管理基础与实务/何桑,程文忠主编. —北京:北京大学出版社,2011.7
(全国高职高专规划教材·财经系列)
ISBN 978-7-301-16544-7

Ⅰ. 管⋯ Ⅱ. ①何⋯②程⋯ Ⅲ. ①管理学 – 高等职业教育 – 教材 Ⅳ. ①C93

中国版本图书馆 CIP 数据核字(2011)第 178678 号

书　　　名:	管理基础与实务
著作责任者:	何 桑　程文忠　主编
策 划 编 辑:	李 玥
责 任 编 辑:	李 玥
标 准 书 号:	ISBN 978-7-301-16544-7/F·2868
出 版 发 行:	北京大学出版社
地　　　址:	北京市海淀区成府路 205 号　100871
电　　　话:	邮购部 62752015　发行部 010-62750672　编辑部 010-62704142　出版部 010-62754962
网　　　址:	http://www.pup.cn
电 子 信 箱:	zyjy@pup.cn
印 刷 者:	北京鑫海金澳胶印有限公司
经 销 者:	新华书店
	787 毫米×1092 毫米　16 开本　14.5 印张　355 千字
	2011 年 7 月第 1 版　2022 年 7 月第 15 次印刷
定　　　价:	36.00 元

未经许可,不得以任何方式复制或抄袭本书之部分或全部内容。
版权所有,侵权必究
举报电话:010-62752024　电子信箱:fd@pup.pku.edu.cn

前　言

管理是一门艺术，也是一门学问，有方法无定法。"没有规矩不成方圆"，但管得规规矩矩、理得笔笔直直，不一定有好的效果。管理是理顺人与人的关系，而人性是复杂的，如何依据组织的特定环境，使制度化与人性化管理适度交融，有效实现组织目标，是一门艺术和学问。

有组织就有管理，就有目标和计划，就需要指挥、沟通、协调和控制。人们大多生活在组织中，通过管理能使组织成员和谐统一，故管理者和被管理者都需要了解管理的基本知识和基本技能。

管理意识和管理能力的培养，对学生人文素养的提高和可持续发展奠定了良好的基础。

本书根据高职学生的教学和学习特点，精心设计教学内容，着重突出学生管理意识和能力素养的培养，依据"理实一体化"教学模式的要求，力求"从经验到体验"的转变，让学生在体悟领会管理的基本知识和基本技能中，提高管理意识和人文素养，为学生的可持续发展奠定基础。本书可用于高职经济管理类各专业的教学。

本书由何桑、程文忠担任主编，姜启跃、王金梅、胡萍担任副主编，李智、曹玉敏、崔玲珑、聂群华参编。本书还得到了江西财经职业学院何先应教授的大力支持和指导。本书在编写过程中参考和引用了国内外许多专家和作者的观点和资料，在本书的参考文献中尽可能地一一列出。由于篇幅有限，有些观点和资料可能被遗漏，在此谨向有关作者表示诚挚的谢意，并请求谅解。

由于作者水平有限，书中难免出现缺点乃至于错误，恳请广大读者和同行专家不吝赐教，以便今后进一步修改和完善！

编　者
2011 年 5 月

目 录

模块一 管 理 ………………… 1

单元一 管理概述 ……………… 2
  一、管理的含义 …………… 2
  二、管理的性质 …………… 4
  三、管理的职能 …………… 6

单元二 管理者的含义与技能 … 7
  一、管理者的含义 ………… 7
  二、管理者的类型 ………… 8
  三、管理者的角色 ………… 8
  四、管理者的技能 ………… 9

单元三 管理理论的演进 ……… 10
  一、古典管理理论 ………… 10
  二、行为科学理论 ………… 14
  三、西方现代管理理论 …… 17
  四、当代管理理论的进展 … 18

模块二 计 划 ………………… 25

单元一 计划职能概述 ………… 26
  一、计划的含义和作用 …… 26
  二、计划的类型 …………… 28
  三、计划编制的程序 ……… 29

单元二 目标与目标管理 ……… 31
  一、目标概述 ……………… 31
  二、目标管理 ……………… 35

模块三 决 策 ………………… 47

单元一 决策的概念与原则 …… 48
  一、决策的概念与特征 …… 48
  二、决策的分类 …………… 49
  三、决策的原则 …………… 52

单元二 决策的方法 …………… 54
  一、定性决策方法 ………… 54
  二、定量决策方法 ………… 58

单元三 决策的程序 …………… 64

模块四 组 织 ………………… 71

单元一 组织与组织原则 ……… 72
  一、组织的定义 …………… 72
  二、组织工作的原理 ……… 73
  三、正式组织与非正式组织 … 75

单元二 组织类型 ……………… 76
  一、管理幅度与管理层次 … 77
  二、部门的划分 …………… 78
  三、组织结构的类型 ……… 82

单元三 团队和委员会 ………… 89
  一、团队概念的由来 ……… 89
  二、企业采用团队组织的方式 … 89
  三、委员会管理 …………… 92

单元四 组织文化 ……………… 96
  一、组织文化的概念和基本特征 … 96
  二、组织文化的基本要素 … 98
  三、组织文化的功能 ……… 101
  四、塑造组织文化的主要途径 … 102

模块五 领 导 ………………… 109

单元一 领导的内涵 …………… 110
  一、领导与管理 …………… 110
  二、领导的作用 …………… 111
  三、领导权力的类型 ……… 112
  四、领导权力的正确运用 … 114

单元二 领导特质和行为理论 … 116
  一、领导特质理论 ………… 116
  二、领导行为理论 ………… 117

单元三　领导权变理论 ……… 121
　　　　一、费德勒模型 ………… 121
　　　　二、赫塞和布兰查德模型 … 123
　　　　三、路径-目标模型 ……… 124
　　单元四　领导的艺术 ………… 125
　　　　一、领导艺术 …………… 125
　　　　二、领导艺术的表现形式 … 125
　　　　三、提高领导艺术的途径 … 126

模块六　沟　通 ……………… 133
　　单元一　沟通概述 …………… 134
　　　　一、沟通的概念 ………… 134
　　　　二、沟通的功能 ………… 135
　　　　三、沟通的过程 ………… 136
　　　　四、信息沟通的分类 …… 136
　　　　五、组织中信息沟通的
　　　　　　网络 ………………… 141
　　单元二　沟通障碍的产生和
　　　　　　消除 ………………… 143
　　　　一、信息沟通的障碍 …… 144
　　　　二、改善沟通效果的方法 … 146
　　　　三、冲突与谈判 ………… 149
　　单元三　沟通实施 …………… 151
　　　　一、公司内部沟通 ……… 151
　　　　二、与客户沟通 ………… 156

模块七　激　励 ……………… 163
　　单元一　激励的概述 ………… 164
　　　　一、激励及其特点 ……… 164
　　　　二、激励的过程 ………… 165
　　　　三、激励的作用 ………… 166
　　单元二　激励理论 …………… 167
　　　　一、内容激励理论 ……… 167
　　　　二、过程激励理论 ……… 169
　　　　三、行为改造激励理论 … 173
　　单元三　激励原则与方式 …… 176
　　　　一、激励的原则 ………… 176
　　　　二、激励的一般方式 …… 177
　　　　三、激励过程中应注意的

　　　　　　问题 ………………… 178

模块八　控　制 ……………… 183
　　单元一　控制的概念和作用 … 184
　　　　一、控制的概念 ………… 184
　　　　二、控制的作用 ………… 185
　　单元二　控制的类型 ………… 186
　　　　一、按控制目的和对象划分 … 186
　　　　二、按控制手段实施的时
　　　　　　间划分 ……………… 187
　　　　三、按采用的控制手段
　　　　　　划分 ………………… 188
　　单元三　控制的过程 ………… 189
　　　　一、控制过程 …………… 189
　　　　二、有效控制 …………… 192
　　单元四　运用控制方法的
　　　　　　能力 ………………… 193
　　　　一、预算控制 …………… 193
　　　　二、非预算控制方法 …… 194
　　　　三、作业控制 …………… 195

模块九　创　新 ……………… 201
　　单元一　创新思想的起源 …… 202
　　　　一、创新的基本概念 …… 202
　　　　二、马克思主义对创新
　　　　　　的认识 ……………… 204
　　　　三、创新的分类 ………… 205
　　单元二　创新的过程与原则 … 206
　　　　一、创新过程 …………… 206
　　　　二、创新的原则 ………… 208
　　单元三　管理创新行为 ……… 211
　　　　一、目标创新 …………… 211
　　　　二、技术创新 …………… 211
　　　　三、制度创新 …………… 214
　　　　四、组织机构和结构创新 … 216
　　　　五、环境创新 …………… 216

参考文献 …………………… 223

模块一 管　理

管理情景

丁谓重修皇宫

宋真宗时期，大臣丁谓用"一举三得"方案重建皇宫。当时，由于皇城失火，皇宫被焚，宋真宗命丁谓重修皇宫。这是一个复杂的工程，不仅要设计施工，运输材料，还要清理废墟，任务十分艰巨。丁谓首先在皇宫前开沟渠，然后利用开沟取出的土烧砖，再把京城附近的汴水引入沟中，使船只运送建筑材料直达工地。工程完工后，又将废弃物填入沟中，复原大街，这就很好地解决了取土烧砖、材料运输、清理废墟三个难题，使工程如期完成。

丁谓用"一举三得"重建皇宫的方案给我们什么启示？

学习目标

知识目标

1. 理解管理的含义与性质；
2. 掌握管理的职能；
3. 理解管理者的含义与技能；
4. 了解管理理论的演进过程。

能力目标

1. 树立管理"无处不在"的意识，并能够应用管理职能形象理解管理含义；
2. 能够运用各种管理理论，分析实际管理现象。

单元一　管理概述

管理是人类社会活动和生产活动中普遍存在的社会现象。凡是有人群的地方，就有管理问题，就会产生管理实践。管理是伴随着集体劳动产生的，而且随着社会分工和社会化大生产的发展，管理的重要性日益突出。古往今来，凡是体现人类高度智慧的重大社会活动和重大社会产品，都极大地体现了管理在其中扮演的重要角色。从古代埃及的金字塔、中国的万里长城，到现代的Windows（视窗）软件、火星探测行动，都是伟大的管理实践的产物。

袋鼠与笼子

　　一天动物园管理员发现袋鼠从笼子里跑出来了，于是开会讨论，一致认为是笼子的高度过低。他们决定将笼子的高度由原来的10米加高到20米。但第二天他们发现，袋鼠还是跑到外面来，所以，他们决定再将高度加高到30米。

　　没想到隔天居然又看到袋鼠全跑到外面，于是管理员们大为紧张，决定一不做二不休，将笼子的高度加高到100米。

　　一天长颈鹿和几只袋鼠们在闲聊，"你们看，这些人会不会再继续加高你们的笼子？"长颈鹿问。"很难说。"袋鼠说："如果他们再继续忘记关门的话！"

　　点评： 事情有"本末"、"轻重"、"缓急"，关门是本，加高笼子是末，舍本而逐末，当然就不得要领了。管理是什么？管理就是抓住事情的"本末"、"轻重"、"缓急"。

一、管理的含义

　　管理活动自古即有，但什么是"管理"，从不同的角度出发，可以有不同的理解。从字面上看，管是主其事，理是治其事，管理是管辖、治理、控制的意思，即对一定范围的人员及事务进行安排和处理。但是，这种字面的解释是不可能严格地表达出管理本身所具有的完整含义的。关于管理的定义，至今仍未得到公认和统一。长期以来，许多中外学者从不同的研究角度出发，对管理做出了不同的解释，其中较有代表性的解释有以下几种：

　　古希腊谚语认为管理是"胡萝卜加大棒"。"胡萝卜加大棒"是激励方式中的一种，指管理的中心工作是运用奖励和惩罚两种手段以诱发人们所要求的行为。

　　科学管理创始人，美国的费雷德里克·泰勒认为管理就是"确切地知道你要别人干些什么,并注意用最好最经济的方法去干"。

现代经营管理之父,法国的亨利·法约尔认为管理就是实行计划、组织、指挥、协调和控制。

决策理论学派的主要代表人物赫伯特·西蒙认为管理就是决策。决策贯穿管理的全过程,决策是管理的核心。

美国著名管理学家哈罗德·孔茨把管理看作是一种"技术",管理是一种在正式组织团体中通过别人并同别人一道完成工作任务的技能;在正式组织团体中创造一种环境,使人们能为达到团体目标,互相协作地完成工作的技能;一种消除完成工作障碍的技能;是有效地实现目标最大化的技巧。简单地说,"管理就是设计一种良好环境,使人在群体里高效率地完成既定目标。"

美国著名管理学家彼得·德鲁克认为"管理就是谋取剩余",这主要是强调管理的作用。所谓"剩余"就是产出大于投入的部分。他认为,任何管理活动都是为了一个目的,就是要使产出大于投入。

管理定义的多样化,反映了人们研究立场、方法、角度的不同,以上管理的不同定义,均强调了管理活动某一方面的特性。本书对管理所做的定义如下:

管理是在特定的环境下,通过计划、组织、领导和控制等职能,协调运用组织的各种资源,以有效地实现组织目标的活动过程。

上述管理的定义包括以下四层含义。

1. 管理的目的——实现既定的组织目标

管理本身并不是目的,管理的目的是为了实现既定的组织目标。有效实现组织目标,一是通过管理,保证组织活动的顺利进行;二是通过管理,使组织在较少的资源消耗情况下不断提高经济效益。管理是一种既讲效率又讲效果的活动。

2. 管理的对象——组织资源

管理的对象包括:人、财、物、时间、信息等组织资源。人指被管理的生产人员、技术人员,以及下属管理人员;财包括经济和财务,是一个组织在一定时期内所掌握和支配的物质资料的价值表现;物指对设备、材料、仪器,以及物资的管理,使之物尽其用,提高利用率;时间是物质存在的一种客观形式,表现为速度、效率,高效能的管理应该考虑如何在尽可能短的时间内,做更多的事情,充分利用时间;信息是具有新内容、新知识的消息,在整个管理过程中,信息是不可缺少的要素,信息的管理是提高管理效能的重要部分。

3. 管理的本质——协调

管理职能执行的直接目标与结果就是使资源与活动协调。因此,管理的行为从本质上看就是协调各种资源。

4. 管理的职能——计划、组织、领导和控制

要实现管理的目标,管理者必须在管理实践中履行计划、组织、领导和控制等管理的职能。

二、管理的性质

（一）管理的两重性

管理具有两重性，即自然属性和社会属性。这是由生产过程本身的两重性决定的。由于生产过程是由生产力和生产关系组成的统一体，决定着管理也具有组织生产力与协调生产关系的两重功能。一方面，管理是人类共同劳动的产物，同生产力和社会化大生产相联系，具有自然属性；另一方面，管理又同生产关系、社会制度相联系，具有社会属性。

管理的自然属性是指同生产力、社会化大生产相联系的管理的普遍性或一般性。它由生产力决定。在管理过程中，为有效实现目标，要对人、财、物、信息、技术等资源合理配置，对产、供、销以及其他职能活动进行协调，以实现生产力的科学组织。这种管理功能，由生产力和生产社会化引起，反映了人同自然的关系，因此，称为管理的自然属性。

管理的社会属性是指同生产关系、社会制度相联系的管理的特殊性。它由生产关系决定。在管理过程中，为维护生产资料所有者的利益，需要调整人们之间的利益分配，协调人与人之间的关系。这种调整生产关系的管理功能，反映的是生产关系与社会制度的性质，因此，称为管理的社会属性。管理的社会属性是由与管理相联系的生产关系和社会制度的性质决定的。在历史发展的过程中，不同社会形态下，管理的社会属性体现了统治阶级的意志，带有明显的政治性。所以，管理的社会属性又称生产关系属性或管理的特殊性。社会主义企业管理与资本主义企业管理的区别也主要反映在管理的社会属性上。前者是在维护社会主义生产关系条件下，充分发挥职工的积极性和创造性，搞活经营，提高效益，实现社会主义生产目的；后者是为了维护资本主义生产关系，是资本家榨取工人创造的剩余价值的一种手段。尽管如此，一些资本主义企业用来调节生产关系的方法和技术，只要具有科学性、实用性，也可以为社会主义企业管理所借鉴。

学习和掌握管理的二重性对我们学习和理解管理学、认识我国的管理问题、探索管理活动的规律，以及运用管理原理来指导实践都具有重大的现实意义。

第一，管理的二重性体现着生产力和生产关系的辩证统一关系。把管理仅仅看作生产力或仅仅看作生产关系，都不利于我国管理理论和实践的发展。只有遵循管理的自然属性要求，并在充分体现社会主义生产关系的基础上，分析和研究我国的管理问题，形成具有中国特色的管理学，才能更好地指导我国的管理实践。

第二，西方的管理理论、技术和方法是人类长期从事生产实践的产物，是人类智慧的结晶，是不分国界的。我们可以学习、引进国外先进的管理理论、技术和方法，根据我国的国情，去其糟粕，取其精华，洋为中用，博采众长，使其成为我国管理理论体系的有机组成部分。

第三，管理总是在一定的生产关系下进行的，体现着一定的统治阶级的意志。所以，在学习西方管理理论时应有原则性，要分析其特殊性和相对局限性，有鉴别、有选择地为我所用。

第四，任何管理理论、技术与方法的出现，都有其时代背景，都是与当时的生产力及社会条件相适应的。因此，我们在应用某些理论、技术与方法时，必须结合本部门、本单位的实际情况，因地制宜，这样才能取得良好的效果。

(二) 管理的科学性与艺术性

管理的科学性是管理作为一个活动过程，其间存在着一系列基本客观规律。人们经过无数次的失败和成功，通过从实践中收集、归纳、检测数据，提出假设，验证假设，从中抽象总结出一系列反映管理活动过程中客观规律的管理理论和一般方法。人们用这些理论和方法来指导自己的管理实践，又以管理活动的结果来衡量管理过程中所使用的理论和方法是否正确，是否行之有效，从而使管理的科学理论和方法在实践中得到不断地验证和丰富。因此，说"管理是一门科学"，是指它以反映管理客观规律的管理理论和方法为指导，有一套分析问题、解决问题的科学的方法论。

科学性是管理必不可少的基础，管理者如果没有科学的管理知识和相关知识，就像哈罗德·孔茨认为的那样："医生不掌握科学，几乎跟巫医一样了。高级管理人员不掌握管理科学，则只能是碰运气、凭直觉或用老经验。"而有了系统化的科学的管理知识，他们就有可能在严谨、量化、合乎逻辑的科学归纳基础上，对组织中存在的管理问题提出可行的、正确的解决办法。因为科学的管理注重自然规律、客观数据、分析结论、程序化、规范、规则、惯例、理性体验、同一性和经验运用。科学性是一种行为的严谨，为组织带来平衡和稳定，犹如骨架和躯干的作用。管理者学好管理学，能减少因违背管理的基本科学规律而造成的低效率和失误。

管理的艺术性指在掌握一定理论和方法的基础上，灵活运用这些知识和技能的技巧和诀窍。管理的艺术性就是强调其实践性，没有实践则无所谓艺术。这就是说，仅凭停留在书本上的管理理论，或背诵原理和公式来进行管理活动，是不能保证其成功的。主管人员必须在管理实践中发挥积极性、主动性和创造性，因地制宜地将管理知识与具体管理活动相结合，才能进行有效的管理。所以，管理的艺术性，就是强调管理活动除了要掌握一定的理论和方法外，还要有灵活运用这些知识和技能的技巧和诀窍。

由于管理对象分别处于不同环境、不同行业、不同的产出要求、不同的资源供给条件等状况下，这就导致了对每一具体管理对象的管理没有一种唯一的完全有章可循的模式，特别对那些非程序性的、全新的管理对象，则更是如此，从而造成了管理活动的成效与管理者对管理技巧的发挥具有很大的相关性。事实上管理者对这种管理技巧的运用与发挥，体现了管理者设计和操作管理活动的艺术性。另外，由于在达成资源有效配置的目标与责任的过程中可供选择的管理方式、手段多种多样，因此，在众多可选择的管理方式中选择一种合适的用于现实的管理之中，这也是管理者进行管理的一种艺术性技能。

管理属于软科学，没有最优解，只有满意解。如何更好地管理，受天时地利人和的影响，更受管理者本身的价值观、风格和偏好的影响。如果仅凭停留在书本上的管理理论，或背诵原理和公式来进行管理活动是不能保证其成功的。管理

小思考

你是否赞成管理的特征是"实践重于理论,艺术多于科学"这一说法?

者必须在管理实践中发挥积极性、主动性和创造性,因地制宜、审时度势地将管理知识与具体管理活动相结合,才能进行有效的管理。艺术的管理注重的是灵活多变、逆向思维、创新创造、情感认知和审美感悟。艺术性是一种思维的升华,带来活跃与发展,如同流动的思想、气质和血液。艺术性是管理变化创新的灵魂。

管理的科学性与艺术性并不相互排斥,而是相互补充、相辅相成的。管理的科学性是艺术性的前提和基础。管理的艺术性是科学性的突破和创新。管理的科学性与艺术性可以相互转化。管理是科学性与艺术性的统一,既有规律又不拘泥于成法,它为管理者指明了一个行动方向,又给他们留下了想象和发挥的广大空间。认识管理的科学性与艺术性,对组织和管理者具有重要指导意义,只有将两者有效地结合,管理者才能运筹帷幄,组织才能有长足的发展。

三、管理的职能

管理是人们进行的一项实践活动,是人们的一项实际工作,一种行动。人们发现在不同的管理者的管理工作中,管理者往往采用程序具有某些类似、内容具有某些共性的管理行为,如计划、组织、控制等,人们对这些管理行为加以系统性归纳,逐渐形成了"管理职能"这一被普遍认同的概念。所谓管理职能,是管理过程中各项行为的内容的概括,是人们对管理工作应有的一般过程和基本内容所做的理论概括。

1. 计划

计划职能是指管理者为实现组织目标,对工作所进行的筹划活动。计划职能是管理的首要职能,一切管理工作从计划开始,包括市场调查与预测、制定目标、确定为实现目标所采取的行动等。

2. 组织

组织职能是管理者为实现组织目标而建立与协调组织结构的工作过程,包括设计与建立组织结构、合理分配职权与职责、选拔与配置人员、推进组织的协调与变革等。合理、高效的组织结构是实施管理、实现目标的组织保证。

3. 领导

领导职能是指管理者指挥、激励下级,以有效实现组织目标的行为。领导职能是管理过程中最经常、最关键的职能,包括选择正确的领导方式;运用权威,实施指挥;激励下级,调动其积极性;进行有效沟通等。不同层次、不同类型的管理者领导职能的内容及侧重点各不相同。

4. 控制

控制职能是指管理者为使实际工作与目标保持一致而进行的活动。包括制定标准、衡量工作、纠正出现的偏差等。工作失去控制就要偏离目标,没有控制很难保证目标的实现。但是,不同层次、不同类型的管理者控制的重点内容和控制方式则有很大差别。

以上管理各职能相互联系，相互作用。在具体工作中要处理好不同职能之间关系。

首先，在具体工作中，计划、组织、领导和控制职能一般按顺序履行，即先执行计划职能，再执行组织、领导职能，最后执行控制职能。其次，上述顺序不是绝对的，在实际工作中，这四大职能相互融合、交叉发挥作用。并且，对于不同组织、不同管理层次、不同管理类型的管理者，在具体工作中履行这些管理职能的时候，又存在很大差异性。例如，高层次管理者更关注计划和组织职能，而基层管理者则更重视领导和控制职能。即使对同一管理职能，不同层次的管理者关注的重点也不同。例如，对于计划职能，高层管理者更重视长远规划和战略性计划的制定与执行；而基层管理者考虑的更多的是作业计划的制定与运行。

管理职能的内容如图1-1所示。

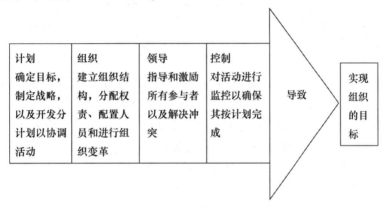

图1-1　管理职能的内容

单元二　管理者的含义与技能

一、管理者的含义

管理者在组织中工作，但并非组织中的每一个人都是管理者。一个组织中的成员可分为操作者和管理者两类。

管理者是指在组织中从事并担负计划、组织、领导和控制等管理职能的有关人员。例如，工厂的厂长、车间主任，企业总裁、总经理、部门经理、部门主管等。按照管理者在组织中所处的层次、职位的不同，可分为高层管理者、中层管理者和基层管理者。

操作者是指直接从事具体操作工作的人。例如，工厂的工人、酒店的厨师等，这些人处于组织中的最基层，往往是管理的对象。

二、管理者的类型

按管理者在组织中所处的地位，管理者可分为：高层管理者、中层管理者和基层管理者。① 高层管理者，如学校的校长，医院的院长，机关行政首脑，公司总经理等。高层管理者对组织负有全面的责任，主要侧重于决定有关组织的大政方针，沟通组织与外界的交往联系。高层管理者很少从事具体的事务性工作，而把主要精力和时间放在组织全局性或战略性问题的考虑上。② 中层管理者，如工厂里的车间主任，学校里的系主任，机关里的处长等。中层管理者的主要职责是贯彻高层管理者所制定的大政方针，指挥基层管理者的活动。他们的主要管理对象是基层管理者。③ 基层管理者，如工厂里的班组长，运动队里的教练或学校里的教研室主任，机关里的科长、股长等。他们领导下属直接进行生产、训练、完成教学任务、开展业务活动。基层管理者的主要职责是直接指挥和监督现场作业人员，保证完成上级下达的各项计划和指令。基层管理者是组织中最下层的管理者，他们主要关心的是具体任务的完成。

根据管理者在组织中所起的作用的不同，管理者可分为：① 业务管理者。对组织目标的实现负有直接责任，负责计划、组织和控制组织内的日常业务活动的开展。② 财务管理者。任何一个组织的运转都离不开资金的有效运作，财务管理者主要从事与资金的筹措、预算、核算和投资、使用等有关活动的管理。③ 人事管理者。主要从事人力资源管理，如对人员的招聘、选择、培训和使用、评估、奖惩等工作的管理。④ 行政管理者。主要负责后勤保障工作。任何组织都少不了行政管理人员和行政工作人员，没有他们，其他专业管理人员和操作者就难以专心致志地工作。⑤ 其他管理者。由于各类组织的目标、任务相差甚远，很难按管理者的作用统一分类。

三、管理者的角色

1974 年，加拿大管理学家亨利·明茨伯格（Henry Mintzberg）研究发现，管理者扮演十种角色，可归纳为三大类：人际角色、信息角色和决策角色，如图 1-2 所示。

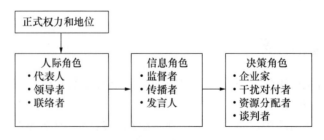

图 1-2　管理者的角色

1. 人际角色

(1) 代表人：象征性的首脑，必须履行许多法律性的或社会性的例行义务。
(2) 领导者：激励和动员下属，人员配备、培训和交往的职责。

（3）联络者：维护自行发展起来的外部接触和联系网络，向人们提供恩惠和信息。

2. 信息角色

（1）监督者：寻求和获取各种特定的信息，以便透彻地了解组织与环境；组织内外的神经中枢。

（2）传播者：将从外部人员和下级那里获得的信息传递给组织的其他成员——有些是关于事实的信息，有些是解释和综合组织的有影响的人物的各种价值观点。

（3）发言人：向外界发布有关组织的计划、政策、行动、结果等信息；作为组织所在产业方面的专家。

3. 决策角色

（1）企业家：寻求组织和环境中的机会，制订"改进方案"以发起变革，监督某些方案的策划。

（2）干扰对付者：当组织面临重大、意外的动乱时，负责采取补救行动。

（3）资源分配者：负责分配组织的各种资源——事实上是批准所有重要的组织决策。

（4）谈判者：在主要的谈判中作为组织的代表。

四、管理者的技能

管理者的素质主要表现为实际管理过程中的管理技能。管理者应具备哪些管理的基本技能，管理学界有许多观点。其中，美国管理学家卡特兹认为，管理者必须具备以下三个方面的技能。

1. 技术技能

技术技能是指管理者掌握与运用某一专业领域内的知识、技术和方法的能力，包括：专业知识、经验、技术、技巧、程序、方法、操作与工具运用熟练程度等。这些是管理者对相应专业领域进行有效管理所必备的技能。管理者要掌握的技术技能主要有：预测技术、决策技术、计划技术、组织技术和评价技术等。

2. 人际技能

人际技能是指管理者处理人与人之间关系的技能，包括：观察人、理解人、掌握人的心理规律的能力，与同事、客人、朋友之间沟通的能力，了解下属需要、进行有效激励的能力，善于团结他人、增强向心力、凝聚力的能力等。在以人为本的今天，处理好人与人之间的关系，对于现代管理者来说是一种重要的基本功。没有人际技能的管理者是做不好管理工作的。

3. 概念技能

概念技能又称思维技能或构想技能，是指管理者综观全局，对影响组织生存与发展的重大因素做出正确判断，并在此基础上做出决策，引导组织发展方向的能力。其核心是观察能力和思维能力，包括：对复杂环境和管理问题的观察、分析能力，对全局性、战略性、长远性重大问题的处理与决断能力，对突发性事件处理能力和应变能力等。在组织既定的环境中，有众多的影响因素，从而使组织的发展充满着

变数和不确定性。作为一名管理者，需要能快速敏捷地从混乱、复杂的环境中辨清各种因素之间的关系，抓住问题的实质。对于管理者来说，概念技能在组织的战略决策和发展中最为重要，也最难培养。

成功的管理者应具备较高的技术技能、人际技能和概念技能，但由于不同层次的管理者所处的位置、发挥的作用以及履行的职能有所不同。因此，对于不同层次的管理者来说，这三种技能的重要程度也不相同。一般来说，高层管理者尤其需要概念技能，因为高层管理者在执行计划、决策等主要职能的时候，需要具备理解各种事物之间相互关系的能力；高层管理者对技术技能的要求就相对低一些。与之相反，由于基层管理者的主要职能是现场指挥与监督，更需要技术技能；对概念技能的要求不是太高。由于管理对象的主体要素是对人的管理，因此，人际技能对每个层次的管理者来说都十分重要。

单元三　管理理论的演进

一、古典管理理论

古典管理理论形成于 19 世纪末 20 世纪初。经过产业革命后，科学技术有了长足的发展，许多新发明开始出现，但是管理仍处于师傅带徒弟的方式，经验和主观臆断盛行，缺乏科学的依据。传统的经验管理越来越不适应管理实践的需要。为了适应生产力发展的需要，改善管理的粗放和低水平，当时在美、法、德等国家都产生了科学管理运动，从而形成了各有特点的管理理论。尽管这些管理理论的表现形式各不相同，但其实质都是采用当时所掌握的科学方法和科学手段对管理过程、职能和方法进行探讨和试验，奠定了古典管理理论的基础，形成了一些以科学方法为依据的原理和方法。

（一）科学管理原理

泰勒被西方管理学界称为"科学管理之父"。他对管理理论的主要贡献是：一切管理问题都可以而且应当通过科学的方法加以解决，否定了靠经验办事的传统管理思想，把管理从经验上升到了理论。泰勒的主要观点包括以下几个方面。

1. 科学地挑选工人

泰勒认为，为了提高劳动生产率，必须为工作挑选"第一流的工人"，并使工人的能力同工作相配合。主张对工人进行培训，教会他们科学的工作方法，激发他们的劳动热情。

2. 合理制定工作定额

通过试验和研究，泰勒把工人的每一个工作分成尽可能多的简单的基本动作，去掉其中没有用的动作，同时，选择最适用的工具、机器，通过对最熟练的工人每一个操作动作的观察，选择出每一个基本动作最快和最好的方法，并记录下时间，加上必要的休息时间和其他延误时间，得到完成这些操作的标准时间。在此基础上制定出工人"合理的日工作量"。"合理的日工作量"是工人每个工作日标准定额的基础，标准定额是对工作进行管理的依据。

3. 实行差别计件工资制

泰勒认为，工人磨洋工的一个重要原因是报酬制度不合理。他提出了一种新的报酬制度——差别计件工资制。内容包括以下几点。

（1）通过时间和动作研究，制定出有科学依据的工作定额。

（2）实行差别计件工资制来鼓励工人完成或超额完成工作定额。差别计件工资制是指计件工资随完成定额的程度而上下浮动。如果工人完成或超额完成定额，则定额内的部分连同超额部分都按比正常单价高25%计酬；如果工人完不成定额，则按比正常单价低20%计酬。

（3）工资支付的对象是工人而不是职位，即根据工人的实际工作表现而不是根据工作类别来支付工资。它意味着同一岗位甚至同一级别的工人，可以得到不同的工资。泰勒认为，实行差别计件工资制，可以大大提高工人的积极性，从而提高劳动生产率。

4. 计划职能与执行职能相分离

泰勒主张改变原来的经验工作方法，代之以科学的工作方法。经验工作方法是指每个工人采用什么操作方法、使用什么工具等，根据个人的经验决定。所以，工人工作效率的高低取决于他们的操作方法和使用的工具是否合理，以及每个人的技术熟练程度和努力程度。科学工作方法是指每个工人采用什么操作方法、使用什么工具等，都要根据试验和研究来决定。

泰勒主张设立专门的管理部门，职责主要是研究、计划、调查、训练、控制和指导操作者的工作。提出把计划职能和执行职能分开。管理部门要按科学的规律来制订计划，制订计划职能的人称为管理者，执行计划职能的人称为劳动者。

小思考

泰勒的科学管理原理的这些原则在21世纪的今天还有用吗？

5. 实行"例外原则"

泰勒认为，规模较大的企业还需要运用例外原则。所谓"例外原则"，就是指高级管理人员为了减轻处理烦琐事务的负担，把处理各项文书、报告等一般日常事务的权力下放给下级管理人员，高级管理人员只保留对例外事项的决策权和监督权。

补充阅读材料

"科学管理之父"——泰勒

泰勒（Frederick Winslow Taylor, 1856—1915），美国著名的管理学家，科学管理理论的奠基人，"科学管理之父"。最大贡献是，在管理实践和管理问题研究中采用

"观察、记录、调查、试验等手段的近代分析科学方法"。

泰勒曾在哈佛大学学习,后因眼疾而被迫辍学。1875年,泰勒进入费城的一家机械厂当学徒,四年后转入费城的米德维尔钢铁公司当技工。由于他工作努力,表现突出,很快升任工长、总技师,1884年任总工程师。他通过函授及自学,于1883年获得了机械工程学士学位。1898—1901年受雇于宾夕法尼亚的伯利恒钢铁公司。1901年后,他把大部分时间用在写作和演讲上。1906年担任美国机械工程师学会主席。

泰勒毕生致力于研究如何提高劳动效率。他在工作中发现,许多工人故意偷懒、磨洋工,工作效率很低;即使实行了计件工资制,雇主往往在工人提高产量后降低计件单价,造成工人不愿多干、有意识、有组织地偷懒,生产效率难以进一步提高。泰勒认为,谋求提高生产率,生产出较多的产品,关键是要确定每天合理的工作量。从这点出发,泰勒于1880年在米德维尔钢铁公司的一个车间进行了时间研究和金属切削的试验。

通过上述一系列试验和长期的管理实践,他在其代表作《计件工资制》(1895年)、《车间管理》(1903年)、《科学管理原理》(1912年)等书中提出了科学管理思想。《科学管理原理》奠定了科学管理的理论基础,标志着科学管理思想的正式形成。

(资料来源:F·W·泰勒. 科学管理原理 [M]. 北京:中国社会科学出版社,1984.)

(二) 一般管理原理

亨利·法约尔(Henri Fayol,1841—1925),法国人,1860年从圣艾帝安国立矿业学院毕业后进入一家采矿冶金公司工作,成为一名采矿工程师,后任矿井经理直至公司总经理。他在实践中逐渐形成了自己的管理思想和管理理论,对管理学的形成和发展做出了巨大的贡献,集中体现在他发表于1916年的名著《工业管理与一般管理》一书中。

法约尔写作的年代与泰勒在同一时期,但是,泰勒关心的是生产车间现场的作业管理,以探讨工厂中提高生产效率为重点进行科学管理研究;而法约尔关注的是所有管理者的活动,并且把他的个人经验上升为管理理论,以管理过程和管理组织为研究重点,着重研究管理的组织和管理的活动过程。

法约尔一般管理理论的主要思想包括以下内容。

1. 企业经营活动的类别

法约尔认为,企业经营活动可以概括为以下六大类:

技术活动——指生产、制造、加工等;

商业活动——指购买、销售、交换等;

财务活动——指资金的筹集、运用和控制等;

会计活动——指盘点、制作财务报表、成本核算、统计等;

安全活动——指维护设备和保护职工的安全等;

管理活动——指计划、组织、指挥、协调和控制。

企业内无论是高层领导,还是普通工人,每个人或多或少都要从事这六项活动,只不过是随着职务的高低和企业的大小不同而各有侧重。高层人员工作中管理活动所占比重较大,而在直接的生产工作和事务性活动中管理活动较少。法约尔认为,人的管理能力可以通过教育来获得，所以他很强调管理教育的必要性和可能性。

2. 管理的五大基本职能

法约尔首次把管理活动划分为计划、组织、指挥、协调与控制五项职能，揭示了管理的本质，并对这五大职能进行了详细的分析。计划就是探索未来和制订行动方案，组织就是建立企业的物质和社会双重结构，指挥就是使人员发挥其作用，协调就是连接、联合、调和所有的活动及力量，控制就是注意一切是否按已制定的规章和下达的命令进行。

3. 管理十四项原则

（1）分工。这条原则与亚当·斯密的"劳动分工"原则是一致的。分工通过专业化使雇员们的工作更有效率，从而提高了工作的成果，它不仅适用于技术工作，也适用于管理工作。

（2）权力与责任。权力和责任是互为因果的，有权力必定有责任，权力和责任应相一致，不能出现有权无责或有责无权的现象。

（3）纪律。纪律的实质是遵守公司各方达成的协议。没有纪律，企业就难以发展。而建立和维持纪律的最好方法，一是要有好领导，二是企业与职工之间的协议要尽可能明确和公正，三是实行制裁要公正。

（4）统一指挥。组织内的每一个成员都只应接受一个上级的命令。违背这个原则，就会使权力和纪律受到严重的破坏。

（5）统一领导。凡是具有同一目标的活动，只应有一个领导人和一套计划。不要把统一指挥与统一领导相混淆。人们通过建立完善的组织来实现一个社会团体的统一领导，而统一指挥取决于人员如何发挥作用。

（6）个人利益服从集体利益。集体利益大于个人利益的总和。集体目标中应包含员工个人的目标，使企业目标实现的同时满足个人的合理需求。当个人利益与集体利益发生冲突时，优先考虑集体利益。

（7）公平报酬。报酬必须公平合理，尽可能使员工和公司双方满意。对贡献大，活动方向正确的员工要给予奖励，但奖励应以能激起员工的工作热情为限，否则将会起副作用。

（8）集权。集中是指下级参与决策的程度。决策制定是集中（集中于管理当局）还是分散（分散给下属），只是一个适当程度的问题，管理当局的任务是找到在每种情况下最适合的集中程度。企业集权的程度应视管理人员的个性、道德品质、下级人员的可靠性以及企业的规模、条件等情况而定。

（9）等级链与跳板。这是由企业的最高领导到最基层之间各级领导人所组成的等级系列，它是一条权力线，用以贯彻执行统一的命令和保证信息传递的秩序。但是为了克服由于指挥的统一性原则而产生的信息传递的延误，法约尔设计了一种跳板。利用这种跳板可以进行横向的信息交流，但只有在各方面都同意而上级又始终知情的情况下才能这样做。

（10）秩序。秩序即人和物必须各尽所能。管理人员首先要了解每一个工作岗位的性质和内容，使每个工作岗位都有称职的职工，每个职工都有合适的岗位。同时还要有条不紊地精心安排物资、设备的合适位置。

(11) 平等。即以亲切、友好、公正的态度严格执行规章制度。员工们受到平等的对待后，会以忠诚和献身的精神去完成他们的任务。

(12) 保持人员稳定。把一个人培养成熟练、有效的员工往往需要很长的时间，因此人员的频繁调动将使工作不能很好地进行。任何组织都要保持稳定的员工队伍，鼓励员工长期为组织服务。

(13) 首创精神。发挥个人的聪明才智，提出具有创造性的想法，既会给员工带来极大的快乐，也是刺激员工努力工作的最大动力之一。企业的领导者不仅自己要有首创精神，而且还要鼓励全体成员发挥首创精神。

(14) 集体精神。职工的融洽、团结可以使企业产生巨大的力量。实现集体精神最有效的手段是统一命令。在安排工作、实行奖励时不要引起嫉妒，以避免破坏融洽的关系。此外，还应加强企业内部的交流。

法约尔关于管理过程和管理组织理论的开创性研究，其中特别是关于管理职能的划分以及管理原则的描述，对后来的管理理论研究具有非常深远的影响，他被后人称为"一般管理理论之父。"

(三) 行政组织体系理论

马克斯·韦伯是德国著名的社会学家，他对法学、经济学、政治学、历史学和宗教学都有广泛的兴趣。他在管理理论上的研究主要集中在组织理论方面，主要贡献是提出了理想的行政组织体系理论。它具有如下一些特点。

(1) 劳动分工。工作应当分解成为简单的、例行的和明确定义的任务。

(2) 职权等极。公职和职位应当按等级来组织。每个下级应当接受上级的控制和监督。

(3) 正式的选拔。所有的组织成员都是依据经过培训、教育，或正式考试取得的技术资格选拔的。

(4) 正式的规则和制度。为了确保一贯性和全体雇员的活动，管理者必须倚重正式的组织规则。

(5) 非人格性。规则和控制的实施具有一致性，避免掺杂个性和雇员的个人偏好。

(6) 职业定向。管理人员有固定的薪金和明文规定的晋升制度，是一种职业管理人员，而不是组织的所有者，他们领取固定的工资并在组织中追求他们职业生涯的成就。

韦伯认为，理想的行政组织体系最符合理性原则，效率最高，能适用于所有的各种管理工作和各种大型组织，如教会、国家机构、军队和各种团体。韦伯的这一理论，对泰勒、法约尔的理论是一种补充，对后来的管理学家们，尤其是组织理论学家则有很大的影响，他被称为"组织理论之父"。

二、行为科学理论

20世纪初，世界资本主义经济进入了一个新时期，生产规模不断扩大，社会化大生产程度不断提高，新技术被广泛应用于生产部门，新兴工业不断出现。但同时社会经济中劳资矛盾进一步加剧，工人不满和对抗的情绪日益严重。在这种情况下，古典管理理论重物轻人、强调严格管理的思想已不能适应新形势的要求。一些管理学者从进一步提高劳动生产率的角度，把人类学、社会学、心理学等运用到企业管理中，20世纪20年代开始，逐渐形成了行为科学理论。

行为科学就是对工人在生产过程中的行为以及行为产生的动机进行分析，以调节人际关系，提高劳动生产率。行为科学理论研究的内容早期被称为人际关系学说，后来发展成行为科学，即组织行为理论。行为科学理论研究的内容主要包括：人的本性和需要、行为动机、生产中的人际关系等。

梅奥，人际关系理论及行为科学的代表人物，主要从事心理学和行为科学的研究，代表作是《工业文明中人的问题》。该书总结了他亲身参与和指导的霍桑试验及其他几个试验的研究成果，详细论述了人际关系理论的主要思想。梅奥是继泰勒和法约尔之后，对近代管理思想和理论的发展做出重大贡献的学者之一。

（一）霍桑试验

1924—1933年，霍桑试验在美国芝加哥郊外的西方电器公司的霍桑工厂进行。霍桑工厂当时有工人25 000名，有较完善的娱乐设施、医疗制度和养老金制度，但是，工人们仍有很强的不满情绪，生产效率很低。为了探明原因，1924年11月，美国国家研究委员会组织了一个包括多方面专家在内的研究小组进驻霍桑工厂进行试验。当时，不少管理者和学者认为，工作环境的物质条件同工人的健康及生产率之间有明确的因果关系。因此，霍桑试验根据工人对给予的工作条件可能做出相应反应的假设进行，目的是研究工作环境的物质条件与产量之间的关系，以发现提高劳动生产率的途径。霍桑试验包括四个阶段：照明试验、福利试验、访谈试验和群体试验。

（二）人际关系学说的主要观点

在霍桑试验研究成果的基础上，梅奥在1933年正式发表的《工业文明中的人的问题》中提出了人际关系学说，其主要内容如下。

1. 职工是"社会人"

古典管理理论把人看作"经济人"，认为他们只是为了追求高工资和良好的物质条件而工作。因此，对职工只能用绝对、集中的权力管理。梅奥等人以霍桑试验的成果为根据，提出与"经济人"不同的"社会人"的观点，认为影响"社会人"工作积极性的因素，除物质条件外，还有社会、心理等因素，如安全感、归属感、相互尊重和友情等，这些因素对人的积极性有很大影响。

2. 企业中存在"非正式组织"

正式组织是为了实现企业目标而规定成员之间职责范围的一种机构。企业成员在工作中必然产生一定关系，由此形成共同的感情，进而构成一个体系，成为非正式组织。非正式组织的存在对企业有利有弊。管理者要认识非正式组织存在的作用，搞好成员之间的沟通和协调，充分发挥非正式组织在工作中的积极作用。

3. 职工的满意度是提高生产效率的主要途径

职工的满意度即职工对社会因素，特别是人群关系的满足程度，在安全、友谊、

工作等方面能否被社会、上级和同事承认等。管理者要善于提高职工的士气，处理好人际关系，不断提高职工的满意度，以提高生产效率。

梅奥的人际关系理论，开辟了管理理论的新领域，纠正了以往管理理论忽视人的因素的不足。从此，"人际关系学"引起了更多管理学者、专家对人的行为的研究，出现了行为科学。从这个意义上看，人际关系理论可以认为是行为科学的开端。

后期行为科学的发展主要集中在四个领域：人的需要、动机和激励问题，企业中人的本性问题，企业中"双因素"问题，企业中领导方式的问题。其主要理论有：需要层次理论、双因素理论、成就需要理论、公平理论、期望理论、领导理论等。

（三）X 理论和 Y 理论

美国著名的行为科学道格拉斯·麦格雷戈于 1957 年 11 月在美国《管理评论》杂志上发表了《企业的人性方面》一文，提出了"X 理论-Y 理论"。在麦格雷戈看来，每一位管理人员对职工的管理都基于一种对人性看法的哲学，或者有一套假定。他把传统管理对人的观点和管理方法叫做"X 理论"，其主要内容包括以下几点：

（1）大多数人是懒惰的，他们尽可能地逃避工作；

（2）大多数人都没有什么雄心壮志，也不喜欢负什么责任，宁可让别人领导；

（3）大多数人的个人目标与组织目标都是自相矛盾的，为了达到组织目标必须靠外力严加管制；

（4）大多数人都是缺乏理智的，不能克制自己，很容易受别人的影响；

（5）大多数人都是为了满足基本的生理需要和安全需要，所以他们将选择那些在经济上获利最大的事情去做；

（6）人群大致分为两类，多数人符合上述假设，少数人能克制自己，这部分人应当负起管理的责任。

麦格雷戈认为，虽然当时工业组织中人的行为表现同 X 理论所提出的各种情况大致相似，但是，人的这些行为表现并不是人的天性所引起的，而是现有工业组织的性质、管理思想、政策和实践造成的。他确信 X 理论所用的传统的研究方法建立在错误的因果观念的基础上。通过对人的行为动机和马斯洛的需要层次理论的研究，他指出，在人们的生活还不够丰裕的情况下，胡萝卜加大棒的管理方法是有效的；但是，当人们达到了丰裕的生活水平时，这种管理方法就无效了。因为，那时人们行动的动机主要是追求更高级的需要，而不是"胡萝卜"（生理需要、安全需要）了。

麦格雷戈认为，由于上述以及其他许多原因，需要有一个关于人员管理的新理论，把它建立在对人的特性和人的行为动机的更为恰当的认识基础上。于是他提出了"Y 理论"，其主要内容包括以下几点。

（1）一般人并不是天性就不喜欢工作，工作中体力和脑力的消耗就像游戏和休息一样自然。工作可能是一种满足，因而自愿去执行；也可能是一种处罚，因而只要可能就想逃避。到底怎样，要看环境而定。

（2）外来的控制和惩罚，并不是促使人们为实现组织的目标而努力的唯一方法。它甚至对人是一种威胁和阻碍，并放慢了人成熟的脚步。人们愿意实行自我管理和自我控制来完成应当完成的目标。

（3）人的自我实现的要求和组织要求的行为之间是没有矛盾的。如果给人提供适当的机会，就能将个人目标和组织目标统一起来。

（4）一般人在适当条件下，不仅学会了接受职责，而且还学会了谋求职责。逃避责任、缺乏抱负以及强调安全感，通常是经验的结果，而不是人的本性。

（5）大多数人，而不是少数人，在解决组织的困难问题时都能发挥较高的想象力、聪明才智和创造性。

（6）在现代工业生活的条件下，一般人的智慧潜能只是部分地得到了发挥。

行为科学家认为Y理论给管理人员提供了一种对人的乐观主义看法，而这种乐观主义的看法是争取员工的协作和热情支持所必需的。但是，奉行X理论的管理人员认为Y理论有些过于理想化了。所谓自我指导和自我控制，并非人人都能做到。人固然不能说生来就是懒惰而不愿负责任的，但是，在实际生活中确有这样的人，而且坚决不愿改变。对于这一些人，采用Y理论进行管理，不一定能够行得通。

三、西方现代管理理论

西方现代管理理论的形成标志着西方管理理论进入了第三个发展阶段。它是在第二次世界大战后，随着社会生产力的发展以及社会学、系统科学、电子计算机技术在管理领域中日益广泛的应用而逐渐形成的。人们通常所说的西方现代管理理论不是一种管理理论，而是对各种不同管理学派理论的统称。

1. 管理过程学派

该学派认为，管理是一个过程，是在有组织的集体中让别人和自己一起去实现既定的目标。该学派最初的代表人物是法约尔。管理人员在管理活动中执行着计划、组织、领导、控制等若干职能。管理是一个循环的过程，从计划到控制，再从控制到计划，表明了过程的连续性。

2. 社会系统学派

该学派认为，人的相互关系就是一个社会系统，它是人们在意见、力量、愿望以及思想等方面的一种合作关系。管理人员的作用就是要围绕着物质的、生物的和社会的因素去适应总的合作系统。

社会系统学派最早的代表人物是美国的巴纳德。巴纳德的主要贡献为以下几个方面。

（1）提出了社会的各种组织都是一个协作系统的观点。他认为，组织的产生是人们协作愿望导致的结果。个人办不到的许多事，协作却可以办到。

（2）分析了正式组织存在的三种要素，即成员协作的意愿、组织的共同目标及组织内部的信息交流。

（3）提出了权威接受理论。过去的学者是从上到下解释权威的，认为权威都是建立在等级系列的组织地位基础上。而巴纳德则是从下到上解释权威，认为权威的存在必须以下级的接受为前提。至于怎样才能接受，需要具备一定的条件。

（4）对经理的职能进行了新的概括。经理应主要作为一个信息交流系统的联系中心，并致力于实现协作努力工作。

3. 决策理论学派

决策理论学派的主要代表人物是美国的赫伯特·西蒙。决策理论的主要论点有以下几个。

（1）强调了决策的重要性。该理论认为，管理的全过程就是一个完整的决策过程，即决策贯穿于管理的始终，管理就是决策。

（2）分析了决策过程中的组织影响。上级不是代替下级决策，而是提供给下级决策前提，包括价值前提和事实前提，使之贯彻组织意图。价值前提是对行动进行判断的标准，而事实前提是对能够观察的环境及环境作用方式的说明。

（3）提出了决策应遵循的准则。主张用"令人满意的准则"去代替传统的"最优化原则"。

（4）分析了决策的条件。管理者决策时，必须利用并凭借组织的作用，尽量创造条件，以解决知识的不全面性、价值体系的不稳定性及竞争中环境的变化性问题。

（5）归纳了决策的类型和过程。把决策分成程序化决策和非程序化决策两类。程序化决策是指反复出现和例行的决策；非程序化决策是指那种从未出现过的，或者其确切的性质和结构还不很清楚或相当复杂的决策。

4. 系统管理理论学派

强调管理的系统观点，要求管理人员树立全局观念、协作观念和动态适应观念，既不能局限于特定领域的专门职能，也不能忽视各自在系统中的地位和作用。

系统管理学派的代表人物是理查德·约翰逊、卡斯特和罗森茨韦克。

5. 经验主义学派

该学派重视研究管理案例。通过案例研究，向一些大企业的经理提供在相同情况下管理的经验和方法。经验主义学派的主要代表人物是德鲁克。基本观点是，否认管理理论的普遍价值，主张从"实例研究"、"比较研究"中导出通用规范；由经验研究来分析管理。他们特别重视关于某个公司组织结构、管理职能和程序等方面的研究。

6. 管理科学学派

管理科学学派也被称为管理数理学派或管理计量学派。这一学派的主要代表人物是美国的伯法等人。他们认为，"管理"就是用数学模型及其符号来表示计划、组织、控制、决策等合乎逻辑的程序，求出最优解，以达到企业目标。因此，认为管理科学就是制定用于管理决策的数学和统计模型，并将这些模型通过电子计算机应用于管理实践中。

7. 权变理论学派

权变理论是一种较新的管理思想。权变通俗地讲，就是权宜应变。该学说认为，在企业管理中，由于企业内外部环境复杂多变，因此，管理者必须根据企业环境的变化而随机应变，没有一成不变、普遍适用的"最佳"管理理论和方法。要求管理者根据组织的实际情况来选择最好的管理方式。

四、当代管理理论的进展

(一) 迈克尔·波特的竞争战略理论

迈克尔·波特是哈佛大学商学院著名教授，当今世界最有影响的管理学家之一，开创了企业竞争战略理论。他认为行业竞争中决定规模的五种力量模型为供应商力量、替代品威胁、购买者力量、潜在竞争加入者威胁、竞争对手。在分析影响五种战略力量的基础上，波特提出了企业三类通用的战略类型。

（1）成本领先战略，即建立起高效规模的生产设施，在经验的基础上全力以赴降低成本，抓紧成本和管理费用的控制，最大限度地减少成本费用。贯穿整个战略之中的是使成本低于竞争对手，当然产品质量、服务也不容忽视，成本领先可使本企业获较高利润。

（2）差异化战略，即产品和服务差异化，树立品牌形象，在技术上有独特的性能和特点，顾客服务和商业网络有独到之处。一个企业如果成功实施差异化战略，可在一个行业中赢得高水平利益。

（3）集中化战略，即主攻某个特殊的顾客群、某一地区市场，为某一特殊目标服务。公司的集中化能够以更高的效率、更好的效果为某一战略对象服务。

波特的竞争战略研究开创了企业经营战略的崭新领域，对全球企业发展和管理理论研究的进步，都做出了重要的贡献。

（二）企业再造理论

该理论来源于美国著名管理专家迈克尔·哈默和詹姆斯·钱皮合著并于1993年出版的《再造公司——企业革命宣言》一书。企业再造是指为了获取可以用诸如成本、质量、服务和速度等方面的绩效进行衡量的显著的成就，对企业的经营过程进行根本性的再思考和关键性的再设计。

企业再造的原则包括：① 以流程为中心；② 坚持以人为本的团队式管理；③ 顾客导向。

（三）学习型组织

学习型组织是指通过营造整个组织的学习气氛充分发挥员工的创造性思维能力而建立起来的一种有机的、高度柔性的、横向网络式的、符合人性的、能持续发展的组织。美国彼得·圣吉于1990年出版了《第五项修炼——学习型组织的艺术与实践》一书，指出要使企业茁壮成长，必须建立学习型组织，即将企业变成一种学习型的组织，并使得组织内的人员全身心投入学习，提升能力在本职岗位上获得成功。要使组织变成一个学习型组织，必须具有以下五项修炼的扎实基础。

1. 自我超越

"自我超越"的修炼是深刻了解自我的真正愿望，并客观地观察现实，对客观现实做出正确的判断。通过学习型组织不断学习激发实现自己内心深处最想实现的愿望，并全身心投入工作、实现创造和超越。此项修炼兼容并积蓄了东方和西方的精神传统，修炼时需要培养耐心、集中精力，对于学习如同对待自己的生命一般全身心地投入到学习型组织。它是学习型组织的精神基础。

2. 改善心智模式

心智模式是根深蒂固于心中，影响我们如何了解这个世界，以及如何采取行动的许多假设、对事物做出价值评价，沉积在自我心灵深处的印象等；我们通常不易察觉。心智模式影响自我表现出来的行为；通常在刹那间决定什么可以做或不可以做，这就是心智模式在发挥着作用。改善心智模式我们把自己工作组织看成学习的场所，把自己工作组织看作是转向自己的镜子，这是心智模式修炼的起步，我们学习发掘内心世界的潜在能力，使这些能力浮在表面，并严加审视。它还包括进行一种有学习效果的、兼顾质疑与表达的交谈能力，有效地表达自己的想法，并以开放的心灵容纳别人的想法。

3. 建立共同愿景

共同愿景指的是一个组织中各个成员发自内心的共同目标，在一个团体内整合共同愿景，并有衷心渴望实现目标的内在的动力，将自己与全体衷心共有的目标、价值观与使命的组织联系在一起，主动而真诚地奉献和投入。组织都在设法以共同的愿景把大家凝聚在一起，作为个人要建立善于将领导的理念融入自己心里，在组织中为实现共同的愿望而努力，通过努力学习，产生追求卓越的想法，转化为能够鼓舞组织的共同愿景。激发自己追求更高目标的热情，并在组织中获得鼓舞，使组织拥有一种能够凝聚、并坚持实现共同的愿望的能力。

4. 团队学习

团体的集体智慧高于个人智慧，团体拥有整体搭配的行动能力。当团体真正在学习的时候，不仅团体整体产生出色的成果，个别成员成长的速度也比其他的学习方式快。团队学习的修炼从"深度汇谈"（dialogue）开始。"深度汇谈"是一个团体的所有成员，摊出心中的假设，而进入真正一起思考的能力，让想法自由交流，以发现远较个人深入的见解。以有创造性的方式察觉别人的智慧，并使其浮现，学习的速度便能大增。在现代组织中，学习的基本单位是团体而不是个人团体学习，这显得非常重要。团体的智慧总是高于个人的智慧。

5. 系统思考

企业和人类的其他活动一样，也是一种系统，也都受到细微且息息相关的行动所牵连，彼此影响着，因此必须进行系统思考修炼。系统思考的修炼是建立学习型组织最重要的修炼。彼得·圣吉同时认为系统思考也需要有"建立共同愿景"、"改善心智模式"、"团队学习"与"自我超越"四项修炼来发挥其潜力。十分重视第五项修炼，并认为它高于其他四项修炼。少了系统思考，就无法探究各项修炼之间如何互动。系统思考强化其他每一项修炼，并不断地提醒我们，融合整体能得到大于各部分加总的效力

学习型组织突破了原有方法论的模式，以系统思考代替机械思考，以整体思考代替片断思考，以动态思考代替静止思考。该理论试图通过一套修炼方法提升人类组织整体动作的"群体智力"。现代企业和其他许多组织面临复杂多变的环境，只有增强学习能力，才能适应种种变化，未来真正出色的组织将是能够设法使组织各阶层人员全心投入，并有能力不断学习的组织，也就是"学习型组织"。

本章小结

管理的定义：管理是在特定的环境下，通过计划、组织、领导、控制等职能，

协调运用组织的各种资源，以有效地实现组织目标的活动过程。

管理的性质包含两方面：管理的两重性和管理的科学性与艺术性。

管理的两重性，即自然属性和社会属性。管理是科学性与艺术性的统一。

管理者是指在组织中从事并担负计划、组织、领导、控制和协调等管理职能的有关人员。

管理者的类型：按管理者在组织中所处的地位，管理者可分为高层管理者、中层管理者和基层管理者；根据管理者在组织中所起的作用的不同，管理者可分为业务管理者、财务管理者、人事管理者、行政管理者和其他管理者。

管理者扮演十种角色，可归纳为三大类：人际角色、信息角色和决策角色。人际角色有三类：代表人、领导者、联络者；信息角色也有三类：监督者、传播者、发言人；决策角色有四类：企业家、干扰对付者、资源分配者和谈判者。

美国管理学家卡特兹认为，管理者必须具备三个方面的技能，即技术技能、人际技能和概念技能。

古典管理理论形成于19世纪末20世纪初。有三种有代表性的管理理论，包括：泰勒的科学管理原理、法约尔的一般管理理论和韦伯的行政组织体系理论。

泰勒的科学管理原理的主要观点包括：① 科学地挑选工人，② 合理制定工作定额，③ 实行差别计件工资制，④ 计划职能与执行职能相分离，⑤ 实行"例外原则"。

法约尔的一般管理理论的主要思想为：① 企业经营活动可以概括为六大类，技术活动、商业活动、财务活动、会计活动、安全活动和管理活动；② 管理的五大基本职能，计划、组织、指挥、协调与控制；③ 管理的十四项基本原则。

韦伯的行政组织体系理论的主要观点：① 劳动分工，② 职权等级，③ 正式的选拔，④ 正式的规则和制度，⑤ 非人格性，⑥ 职业定向。

梅奥的人际关系学说的主要观点：① 职工是"社会人"，② 企业中存在"非正式组织"，③ 职工的满意度是提高生产效率的主要途径。

美国行为科学道格拉斯·麦格雷戈提出了"X理论-Y理论"。他把传统管理对人的观点和管理方法叫做"X理论"，其对人性的认识持消极态度。Y理论给管理人员提供了一种对人的乐观主义看法。

西方现代管理理论代表性的理论主要有：① 管理过程学派，② 社会系统学派，③ 决策理论学派，④ 系统管理理论学派，⑤ 经验主义学派，⑥ 管理科学学派，⑦ 权变理论学派。

当代管理理论代表性理论有：竞争战略理论、企业再造理论、学习型组织。

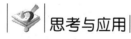思考与应用

【知识题】

一、单项选择题

1. 对资源进行计划、组织、领导、控制以有效地实现组织目标的过程称为（　　）。
   A. 管理　　　　　B. 组织　　　　　C. 战略计划　　　D. 激励
2. 管理者在作为组织的官方代表对外联络时，以下哪一方面是他扮演的角色？（　　）

  A. 信息情报方面   B. 决策方面
  C. 人际关系方面   D. 业务经营方面

3. 对高层管理人员来说，相对更重要的技能是（　　）。
  A. 形成概念的技能   B. 人际关系技能
  C. 计划技能   D. 技术技能

4. 在管理过程中采用科学方法和数量方法解决问题是（　　）学派的主张。
  A. 组织管理   B. 行为科学   C. 管理科学   D. 经验管理

5. 被称为"科学管理之父"的是（　　）。
  A. 法约尔   B. 泰勒   C. 巴纳德   D. 韦伯

6. 有"组织理论之父"称号的是（　　）。
  A. 厄威克   B. 韦伯   C. 梅奥   D. 甘特

7. 对基层业务管理人员而言，其管理技能侧重于（　　）。
  A. 技术技能   B. 财务技能
  C. 谈判技能   D. 营销技能

8. 奠定了管理过程思想基础的是（　　）。
  A. 泰勒的科学管理理论   B. 法约尔的一般管理理论
  C. 韦伯的理想的行政组织理论   D. 西蒙的管理决策理论

9. 认为不存在着"最佳的"、"能适应一切情况的"、"一成不变的"管理方法与管理理论的学派是（　　）。
  A. 经验学派   B. 权变学派
  C. 决策理论学派   D. 社会系统管理学派

10. 科学管理中能体现权力下放的分权尝试的原理是（　　）。
  A. 差别计件工资制   B. 职能原理
  C. "例外原理"   D. 工时研究

二、简答题

1. 构成管理过程的四项基本活动是什么？请结合实际解释这些活动如何相互发生联系。
2. 请说出不同层次和不同领域的管理者的不同类型。
3. 管理人员应具备什么技能？管理技能在不同层次的管理者中有什么侧重？
4. 根据古典管理理论的主要思想，结合你的思考，你认为这些思想在今天的企业中是否还在延续？"效率导向型的管理"仍是未来的管理方法吗？
5. 简述法约尔一般管理原理的主要思想。

【案例分析题】

联合邮包服务公司的科学管理

  联合邮包服务公司（UPS）雇佣了15万员工，平均每天将900万个包裹发送到美国各地和180个国家。为了实现他们的宗旨，"在邮运业中办理最快捷的运送"，UPS的管理当局系统地培训他们的员工，使他们以尽可能高的效率从事工作。让我们以送货司机的工作为例,介绍一下他们的管理风格。

UPS 的工业工程师们对每一位司机的行驶路线进行了时间研究,并对每种送货、暂停和取货活动都设立了标准。这些工程师们记录了红灯、通行、按门铃、穿院子、上楼梯、中间休息喝咖啡时间,甚至上厕所时间,将这些数据输入计算机中,从而给出每一位司机每天工作的详细时间标准。

为了完成每天取送 130 件包裹的目标,司机们必须严格遵循工程师设定的程序。当他们接近发送站时,他们松开安全带,按喇叭,关发动机,拉起紧急制动,把变速器推到 1 挡上,为送货车完毕的启动离开做好准备,这一系列动作严丝合缝。然后,司机从驾驶室出溜到地面上,右臂夹着文件夹,左手拿着包裹,右手拿着车钥匙。他们看一眼包裹上的地址把他记在脑子里,然后以每秒 3 英尺的速度快步跑到顾客的门前,先敲一下门以免浪费时间找门铃。送完货后,他们回到卡车上,在路途中完成登录工作。

这种刻板的时间表是不是看起来有点烦琐?也许是,它真能带来高效率吗?毫无疑问!生产率专家公认,UPS 是世界上效率最高的公司之一。举例来说吧,联邦捷运公司平均每人每天不过取送 80 件包裹,而 UPS 却是 130 件。在提高效率方面的不懈努力,看来对 UPS 的净利润产生了积极的影响。虽然这是一家未上市的公司,但人们普遍认为它是一家获利丰厚的公司。

(资料来源:斯蒂芬·P. 罗宾斯. 管理学(第 4 版)[M]. 北京:中国人民大学出版社,1996.)

思考与分析

1. 科学管理的管理方法是否有效?为什么?
2. 科学管理有何优缺点?为什么?
3. 你们认为可以在哪些领域和行业采用科学管理?

【实训】

管理者素质分析

实训目标

(1) 对组织的管理概况有感性认识;
(2) 认知现代管理者的基本素质;
(3) 了解环境变化对管理的影响。

实训内容与要求

(1) 分组各选择校园临近的一家企业进行调查,并做好记录。每组 6~8 人,选出组长,讨论调研提纲和行动计划;
(2) 利用课余时间实施调查,写出调查报告。

成果与成绩考核

(1) 以小组为单位提交调查报告;
(2) 课堂报告:各组陈述,交流体会;
(3) 由教师根据报告及陈述表现综合评分。

模块二 计 划

 管理情景

孙子曰：兵者，国之大事，死生之地，存亡之道，不可不察也。

历史上，战争是国家的大事，除了关系到人民生死，国家存亡，还涉及政治、经济、文化、法制等社会的各个方面。所以，运筹谋划是一个领导者决定战争胜负的首要因素和前提条件。

春秋末年，越王攻灭吴国之战，就全面体现了谋划的重要性。公元前494年，越国进攻吴国而战败，越王勾践在危急关头，决定委屈求和保存国土，以谋东山再起。并根据本国国情和吴国情况，制定了一系列越国复兴、转败为胜的战略，即"破吴七计"。勾践卑言慎行，忍辱负重，一方面收买吴国重臣，麻痹夫差；一方面实行内政改革，发展生产，恢复国家元气，赢得了百姓的拥戴。同时利用外交活动，实行离间计，挑拨夫差与伍子胥之间的关系。最后，知人善用，抓住时机，终于完成了长达十三年的灭吴计划。

"多算胜，少算不胜"，"知己知彼，百战不殆"。可见计划在管理工作中的重要性。

 学习目标

知识目标

① 理解计划的概念、特点与作用；
② 理解计划的类型；
③ 了解目标与目标管理的含义。

能力目标

① 掌握计划职能的程序，以及计划书的编制；
② 掌握目标管理的实施过程。

单元一　计划职能概述

一、计划的含义和作用

计划是管理的基本职能之一，就管理的整个过程而言，它位于其他管理职能之首。计划职能的主要任务是在收集大量基础资料的前提下，对组织的未来环境和发展趋势做出尽可能准确的预测，并根据预测的结果和组织所拥有的可利用资源确立组织目标，然后制定出各种实施目标的方案、措施、方式和具体步骤，为组织目标的实现做出完整的谋划。

（一）计划的含义

计划是所有管理职能中最基本的方面，古人所说的"运筹帷幄"，就是对计划职能的形象概括。任何管理人员都必须制订计划，管理者必须计划一系列的事情，如新产品的研发及生产、新产品的销售、产品的定价、人员的雇用、资金的筹集等。对美国500家大型企业组织的调查表明，他们当中有94%进行长期计划。

计划是指事先决定做什么以及如何去做的管理工作过程，包括组织目标的确定，采用什么方法来实现目标以及目标实现过程的控制等。计划有狭义和广义之分，广义的计划是指根据组织环境和资源占用情况，明确组织在一定时期内的奋斗目标，通过计划的编制、执行和控制，科学安排组织中各方面的经营管理活动，有效地利用人、财、物等资源，取得最大化的经济效益和社会效益。狭义的计划是指通过一套科学的方法，明确组织的目标及实现组织目标的具体安排。

（二）计划的内容

一份完整的计划应包括以下几个方面的内容，可以用5"W"1"H"来表示。

What——做什么？指要实现的目标和具体内容。
Why——为什么做？指为什么做这项工作。
Where——何地做？指在哪里完成这项工作。
Who——谁来做？指具体有谁来完成，必须明确到人。
When——何时做？指什么时间来做以及完成的时间安排。
How——怎么做？指实现目标的方法和手段。

（三）计划的特点

1. 预见性

这是计划最明显的特点之一。计划不是对已经形成的事实和状况的描述，而是在行动之前对行动的任务、目标、方法、措施所做出的预见性确认。但这种预想不是盲目的、空想的，而是以上级部门的规定和指示为指导，以本单位的实际条件为基础，以过去的成绩和问题为依据，对今后的发展趋势做科学预测之后做出的。可以说，预见是否准确，决定了计划工作的成败。

2. 针对性

计划一是根据党和国家的方针政策、上级部门的工作安排和指示精神而定；二是针对本单位的工作任务、主客观条件和相应能力而定。总之，从实际出发制订出来的计划，才是有意义、有价值的计划。

3. 可行性

可行性是和预见性、针对性紧密联系在一起的，预见准确、针对性强的计划，在现实中才真正可行。如果目标定得过高、措施无力实施，这个计划就是空中楼阁；反过来说，目标定得过低，措施方法都没有创见性，实现虽然很容易，并不能因而取得有价值的成就，那也算不上有可行性。

4. 约束性

计划一经通过、批准或认定，在其所指向的范围内就具有约束作用，在这一范围内无论是集体还是个人都必须按计划的内容开展工作和活动，不得违背和拖延。

（四）计划的作用

组织管理的好坏，能否达到预期的目标，有了正确的决策之后，主要取决于计划职能的完善与否。计划职能对于任何组织都是至关重要的。所以，建立和加强组织的计划管理，对于实现组织目标、满足市场需要、提高企业的经济效益，都具有重要的意义和作用。

计划对组织管理的作用主要表现在以下几个方面。

1. 指明方向，协调工作

管理学家孔茨说："计划工作是一座桥梁，它把我们所处的此岸和要去的彼岸连接起来，以克服这一天堑。"这说明，计划起到了目标与现实位置之间桥梁的作用，计划工作使组织全体成员有了明确的努力方向，并在未来不确定性和变化的环境中把注意力始终集中在既定目标上，同时，各部门之间相互协调，有序地展开活动。

尽管实际工作结果往往会偏离预期目标，但是计划会给管理者以明确的方向，从而使偏离比没有计划时要小得多。另外，不管结果如何，计划工作能迫使管理者认真思考工作和工作方式，弄清这两个问题就是计划工作价值体现之一。

2. 预测变化，降低风险

计划是指向未来的，未来常常会有我们无法准确预知的事情发生，对计划产生冲击，因而未来具有一定的不确定性和风险。面对未来的不可控因素，计划促进组织采用科学的预测，提出预案，早做安排，多手准备，变不利为有利，减少变化带来的冲击，从而把风险降低到最低限度。

但是，不要误认为"计划可以消除变化"。变化总会有的，计划并不能消除变化，但计划可以预测变化并制定应对措施。

3. 减少浪费，提高效益

一个严密细致的计划，可以减少未来活动中的随意性，能够消除不必要的重复所带来的浪费，同时，还可以在最短的时间内完成工作，减少非正常工作时间带来的损失，有利于组织实行更经济的管理。

4. 提供标准，便于控制

计划是控制的基础，控制中几乎所有的标准都来自于计划，如果没有既定的目标和指标作为衡量尺度，管理人员就无法检查目标的实现情况以及纠正偏差，也就无法控制。

小思考

人们常说"计划赶不上变化"，那么还有制订计划的必要吗？

二、计划的类型

1. 根据计划的时间跨度，可将计划分为长期计划、中期计划和短期计划

长期计划一般在五年以上，描述了组织的长远发展方向和战略，是组织长远重大战略决策的具体化。对于一个企业来讲，长期计划通常包括企业发展规模、企业产品发展方向、企业主要经济指标的发展水平、企业员工的教育培训开发计划、员工的薪酬收入水平等。中期计划一般在一到五年，与组织中的中层和基层有较多的联系，大多属于策略性的计划，与长期计划相比，中期计划相对比较稳定，变化比较小。短期计划一般在一年以下，是依据中长期计划所制定的目标和要求，结合实际情况对中长期计划的具体落实，操作性比较强。季度计划和月度计划就属于短期计划。从整体上来看，长期计划为组织指明了长远的发展方向和奋斗目标，中期计划为组织指明了具体路径，短期计划则为组织明确了具体的实施步骤和具体方案。所以，只有将这三者进行有机的结合才能使计划目标得到更好的实现。

2. 根据计划对组织的影响程度和范围，可将计划分为战略计划和战术计划

战略计划通常是为整个组织未来较长时间设立总体目标的计划。战术计划通常是指组织整体目标的具体化，解决的是组织内具体部门或职能在未来某一段时间内的行动方案。战略计划具有长期性和整体性的特点，长期性是指规划未来较长的时间，整体性是指针对整个组织所指定的，强调的是整体协作。战略计划是战术计划的依据，战术计划是在战略计划的指导下进行的，是对战略计划的落实。

3. 根据计划所涉及的内容，可将计划分为总体计划、职能部门计划和各管理层面计划

一个组织一般是由多个计划组成的计划体系。在这个体系中，有制订组织整体发展规划的总体计划，也有制订组织各方面的职能计划，还有根据组织各管理层次所制订的各管理层面的计划。其中，总体计划居于主导地位，各职能、各管理层计划围绕实现总体计划而制订，整体计划体系应保持总体平衡和有机结合。

4. 根据计划内容的明确性标准，可将计划分为具体计划和指导性计划

具体计划具有明确规定的目标，不存在模棱两可的情况。例如，一个企业的销售经理计划使企业的销售额在下一年度增长10%，他需要制订特定的程序、预算方案以及实现目标的日程表，这就是具体计划。但是，具体计划也不是没有缺点，它所要求的明确性和可预见性的条件不一定都能满足，这时，就要求管理者保持一定的灵活性以防意外变化。在这种情况下，指导性计划可能就更合适一些。指导性计划只规定一些一般的方针，指出重点但不把管理者限定在具体的目标或特定的行动方案上。例如，一个增加销售额的具体计划可能规定明年的销售额要增加12%，而指导性计划则可能只规定明年的销售额要增加10%～15%。显然，指导性计划具有内在的灵活性，必须与具体计划配合使用，权衡利弊。

5. 根据计划的重复性，可将计划分为程序性计划和非程序性计划

程序性计划是指在一段时间内可以重复使用多次的工作计划。这类活动经常反复，具有固定结构，每当出现这类问题时就可以利用既定程序来解决而不需要重新研究，例如，原材料的入库、新产品的存放等。非程序性计划是指为完成某一特殊目标而制订的计划。这类问题性质和结构比较复杂，很难确定，因此，解决问题没有一成不变的方法和程序，需要用个别方法进行处理，例如，新产品的开发、生产规模的扩大、薪酬结构的变化等。

三、计划编制的程序

1. 发现机会

发现机会先于实际的计划工作开始以前，严格来讲，它不是计划的一个组成部分，但却是计划工作的一个真正起点。因为它预测到了未来可能出现的变化，清晰而完整地发现组织发展的机会，认清了组织的优势、弱点及所处的地位，认识到组织利用机会的能力，意识到不确定因素对组织可能产生的影响程度等。

发现机会，对做好计划工作十分关键。一位经营专家说过："发现机会是战胜风险求得生存与发展的诀窍。"诸葛亮"草船借箭"的故事流传百世，其高明之处就在于他看到了三天后江上会起雾，而曹军有不习水性不敢迎战的机会，神奇般地实现了自己的战略目标。企业经营中也不乏这样的例子。

2. 确定目标

制订计划的第二个步骤是在发现机会的基础上，为整个组织及其所属的下级单位确定目标，目标是指期望达到的成果，它为组织整体、各部门和各成员指明了方向，描绘了组织未来的状况，并且作为标准可用来衡量实际的绩效。计划的主要任务，就是将组织目标进行层层分解，以便落实到各个部门、各个活动环节，形成组织的目标结构，包括目标的时间结构和空间结构。

3. 确定前提条件

所谓计划工作的前提条件就是计划工作的假设条件，简而言之，即计划实施时的预期环境。负责计划工作的人员对计划前提了解得越细越透彻，并能始终如一地运用它，则计划工作也将做得越协调。

按照组织的内外环境，可以将计划工作的前提条件分为外部前提条件和内部前提条件；还可以按可控程度，将计划工作前提条件分为不可控的、部分可控的和可控的三种前提条件。外部前提条件大多为不可控的和部分可控的，而内部前提条件大多数是可控的。不可控的前提条件越多，不肯定性越大，就越需要通过预测工作

确定其发生的概率和影响程度的大小。

4. 拟定可供选择的可行方案

编制计划的第四个步骤是寻求、拟定、选择可行的行动方案。"条条道路通罗马",描述了实现某一目标的方案途径是多条的。通常,最显眼的方案不一定就是最好的方案,对过去方案稍加修改和略加推演也不会得到最好的方案,一个不引人注目的方案或通常人提不出的方案,效果却往往是最佳的,这里体现了方案创新性的重要。此外,方案也不是越多越好。编制计划时没有可供选择的合理方案的情况是不多见的,更加常见的不是寻找更多的可供选择的方案,而是减少可供选择方案的数量,以便可以分析最有希望的方案。即使用数学方法和计算机,我们还是要对可供选择方案的数量加以限制,以便把主要精力集中在对少数最有希望的方案的分析方面。

5. 评价可供选择的方案

在找出了各种可供选择的方案和检查了它们的优缺点后,下一步就是根据前提条件和目标,权衡它们的轻重优劣,对可供选择的方案进行评估。评估实质上是一种价值判断,它一方面取决于评价者所采用的评价标准;另一方面取决于评价者对各个标准所赋予的权重。一个方案看起来可能是最有利可图的,但是需要投入大量现金,而回收资金很慢;另一方案看起来可能获利较少,但是风险较小;第三个方案从眼前看没有多大的利益,但可能更适合公司的长远目标。应该用运筹学中较为成熟的矩阵评价法、层次分析法、多目标评价法进行评价和比较。

如果唯一的目标是要在某项业务里取得最大限度的当前利润,如果将来不是不确定的,如果无须为现金和资本可用性焦虑,如果大多数因素可以分解成确定数据,这样条件下的评估将是相对容易的。但是,由于计划工作者通常都面对很多不确定因素,资本短缺问题以及各种各样无形因素,评估工作通常很困难,甚至比较简单的问题也是这样。一家公司主要为了声誉,想生产一种新产品;而预测结果表明,这样做可能造成财务损失,但声誉的收获是否能抵消这种损失,仍然是一个没有解决的问题。因为在多数情况下,存在很多可供选择的方案,而且有很多应考虑的可变因素和限制条件,评估会极其困难。

评估可供选择的方案,要注意考虑以下几点:① 认真考察每一个计划的制约因素和隐患;② 要用总体的效益观点来衡量计划;③ 既要考虑到每一个计划的、有形的、可以用数量表示出来的因素,又要考虑到无形的、不能用数量表示出来的因素;④ 要动态地考察计划的效果,不仅要考虑计划执行所带来的利益,还要考虑计划执行所带来的损失,特别注意那些潜在的、间接的损失。

6. 选择方案

计划工作的第六步是选定方案。这是在前五步工作的基础上,做出的关键一步,也是决策的实质性阶段——抉择阶段。可能遇到的情况是,有时会发现同时有两个以上可取方案。在这种情况下,必须确定出首先采取哪个方案,而将其他方案也进行细化和完善,以作为后备方案。

7. 制订派生计划

基本计划还需要派生计划的支持。例如,一家公司年初制订了"当年销售额比上一年增长15%"的销售计划，与这一计划相连的有许多计划，如生产计划、促销计划等。再如当一家公司决定开拓一项新的业务时，这个决策需要制订很多派生计划作为支撑，如雇佣和培训各种人员的计划、筹集资金计划、广告计划等。

8. 编制预算

在做出决策和确定计划后，计划工作的最后一步就是把计划转变成预算，使计划数字化。编制预算，一方面是为了计划的指标体系更加明确；另一方面是使企业更易于对计划执行进行控制。定性的计划往往可比性、可控性和进行奖惩方面比较困难，而定量的计划具有较硬的约束。

给猫挂铃铛

一群老鼠吃尽了猫的苦头。它们决定召开全体大会，号召大家贡献智慧，商量对付猫的万全之策，争取一劳永逸地解决事关大家生死存亡的重大问题。

众老鼠们冥思苦想，有的提议培养猫吃鱼吃鸡的新习惯，有的建议赶紧研制毒猫药，有的说……

最后，还是一个老奸巨猾的年长老鼠出的主意让大家佩服得五体投地，连呼高明。那就是给猫的脖子上挂个铃铛，只要猫一动，就有响声，大家就可以事先得到警报，躲藏起来。

这一决议终于被全体投票通过，但是谁去给猫挂这个铃铛呢？高额奖励、颁发荣誉证书等办法一个又一个地提出来，但还是无人应答。至今，老鼠们还在争辩不休……

点评： 任何计划都要结合实际考虑到它的可行性，否则再完美的计划也只不过是空中楼阁，无法实现。

单元二　目标与目标管理

一、目标概述

（一）目标的概念

目标是根据组织的使命而提出的组织在一定时期内或人们从事某项活动所要达到的预期成果。它是指期望的成果，这些成果可能是个人的、小组的或整个组织努力的结果。目标为所有管理决策指明了方向，并且作为标准可用来衡量实际的绩效。正是由于这些原因，目标成为计划的基础。

不同的社会组织由于性质和任务等的不同，其组织目标也有差异。目标为组织

的前进指明了方向，从而也为组织的活动确定了发展路线。确定目标是组织的战略、计划和其他各项工作安排的基础，只有把笼统的目标化为具体的目标，组织实现预期的效益才有比较大的希望。对管理者来说，目标就好比路标，它指明了组织努力的方向，确定了组织应在哪些领域取得成就的标准，管理者在管理实践中要想得到满意的效益，就不能停留在目的性阶段，而应上升到自觉追求目标的阶段。

组织必须有一个明确的、贯穿于组织的各项活动的统一目标，而该统一目标通常有若干子目标支持，构成一个目标体系，组织的这种目标体系有着层次的结构。例如，一家企业的总体目标要包括：保持一定的利润率和投资回收率，保持开发专利产品的重点研究，使产品占有国外市场，保证高档产品的竞争价格，达到本行业中的竞争优势地位等。在组织的总目标之下常常有好几个层次的分目标，构成分层目标的体系。各个层次的指标相互联系、相互制约、共同反映组织的整体特征。例如，对于组织的目标可以层层分解。总目标可以分解为一级目标、二级目标等。相应地，指标在反映组织状态的特征方面也是不等同的，而是有主有次的。

三个砌墙工人的命运

在一个建筑工地，有位社会学专家对正在砌墙的三个工人进行了随机调查。

专家问第一个砌墙的工人："你在干什么？"

第一个砌墙工人没好气地说："没看见吗？我不是在砌墙吗？"

专家又问第二个砌墙的工人："你在干什么？"

第二个砌墙工人抬起头，笑了笑说："我在盖一幢高楼。"

专家再问第三个砌墙的工人："你在干什么？"

第三个砌墙工人一边砌墙一边哼着歌曲，笑容灿烂地回答："我在建设一座城市。"

十年之后，社会学专家了解到，第一个砌墙工人仍然在建筑工地上砌墙；第二个砌墙工人已经坐在办公室里画图纸；第三个砌墙的工人呢，已经是前两个工人的老板。

点评： 目标是行动的结果，具有很好的激励作用，一个人目标的高低，决定了他事业的最终成就。一个人若想走上成功之路，必须要有远大的目标。

（二）目标的性质

1. 目标的控制性和突破性

目标可以分为控制性目标和突破性目标。控制性目标是指生产或经营活动水平维持在现有层次上，它强调组织目标应具有可及性。突破性目标是指使生产或经营活动水平达到前所未有的高度，它强调组织目标应具有挑战性。富有挑战性的目标是激励组织成员的动力，组织目标的设立应使员工"跳起来摘桃子"。例如，某公司利润率维持在20％左右的目标为控制性目标；通过加强管理，提高工作效率，使利润增加15％，这个目标就称为突破性目标。

2. 目标的层次性

目标的层次性，也称目标的纵向性。从组织结构的角度来看，组织目标是分层次、分等级的。为便于对目标层次的理解与把握，我们不妨把组织目标归纳为三个基本层次：第一层次为社会层，即企业组织满足于社会发展和市场需要的目标，如企业要以合理的成本为社会提供所需产品和服务，创造更多的价值；第二层次为组织层，即企业组织和专业系统自身发展的目标和策略，如某生产汽车的企业为进一步扩大市场占有率，确定设计、生产和销售可靠的、成本低及节能型的各种汽车的目标，并将包括关键成果领域在内的目标更加具体化，如一定时期内的投资收益率、产品生产率等，这些目标还要进一步转化为公司、部门或小组的目标；第三层次为个人层，组织最低层即个人的目标，如收入分配，专业技术水平、业绩成就等。组织目标的层次性，有助于我们正确理解组织的社会目标、组织层目标和组织成员个人层目标之间的关系，三者既有兼容的一面，也有冲突的一面，因此要协调三者之间的关系，不可偏废。

3. 目标的网络化

组织中各类、各级目标构成为一个网络，网络表示研究对象的相互关系。一个组织的目标通常是通过各种活动的相互联系、相互促进来实现的。目标和具体的计划通常构成一个网络，它们很少表现为线性的方式，即目标与目标之间左右关联、上下贯通、彼此呼应、融合成一个网络整体。

由于组织目标是按一定的网络方式互相连接的，因此要使一个网络具有效果，就必须使各个目标彼此协调，互相配合，互相支援，互相连接。

4. 目标的多样性

一个组织的目标具有多样性，有主要目标和次要目标之分。除了主要目标外，还要有次要的目标。另外，在目标体系中的每个层次，也会有多个具体目标。但一般认为，过多的目标会使得执行的组织或个人应接不暇而顾此失彼。因此，应当尽量减少目标的数量，尽量突出主要目标。同时，对各个目标的相对重要性和完成时间序列做出合理的划定是非常有必要的。任何情况下，目标的数目要取决于管理人员本身能做多少，能分派给下属人员做多少，从而使管理人员有效地分派任务，监督和控制任务。即使是组织的主要目标，一般也是多种多样的。例如，对工商企业而言，可以是股东、经营者、雇员、债权人、顾客、供应商、竞争者、国家等方面目标。管理成功的企业包括以下方面目标：市场地位、技术改进和发展、生产率、物质和财力资源、利润率、主管人员绩效和发展、员工工作质量和社会责任等。

5. 目标的时间性

按照目标涉及时间的长短，可以将目标划分为长期目标和短期目标。无论长期目标还是短期目标，都有一定的时限的，只不过它们的时限长短有区别而已。长和短是相对的，一般来说，短期目标是长期目标的基础，任何长期目标的实现必然是由近及远，一环接一环地去组织实施的。在长期目标的组织实施中，实施年度的短期目标应该是全面而具体的。长期目标和短期目标之间的关系是一个整体关系，长期目标是纲，短期目标是目，纲举目张。为了使短期目标有利于长期目标的实施，必须对短期目标的实施做细心安排，并汇总成一个总计划，以此来检查它们是否合

乎逻辑，是否协调一致，是否符合总目标的要求，是否切实可行。

6. 目标的可考核性

目标的可考核性是从量化角度提出来的。因为，一般来说，可以把目标分为定性目标和定量目标，定性目标的考核比较困难，而定量目标考核要容易得多。所以，使目标具有可考核性的最简便方法就是使之定量化。在现代管理中，大多数的目标是属于定量目标之类的。因此，对执行者的业绩考察是比较容易的。但是，我们也需要指出，有些目标是不宜用数量表示的。因此，硬性地把一些定性目标数量化和简单化，对管理工作也是不足取的。其结果有可能将管理工作引入歧途。这方面最典型的例子就是关于素质教育是否应该以考试成绩作为主要目标的争论。

在组织的活动中，定性目标也是不可缺少的，主管人员在组织中的地位越高，其定性目标就可能越多，尽管定性目标是十分困难的，但任何定性目标都与其他相关的定量目标有一定的联系。因此，从全局上、整体上、宏观上看，定性目标也是可以考核的，最起码可以对它进行间接考核。按考核目标的性质可以将目标分为定量目标和定性目标。定量目标是指可以数量化的目标。例如，企业利润增加15%。定性目标是指不宜用数量表示的目标。例如，员工思想政治工作的目标。

（三）组织目标的作用

组织目标具有重要作用，具体来说，可以归纳为以下四点。

1. 组织目标的导向作用

管理是指一定组织中的管理者，通过实施计划、组织、人员配备、指导与领导、控制等职能来协调他人的活动，使别人同自己一起实现既定目标的活动过程。由此可见，如果不是实现一定的目标，就无须管理，组织目标对组织活动具有导向作用，为管理指明了方向。

正如德鲁克在《管理的实践》一书中指出，企业的目的和任务，必须化为目标，企业的各级主管必须通过这些目标对下级进行领导，以此来达到企业的总目标。如果一个领域范围没有特定的目标，则这个领域范围必定被忽视；如果没有方向一致的分目标来指导各级主管人员的工作，则企业规模越大，人员越多时，发生冲突和浪费的可能性就越大。

一个组织是否能够有效地完成其使命，其关键因素之一是在于组织的目标是否正确、可行。一个组织首先要设定其正确且可行的目标，根据目标来分配工作，开展业务，组织运行才会有效。

2. 组织目标的凝聚作用

组织是一个社会协作系统，它必须对其成员有一种凝聚力。组织凝聚力的大小受到多种因素的影响，其中的一个因素就是组织目标。当组织目标充分体现了组织成员的共同利益，并能够与组织成员的个人目标取得最大程度和谐一致时，就能够极大地激发组织成员的工作热情、献身精神和创造力。如果组织能确立科学有效的总目标，然后进行层层分解，在工作中各单位及相关人员根据总目标要求，进行合理调整，就可以知道本部门的工作定位，合理安排自己的进度，同时也可以有效地与其他部门配合，从而产生组织目标的凝聚作用。

3. 组织目标的激励作用

组织目标的激励作用主要体现在提供鼓舞、支撑和满足感等方面。

组织目标订立之后，该目标就可以成为员工自我激励引导的标准。一方面个人只有明确了目标才能调动其潜在能力，创造出最佳成绩；另一方面个人只有达到了目标后，才会产生成就感和满意感。组织目标也可以成为组织团队激励的基础，激发员工的合作意识。组织确立目标之后，就使组织团队人员有所遵循，当所有的团队人员皆在同一目标下共同工作时，团队人员的凝聚力必然加强，就会产生团队激励的效果，培养团队的合作意识与团队精神。

4. 组织目标的考核评价作用

组织目标为各单位、各人员工作绩效的考评提供正确的标准和准绳。大量管理实践表明，以上级的主观印象和对下级主管人员的价值判断作为对员工绩效的考核依据是不客观、不科学的，因而不利于调动员工积极性。正确的方法应当是根据明确的目标进行考核。当工作完成后，有关人员即可依据原订目标加以考核，看其工作成果是否与原订目标相符。这种考核比较客观公正，考核结果也较具有信任度和说服力。

补充阅读材料

目标是制订行动方案的基础，这句话并不表明只要有了被称为"目标"的东西，组织就一定会产生正确的行动。事实上，组织中制定的各式各样的目标常常有不合理、不真实的成分。以下两类目标扭曲现象就是现实中普遍存在和需要引起管理者特别注意的。

第一，脱离实际的目标。目标是关于组织想要达到的状态的描述，它反映了人们的一种向往，但这种向往要成为指导人们行动的准则，所制定的目标就应该具有可行性，不脱离客观实际，尤其是组织当前的实际情况。但由于对组织现实状况的反思有时不免令人沮丧，这使得许多管理人员在考虑目标问题时会有意无意地回避这一点，从而导致了许多目标的扭曲，这进一步又给组织的资源配置和相应的工作安排造成了许多问题。

第二，不真实的目标。组织对外宣称的目标与它实际追求的目标不一致，是另一类常见的目标扭曲现象。在许多场合，组织宣称的目标被当成了改善和提升自身形象的手段。企业为了迎合投资者、顾客、协作者、一般公众以及政府的偏好，会宣布一些经过选择和修饰的目标，而企业真正追求的目标可能是另一些东西。了解这类目标扭曲是有意义的，它可以帮助我们理解企业"言行不一"背后的原因。

（资料来源：蒋永忠. 管理学基础 [M]. 大连：东北财经大学出版社，2006.）

二、目标管理

（一）目标管理的含义

目标管理是一种系统方法，在该系统中下属和上级共同确定具体的绩效目标，定期检查完成目标的进展情况，并根据这种进展给予奖惩。

目标管理是彼得·德鲁克1954年在《管理的实践》一书中提出的。它把泰勒的科学管理与梅奥的人本思想结合在一起，是一种综合的以工作和人为中心的管理方法。企业全体成员的工作均以目标为导向。德鲁克认为，并不是有了工作才有目标，而是相反，有了目标才能确定每个人的工作。所以"企业的使命和任务，必须转化为目标"，如果一个领域没有目标，这个领域的工作必然被忽视。因此，管理者应该通过目标对下级进行管理，当组织最高层管理者确定了组织目标后，必须对其进行有效分解，转变成各个部门以及各个人的分目标，管理者根据分目标的完成情况对下级进行考核、评价和奖惩。

目标管理通过一种专门设计的过程目标具有可操作性，这种过程一级接一级地将目标分解到组织的各个单位。组织的整体目标被转换为每一级组织单位的具体目标，即从整体组织目标到经营单位目标，再到部门目标，最后到个人目标。因为较低层单位的管理者参与设定它们自己的目标，所以，目标管理的目标转化过程既是"自上而下"的，又是"自下而上"的。最终结果是一个目标的层级结构，在此结构中，某一层的目标与下一层的目标连接在一起，而且对每一位雇员，目标管理都提供了具体的个人绩效目标。因此，每个人对他所在单位成果的贡献都很明确，如果所有的人都实现了他们各自的目标，则他们所在单位的目标也将达到，而组织整体目标的实现也将成为现实。

目标管理方法提出来后，美国通用电气公司最先采用，并取得了明显效果。其后，在美国、西欧、日本等许多国家和地区得到迅速推广，被公认为是一种加强计划管理的先进科学管理方法。

（二）目标管理的特点

目标管理的具体形式各种各样，但其基本内容是一样的。所谓目标管理乃是一种程序或过程，它使组织中的上级和下级一起协商，根据组织的使命确定一定时期内组织的总目标，由此决定上、下级的责任和分目标，并把这些目标作为组织经营、评估和奖励每个单位和个人贡献的标准。

目标管理指导思想上是以Y理论为基础的，即认为在目标明确的条件下，人们能够对自己负责。具体方法上是泰勒科学管理的进一步发展。它与传统管理方式相比有鲜明的特点，可概括为以下几个。

1. 以整个组织的成果和成功为中心，注重成果第一，看重实际贡献

德鲁克在关于目标管理的论述中强调："企业中每一个成员都有不同的贡献，但所有的贡献都必须是为着一个共同的目标。他们的努力必须全都朝着同一方向，他们的贡献必须互相衔接而形成一个整体。"

目标管理注重成果第一，看重实际贡献。采用传统的管理方法，评价员工的表现，往往容易根据印象、本人的思想和对某些问题的态度等定性因素来评价。其结果往往不是很客观科学，这样很容易束缚员工手脚，难以发挥其主观能动性，调动员工的想象力和创造力。组织实行目标管理，由于有了一套完善的目标考核体系，从而能够按员工的实际贡献大小如实地评价一个人。目标管理还力求组织目标与个人目标更密切地结合在一起，以增强员工在工作中的满足感。这对于调动员工的积

极性,增强组织的凝聚力起到了很好的作用。

2. 提倡参与管理,目标由实现目标的有关人员共同制定

目标管理提倡民主、平等和参与的管理思想,不主张管理者闭门造车而独断专行。目标的实现者同时也是目标的制定者,即由上级与下级在一起共同协商讨论确定目标。首先确定出总目标,然后对总目标进行分解,逐级展开,通过上下协商,制定出企业各部门、各车间直至每个员工的目标;用总目标指导分目标,用分目标保证总目标,形成一个"目标—手段"链。目标管理使得组织层层、处处、人人、事事有目标。

3. 强调自我控制

德鲁克认为:"目标管理的主要贡献之一,就是它使得我们能用自我控制的管理来代替由别人统治的管理。"目标管理通过预先确定目标,适当授权和及时的信息反馈,推动各级管理人员及员工实行自我控制。它使管理人员能够控制他们自己的成绩,这种自我控制可以成为更强烈的动力,推动他们尽自己最大的力量把工作做好,而不仅仅是"过得去"就行了。

4. 强调授权,促使权力下放

集权与分权的矛盾是组织的基本矛盾之一,唯恐失去控制是阻碍大胆授权的主要原因之一。授权是组织领导对自己和员工自信的表现。因为只有宽容而自信的领导才不怕自己失去对组织的领导力,才敢于授权,而且他对员工的才华和能力能够给予充分的信任。推行目标管理有助于促使权力下放,有助于在保持有效控制的前提下,调动员工的想象力和创造力,发挥其主观能动性,把组织局面搞得更有生气和更有效率一些。

(三) 目标管理的基本程序

目标管理的具体做法分三个阶段:第一阶段为目标的设置,第二阶段为实现目标过程的管理,第三阶段为总结和评估。

1. 目标的设置

这是目标管理最重要的阶段,第一阶段可以细分为以下四个步骤。

(1) 高层管理预定目标,这是一个暂时的、可以改变的目标预案,即可以向上级提出,再同下级讨论;也可以由下级提出,上级批准。无论哪种方式,必须共同商量决定;其次,领导必须根据企业的使命和长远战略,估计客观环境带来的机会和挑战,对本企业的优劣有清醒的认识。对组织应该和能够完成的目标心中有数。

(2) 重新审议组织结构和职责分工。目标管理要求每一个分目标都有确定的责任主体。因此预定目标之后,需要重新审查现有组织结构,根据新的目标分解要求进行调整,明确目标责任者和协调关系。

(3) 确立下级的目标。首先下级明确组织的规划和目标,然后商定下级的分目标。在讨论中上级要尊重下级,平等待人,耐心倾听下级意见,帮助下级发展一致性和支持性目标。分目标要具体量化,便于考核;分清轻重缓急,以免顾此失彼;既要有挑战性,又要有实现可能。每个员工和部门的分目标要和其他的分目标协调一致,支持本单位和组织目标的实现。

(4) 上级和下级就实现各项目标所需的条件以及实现目标后的奖惩事宜达成协议。分目标制定后，要授予下级相应的资源配置的权力，实现权责利的统一。由下级写成书面协议，编制目标记录卡片，整个组织汇总所有资料后，绘制出目标图。

补充阅读材料

目标制定的 SMART 原则。

SMART 原则一：S（Specific）——明确性

所谓明确就是要用具体的语言清楚地说明要达成的行为标准。明确的目标几乎是所有成功团队的一致特点。很多团队不成功的重要原因之一就因为目标定的模棱两可，或没有将目标有效地传达给相关成员。

SMART 原则二：M（Measurable）——衡量性

衡量性就是指目标应该是明确的，而不是模糊的。应该有一组明确的数据，作为衡量是否达到目标的依据。如果制定的目标没有办法衡量，就无法判断这个目标是否实现。

SMART 原则三：A（Attainable）——可实现性

目标是可以让执行人实现、达到的，目标设置要坚持员工参与、上下左右沟通，使拟定的工作目标在组织及个人之间达成一致。既要使工作内容饱满，也要具有可达性。可以制定出跳起来"摘桃"的目标，不能制定出跳起来"摘星星"的目标。

SMART 原则四：R（Relevant）——相关性

目标的相关性是指实现此目标与其他目标的关联情况。如果实现了这个目标，但对其他的目标完全不相关，或者相关度很低，那这个目标即使被达到了，意义也不是很大。工作目标的设定，是要和岗位职责相关联的，不能跑题。

SMART 原则五：T（Time-based）——时限性

目标特性的时限性就是指目标是有时间限制的。没有时间限制的目标没有办法考核，或带来考核的不公。目标设置要具有时间限制，根据工作任务的权重、事情的轻重缓急，拟定出完成目标项目的时间要求，定期检查项目的完成进度，及时掌握项目进展的变化情况，以方便对下属进行及时的工作指导，以及根据工作计划的异常情况变化及时地调整工作计划。

总之，无论是制定团队的工作目标，还是员工的绩效目标，都必须符合上述原则，五个原则缺一不可。

（资料来源：百度百科 SMART 原则，http://baike.baidu.com/view/470808.htm）

2. 实现目标过程的管理

目标管理重视结果，强调自主、自治和自觉。并不等于领导可以放手不管，相反由于形成了目标体系，一环失误，就会牵动全局。因此，领导在目标实施过程中的管理是不可缺少的。首先进行定期检查，利用双方经常接触的机会和信息反馈渠道自然地进行；其次要向下级通报进度，便于互相协调；再次要帮助下级解决工作中出现的困难问题，当出现意外、不可测事件严重影响组织目标实现时，也可以通过一定的手续，修改原定的目标。

3. 总结和评估

达到预定的期限后，下级首先进行自我评估，提交书面报告；然后上下级一起考核目标完成情况，决定奖惩；同时讨论下一阶段目标，开始新循环。如果目标没有完成，应分析原因总结教训，切忌相互指责，以保持相互信任的气氛。

（四）目标管理的优缺点

目标管理在全世界产生很大影响，但实施中也出现许多问题。因此，必须客观分析其优劣势，才能扬长避短，收到实效。

1. 目标管理的优点

（1）目标管理对组织内易于度量和分解的目标会带来良好的绩效。对于那些在技术上具有可分性的工作，由于责任、任务明确目标管理常常会起到立竿见影的效果，而对于技术不可分的团队工作则难以实施目标管理。

（2）目标管理有助于改进组织结构的职责分工。由于组织目标的成果和责任力图划归一个职位或部门，容易发现授权不足与职责不清等缺陷。

（3）目标管理启发了自觉，调动了职工的主动性、积极性、创造性。由于强调自我控制，自我调节，将个人利益和组织利益紧密联系起来，因而提高了士气。

（4）目标管理促进了意见交流和相互了解，改善了人际关系。

2. 目标管理的缺点

在实际操作中，目标管理也存在许多明显的缺点，主要表现在以下几个方面。

（1）目标难以制定。组织内的许多目标难以定量化、具体化；许多团队工作在技术上不可解；组织环境的可变因素越来越多，变化越来越快，组织的内部活动日益复杂，使组织活动的不确定性越来越大。这些都使得组织的许多活动制定数量化目标是很困难的。

（2）目标管理的哲学假设不一定都存在。Y理论对于人类的动机作了过分乐观的假设，实际中的人是有"机会主义本性"的，尤其在监督不力的情况下。因此，许多情况下，目标管理所要求的承诺、自觉、自治气氛难以形成。

（3）目标管理可能增加管理成本。目标商定要上下沟通、统一思想是很费时间的；每个单位、个人都关注自身目标的完成，很可能忽略了相互协作和组织目标的实现，滋长本位主义、临时观点和急功近利倾向。

（4）有时奖惩不一定都能和目标成果相配合，也很难保证公正性，从而削弱了目标管理的效果。

鉴于上述分析，在实际中推行目标管理时，除了掌握具体的方法以外，还要特别注意把握工作的性质，分析其分解和量化的可能；提高员工的职业道德水平，培养合作精神，建立健全各项规章制度，注意改进领导作风和工作方法，使目标管理的推行建立在一定的思想基础和科学管理基础上；要逐步推行，长期坚持，不断完善，从而使目标管理发挥预期的作用。

（五）实施目标管理的原则

目标管理是现代企业管理模式中比较流行、比较实用的管理方式之一。它的最大特征就是方向明确，非常有利于把整个团队的思想、行动统一到同一个目标、同一个理想上来，是企业提高工作效率、实现快速发展的有效手段之一。搞好目标管理并非一般人想象的那么简单，必须遵循以下四个原则。

1. 目标制定必须科学合理

目标管理能不能产生理想的效果、取得预期的成效，首先就取决于目标的制定，科学合理的目标是目标管理的前提和基础，脱离了实际的工作目标，轻则影响工作进程和成效，重则使目标管理失去实际意义，影响企业发展大局。目标的制定一般应该注意以下几个方面：

（1）难易适中的原则（要有难度但不能让人产生畏难情绪）；
（2）时间紧凑的原则（要有时间期限并且紧密衔接）；
（3）大小统一的原则（年度目标与月度目标、整体目标与局部目标）；
（4）方向一致的原则（使所有人都朝一个方向努力）。

2. 督促检查必须贯串始终

目标管理，关键在管理。在目标管理的过程中，丝毫的懈怠和放任自流都可能贻害巨大。作为管理者，必须随时跟踪每一个目标的进展，发现问题及时协商、及时处理、及时采取正确的补救措施，确保目标运行方向正确、进展顺利。

3. 成本控制必须严肃认真

目标管理以目标的达成为最终目的，考核评估也是重结果轻过程。这很容易让目标责任人重视目标的实现，轻视成本的核算，特别是当目标运行遇到困难可能影响目标的适时实现时，责任人往往会采取一些应急的手段或方法，这必然导致实现目标的成本不断上升。作为管理者，在督促检查的过程当中，必须对运行成本做严格控制，既要保证目标的顺利实现，又要把成本控制在合理的范围内。因为，任何目标的实现都不是不计成本的。

4. 考核评估必须执行到位

任何一个目标的达成、项目的完成，都必须有一个严格的考核评估。考核、评估、验收工作必须选择执行力很强的人员进行，必须严格按照目标管理方案或项目管理目标，逐项进行考核并做出结论，对目标完成度高、成效显著、成绩突出的团队或个人按章奖励，对失误多、成本高、影响整体工作的团队或个人按章处罚，真正达到表彰先进、鞭策落后的目的。

（六）目标管理的类型

1. 业绩主导型目标管理和过程主导型目标管理

这是依据对目标的实现过程是否按规定来区分的。目标管理的最终目的在于业绩，所以从根本上说，目标管理也称业绩管理。其实，任何管理其目的都是要提高业绩。

小思考

为什么说目标管理是一种哲学？举出你所熟悉的管理工作，说明实行目标管理与传统管理有何不同。

2. 组织目标管理和岗位目标管理

这是从目标的最终承担主体来分的。组织目标管理是一种在组织中自上而下系统设立和开展目标，从高层到低层逐渐具体化，并对组织活动进行调节和控制，谋求高效地实现目标的管理方法。

3. 成果目标管理和方针目标管理

这是依据目标的细分程度来分的。成果目标管理是以组织追求的最终成果的量化指标为中心的目标管理方法。

本章小结

本章主要介绍了计划的含义和作用、计划的特点和类型、计划编制的程序、目标的含义和性质、目标的作用以及目标管理的含义和程序。

计划是管理的首要基本职能。广义的计划是指根据组织环境和资源占用情况，明确组织在一定时期内的奋斗目标，通过计划的编制、执行和控制，科学安排组织中各方面的经营管理活动，有效地利用人、财、物等资源，取得最大化的经济效益和社会效益。狭义的计划是指通过一套科学的方法，明确组织的目标及实现组织目标的具体安排。

计划的内容可以用5"W"1"H"来表示：What——做什么？Why——为什么做？Where——何地做？Who——谁来做？When——何时做？How——怎么做？

计划具有以下特点：预见性、针对性、可行性、约束性。

计划的作用：指明方向，协调工作；预测变化，降低风险；减少浪费，提高效益；提供标准，便于控制。

计划的类型：根据计划的时间跨度，可将计划分为长期计划、中期计划和短期计划；根据计划对组织的影响程度和范围，可将计划分为战略计划和战术计划；根据计划所涉及的内容，可将计划分为总体计划、职能部门计划和各管理层面计划；根据计划内容的明确性标准，可将计划分为具体计划和指导性计划；根据计划的重复性，可将计划分为程序性计划和非程序性计划。

计划编制的程序：发现机会，确定目标，确定前提条件，拟定可供选择的可行方案，评价可供选择的方案，选择方案，制订派生计划，编制预算。

目标是根据组织的使命而提出的组织在一定时期内或人们从事某项活动所要达到的预期成果。目标为所有管理决策指明了方向，并且作为标准可用来衡量实际的绩效。

目标的性质：目标的控制性和突破性；目标的层次性，也称目标的纵向性；目标的网络化；目标的多样性；目标的时间性；目标的可考核性。

组织目标的作用：组织目标的导向作用，组织目标的凝聚作用，组织目标的激励作用，组织目标的考核评价作用。

目标管理是一种系统方法，在该系统中下属和上级共同确定具体的绩效目标，定期检查完成目标的进展情况，并根据这种进展给予奖惩。

目标管理的基本程序：第一阶段为目标的设置，第二阶段为实现目标过程的管理，第三阶段为总结和评估。

目标管理的优点：目标管理对组织内易于度量和分解的目标会带来良好的绩效；目标管理有助于改进组织结构的职责分工；目标管理启发了自觉，调动了职工的主动性、积极性、创造性；目标管理促进了意见交流和相互了解，改善了人际关系。

目标管理的缺点主要表现在：目标难以制定；目标管理的哲学假设不一定都存在；有时奖惩不一定都能和目标成果相配合，也很难保证公正性，从而削弱了目标管理的效果。

实施目标管理的原则：目标制定必须科学合理，督促检查必须贯串始终，成本控制必须严肃认真，考核评估必须执行到位。

思考与应用

【知识题】

一、单项选择题

1. 古人所说的"运筹帷幄"，主要是指（　　）职能。
   A. 计划　　　　B. 组织　　　　C. 领导　　　　D. 控制

2. 一家企业因为要上一个新的项目，急需筹措资金，他们想到了向银行贷款。企业的厂长找到财务科长，向他做了这样的布置："张科长，企业要上新的项目，需要资金，你也知道我们企业目前缺乏这笔资金。请你想办法从银行申请到贷款。"对于该企业厂长的这一指示，你觉得主要在哪个方面还不够明确？（　　）
   A. 贷款目的　　　B. 贷款地点　　　C. 向谁贷款　　　D. 何时贷款

3. "计划赶不上变化"说明（　　）。
   A. 计划的无效性　　　　　　　　B. 计划不需要精确
   C. 不需要制订计划　　　　　　　D. 计划需要灵活性

4. 某生物制品企业运用原有技术优势，开发一种固定资产投资极大的新产品，产后非常畅销。几家竞争对手看出该产品的巨大潜力，也纷纷跃跃欲试。此时，有资料证实，该产品可能通过完全不同的其他途径加以合成而投资只是原来的几分之一。该企业顿时陷入一片恐慌之中。从计划过程来看，该企业最有可能在哪个环节上出了问题？（　　）
   A. 估量机会、确立目标
   B. 明确计划的前提条件
   C. 提出备选方案，经过比较分析，确定最佳方案
   D. 拟订派生计划，并通过预算使计划数字化

5. 目标管理的最突出的特点是强调（　　）。
   A. 成果管理与自我控制　　　　　B. 过程管理与全面控制
   C. 计划与执行相分离　　　　　　D. 自我考评和全面控制

二、简答题

1. 《孙子兵法》中说："多算胜，少算不胜。"从管理者角度看，"算"意味着什么？主要包括哪些内容？

2. 计划的作用主要体现在哪些方面？
3. 偶然听到一位管理人员说："什么计划？我根本没有时间制订计划。我每天就是忙于想方设法要生存下去。"请谈谈你对这种说法的意见。
4. 简述计划工作的过程。
5. 什么是目标管理？目标管理的程序是什么？

【案例分析题】

某机床厂从1981年开始推行目标管理。为了充分发挥各职能部门的作用，充分调动一千多名职能部门人员的积极性，该厂首先对厂部和科室实施了目标管理。经过一段时间的试点后，逐步推广到全厂各车间、工段和班组。多年的实践表明，目标管理改善了企业经营管理，挖掘了企业内部潜力，增强了企业的应变能力，提高了企业素质，取得了较好的经济效益。

按照目标管理的原则，该厂把目标管理分为以下三个阶段进行。

第一阶段：目标制定阶段

1. 总目标的制定

该厂通过对国内外市场机床需求的调查，结合长远规划的要求，并根据企业的具体生产能力，提出了19××年"三提高"、"三突破"的总方针。所谓"三提高"，就是提高经济效益、提高管理水平和提高竞争能力；"三突破"是指在新产品数目、创汇和增收节支方面要有较大的突破。在此基础上，该厂把总方针具体化、数量化，初步制订出总目标方案，并发动全厂员工反复讨论、不断补充，送职工代表大会研究通过，正式制定出全厂19××年的总目标。

2. 部门目标的制定

企业总目标由厂长向全厂宣布后，全厂就对总目标进行层层分解，层层落实。各部门的分目标由各部门和厂企业管理委员会共同商定，先确定项目，再制定各项目的指标标准。其制定依据是厂总目标和有关部门负责拟定、经厂部批准下达的各项计划任务，原则是各部门的工作目标值只能高于总目标中的定量目标值，同时，为了集中精力抓好目标的完成，目标的数量不可太多。为此，各部门的目标分为必考目标和参考目标两种。必考目标包括厂部明确下达目标和部门主要的经济技术指标；参考目标包括部门的日常工作目标或主要协作项目。其中必考目标一般控制在2～4项，参考目标项目可以多一些。目标完成标准由各部门以目标卡片的形式填报厂部，通过协调和讨论最后由厂部批准。

3. 目标的进一步分解和落实

部门的目标确定了以后，接下来的工作就是目标的进一步分解和层层落实到每个人。

（1）部门内部小组（个人）目标管理，其形式和要求与部门目标制定相类似、拟定目标也采用目标卡片，由部门自行负责实施和考核。要求各个小组（个人）努力完成各自目标值，保证部门目标的如期完成。

（2）该厂部门目标的分解是采用流程图方式进行的，具体方法是：先把部门目标分解落实到职能组，任务级再分解落实到工段，工段再下达给个人。通过层层分解，全厂的总目标就落实到了每一个人身上。

第二阶段：目标实施阶段

该厂在目标实施过程中，主要抓了以下三项工作。

1. 自我检查、自我控制和自我管理

目标卡片经主管副厂长批准后、一份存企业管理委员会，一份由制定单位自存。由于每一个部门、每一个人都有了具体的、定量的明确目标，所以在目标实施过程中，人们会自觉地、努力地实现这些目标，并对照目标进行自我检查、自我控制和自我管理。这种"自我管理"，能充分调动各部门及每一个人的主观能动性和工作热情，充分挖掘自己的潜力，因此，完全改变了过去那种上级只管下达任务、下级只管汇报完成情况，并由上级不断检查、监督的传统管理办法。

2. 加强经济考核

虽然该厂目标管理的循环周期为一年，但为了进一步落实经济责任制，及时纠正目标实施过程中与原目标之间的偏差，该厂打破了目标管理的一个循环周期只能考核一次、评定一次的束缚，坚持每一季度考核一次和年终总评定。这种加强经济考核的做法，进一步调动了广大职工的积极性，有力地促进了经济责任制的落实。

3. 重视信息反馈工作

为了随时了解目标实施过程中的动态情况，以便采取措施、及时协调，使目标能顺利实现，该厂十分重视目标实施过程中的信息反馈工作，并采用了以下两种信息反馈方法。

（1）建立"工作质量联系单"来及时反映工作质量和服务协作方面的情况。尤其当两个部门发生工作纠纷时，厂管理部门就能从"工作质量联系单"中及时了解情况，经过深入调查，尽快加以解决，这样就大大提高了工作效率，减少了部门之间不协调现象。

（2）通过"修正目标方案"来调整目标，内容包括目标项目、原定目标、修正目标以及修正原因等，并规定在工作条件发生重大变化需修改目标时，责任部门必须填写"以修正目标方案"提交企业管理委员会，由该委员会提出意见交主管副厂长批准后方能修正目标。

该厂长在实施过程中由于狠抓了以上三项工作，因此，不仅大大加强了对目标实施动态的了解，更重要的是加强了各部门的责任心和主动性，从而使全厂各部门从过去等待问题找上门的被动局面，转变为积极寻找和解决问题的主动局面。

第三阶段：目标成果评定阶段

目标管理实际上就是根据成果来进行管理的，故成果评定阶段显得十分重要，该厂采用了"自我评价"和上级主观部门评价相结合的做法，即在下一个季度第一个月的10日之前，每一部门必须把一份季度工作目标完成情况表报送企业管理委员会（在这份报表上，要求每一部门自己对上一阶段的工作做一恰如其分的评价）；企业管理委员会核实后，也给予恰当的评分；如必考目标为30分，一般目标为15分。每一项目标超过指标3%加1分，以后每增加3%再加1分。一般目标有一项未完成而不影响其他部门目标完成的，扣一般项目中的3分，影响其他部门目标完成的则扣5分；加1分相当于增加该部门基本奖金的1%，减1分则扣该部门奖金的1%。如果有一项必考目标未完成则扣至少10%的奖金。

该厂在目标成果评定工作中深深体会到：目标管理的基础是经济责任制，目标管理只有同明确的责任划分结合起来,才能深入持久,才能具有生命力,达到最终的成功。

(资料来源:易迈管理学习网)

思考与分析

　　1. 在目标管理过程中,应注意一些什么问题?
　　2. 目标管理有什么优缺点?
　　3. 增加和减少员工奖金的发放额是实行奖惩的最佳方法吗?除此之外,你认为还有什么激励和约束措施?
　　4. 你认为实行目标管理时培养完整严肃的管理环境和制定自我管理的组织机制哪个更重要?

【实训】

创业计划书编写

实训目标

　　(1) 计划及决策过程形成感性认识;
　　(2) 能够进行组织内外环境分析。

实训内容与要求

　　(1) 假设准备在淘宝开一家服装店,需要进行哪些准备活动,请列出详细计划,每组6~8人,选出组长,讨论调研提纲和行动计划;
　　(2) 利用课余时间实施调查,写出调查报告。

成果与成绩考核

　　(1) 以小组为单位提交调查报告;
　　(2) 课堂报告:各组陈述,交流体会;
　　(3) 由教师根据报告及陈述表现综合评分。

模块三 决策

 管理情景

随着暑假的临近，各大品牌电脑开始开展大量促销活动，为了方便学习和生活，小李同学最近决定买一台电脑，经过了解有以下电脑品牌：Thinkpad、华硕、戴尔、联想、宏基、东芝、惠普、神舟、索尼、苹果、三星、清华同方等。不仅如此，每个品牌还有大量型号，而每个型号的性能和价位又各有不同，即使是同一品牌同一型号不同的购买渠道价格差异也是很大的。面对纷繁复杂的电脑品牌、型号，小李同学觉得无从下手，那么小李同学到底应该怎样决策？又该如何购买？

 学习目标

知识目标

① 熟练掌握决策的概念与特征；
② 了解决策的分类；
③ 熟练掌握决策的原则。

能力目标

① 熟练使用头脑风暴法分析问题；
② 掌握定量分析方法进行决策。

单元一 决策的概念与原则

一、决策的概念与特征

(一) 决策的概念

西蒙认为管理就是决策,整个管理过程都是围绕着决策的制定和组织实施而展开的。无论是确定目标,还是制订计划,管理者都需要做出决策,狭义地说,进行决策是在几种行为方案中做出选择。广义地说,决策还包括在做出最后选择之前必须进行的一切活动。因此,我们可以认为决策是人们为实现既定的目标,在掌握充分的信息和对有关情况进行深刻分析的基础上,从拟定实现目标的各种可行方案中选择一个合理方案的过程。

决策失误的代价

很久以前,一个人偷了一袋洋葱,被人捉住后送到法官面前。法官提出了三个惩罚方案让这个人自行选择:一是一次性吃掉所有的洋葱,二是鞭打一百下,三是交纳罚金。

这个人选择了一次性吃掉所有的洋葱。一开始,他信心十足,可是吃下几个洋葱之后,他的眼睛像火烧一样,嘴像火烤一般,鼻涕不停地流淌。他说:"我一口洋葱也吃不下了,你们还是鞭打我吧。"可是,在被鞭打了几十下之后,他再也受不了了,在地上翻滚着躲避皮鞭。他哭喊道:"不能再打了,我愿意交罚金。"

后来,这个人成了全城人的笑柄,因为他本来只需要接受一种惩罚的,却将三种惩罚都尝遍了。

点评:生活中我们许多人都有过这样的经历,由于我们对自己的能力缺乏足够的了解,导致决策失误,而尝到了许多不必要的苦头。

(资料来源:http://blog.sina.com.cn/s/blog_62931dfd0100fv18.html)

(二) 决策的特征

从决策的含义中可以看出,决策是在几种方案中做出的选择,虽然选择的方法多种多样,但也有共同的特征,具体可以概括为以下几点。

1. 目标性

没有目标,人们就难以拟定未来的活动方案,评价和比较这些方案就没有了标准,对未来活动效果的检查也就失去了依据。无目标的决策或目标性不明的决策往往会导致决策无效甚至失误。

2. 可行性

一个合理的决策是以充分了解和掌握各种信息为前提的,即通过组织外部环境和组织内部条件的调查分析,根据实际需要与可能选择切实可行的方案。

3. 选择性

如果只有一个方案,就无法比较其优劣,无选择余地,也就无所谓决策。因此,决策要求必须提供可以相互替代的多种方案,决策的基本含义是抉择。

4. 满意性

决策过程是一个研究复杂的、多变的和多约束条件问题的过程,同时人们对客观事物的认识也是一个不断深化的过程,对于任何目标,都很难找出全部的可行方案。因此,决策者只能得到一个适宜和满意的方案,不可能得到最优的方案。

5. 过程性

决策不是简单的罗列方案和选择方案,而是需要决策者做一系列的工作。决策者应先进行调查、分析和预测,然后确定行动目标,找出可行方案,再进行判断、分析,选出最终方案。这一系列的决策本身就是一个过程,从活动目标的确定,到活动方案的拟订、评价和选择,这本身就是一个包含了许多工作、由众多人员参与的过程。

6. 动态性

决策的动态性与过程性有关。决策要求决策者时刻监视并研究外部环境的变化,从中找到可以利用的机会,并据此调整组织的活动,实现组织与环境的动态平衡。

二、决策的分类

(一) 根据决策问题的性质和重要程度将决策划分为战略决策、战术决策和业务决策

战略决策是指组织最高管理层对组织未来的整体发展做出全局性、长远性和方向性的决策。战略决策依据战略分析阶段所提供的决策信息,包括行业机会、竞争格局、企业能力等方面。战术决策又称管理决策,是指组织的中间管理层为实现组织中各环节的高度协调和资源的合理利用而做出的决策。业务决策又称执行性决策,是指组织中的基层管理者在日常工作中为提高生产效率和工作效率而做出的决策。

战略决策的重要性

日本尼西奇公司在战后初期,仅有30余名职工,生产雨衣、游泳帽、卫生带、尿布等橡胶制品,订货不足,经营不稳,企业有朝不保夕之感。公司董事长多川博从人口普查中得知,日本每年大约出生250万婴儿,如果每个婴儿用两条尿布,一年就需要500万条,这是一个相当可观的尿布市场。多川博决心放弃尿布以外的产品,把

尼西奇公司变成尿布专业公司，集中力量，创立名牌，成了"尿布大王"，资本仅1亿日元，年销售额却高达70亿日元。

企业经营决策成功，还可以使企业避免倒闭的危险，转败为胜。如果企业长期只靠一种产品去打天下，势必潜藏着停产倒闭的危险，因为市场是多变的，人们的需要也是多变的，这就要求企业家经常为了适应市场的需要而决策新产品的开发。这种决策一旦成功，会使处于"山穷水尽"状况的企业顿感"柳暗花明"。

（资料来源：http://blog.sina.com.cn/blog_679b51130100i5a9.html）

（二）根据决策的主体构成将决策划分为个人决策和集体决策

个人决策是指由单个人做出的决策。个人决策的优点是处理问题快速、果断；缺点是容易出现鲁莽、武断。

小思考：群体决策就一定优于个人决策吗？

集体决策是指由若干人组成的集体共同做出的决策。集体决策的优点是能够汇总更多的信息，拟定更多的备选方案，有利于提高决策的质量；组织成员之间能够更好地沟通，有利于增加对某个解决方案的接受性；各部门之间的相互协调，有利于决策的更好执行，最后提高合法性。集体决策的缺点主要是花费的时间较长、费用较高，并且可能导致责任不清和从众现象。群体能比个人做出更好的决策，当然这不是说所有的群体决策都优于每一个个人决策，而是群体决策优于群体中平均的个人所做的决策，但它们绝不比杰出的个人所做的决策好。如果创造性是重要的，那么群体决策比个人决策更为有效，但这要求培养群体思维的推动力必须受到限制。

让大家都开口，而不能老板一人说了算。这样的组织才有活力！

管理小故事

森林里的洪水

在某地森林里住着一群动物。有一天森林里洪水暴发，动物们要逃命。它们找到一条船，所有的动物上船后发现船太小，载不了这么多动物，船随时有沉没的危险。必须下去几个，否则全船动物都会被淹死。但让谁下船呢？为公平起见，最后动物们想出这样一个办法：船上的每个动物讲一个笑话，如果它的笑话能让船上所有的动物发笑，它就可以继续待在这个船上，如果有一个动物不笑，它就得下船。最先讲笑话的是猴子。猴子讲的笑话很好笑，所有的动物都被逗得大笑，只有猪毫无反应。按照规则，猴子必须得下船。猴子再三哀求无效，只得跳进水里。接下来讲笑话的是羊，羊讲的笑话一点也不好笑，动物们都没笑。动物们正要把羊赶下船时，却忽听猪在那里哈哈大笑。动物们先暂把赶羊下船放在一边，纳闷地问猪："刚才猴子讲的那个笑话那么好笑你都没笑，羊讲的这个笑话一点也不好笑，你为什么反笑了呢？"猪恍然大悟地说："我终于明白猴子讲的那个笑话了，真是太好笑了。"

点评：猴子本来完全可以在这条船上待下去的，是猪害了它，虽然猪不是故意的。猪也是挺负责任的，努力地去理解猴子所讲的笑话，并表达了自己的真实感受。但问题是出在以猪那不能马上听懂笑话的智商，是不应该有资格投票的。可是并没有动物知道这一点，甚至连猪自己都不知道。猪和其他具有投票资格的动物一样，握有权力相等的一票。让不称职者获得了权利并使用它，悲剧就这样发生了。

(资料来源：http://bizinfo.jinti.com/shenghuofuwuzixun/577204.htm)

（三）根据决策环境的控制程度将决策划分为确定型决策、风险型决策和不确定型决策

确定型决策是指在稳定（可控）条件下进行的决策。在确定型决策中，各种可行方案所需的条件是已知的，每个方案只有一个结果，最终选择哪个方案取决于对各个方案结果的直接比较。

风险型决策也称随机决策，是指决策者不能预先确定未来的环境条件，但能够知道有多少种自然状态以及每种自然状态发生的概率，处于风险情况下，管理者拥有指导他估计不同方案概率的历史数据，根据概率进行计算并做出决策，如股票投资等。

不确定型决策是指在不稳定条件下进行的决策。在不确定型决策中，决策者不知道有多少种自然状态，也不知道每种自然状态发生的概率，只能根据决策者的直觉、经验和判断能力来决策。

（四）根据决策问题的重复程度将决策划分为程序化决策和非程序化决策

程序化决策又称常规决策或重复决策。它是指经常重复发生，能按原已规定的程序、处理方法和标准进行的决策。饮料溅到顾客的衣服上，并不需要餐厅经理确定决策标准及其权重，也不需要列出一系列可能的解决方案，经理只需求助于一个系统化的程序、规则或政策就可以了。其决策步骤和方法可以程序化、标准化，能够重复作用。

非程序化决策又称非常规决策或例外决策。它是指具有极大偶然性、随机性，又无先例可循且具有大量不确定性的决策活动，其方法和步骤也是难以程序化、标准化，不能重复使用的。这类决策在很大程度上依赖于决策者的知识、经验、洞察力、逻辑思维判断以及丰富的实践经验来进行，如新产品开发决策等。

（五）根据决策影响时间的长短将决策划分为长期决策和短期决策

长期决策是指在较长时期内，对组织的发展方向做出的长远性、全局性的重大

决策。战略性决策就是长期决策，具有周期长、风险大的特点。

短期决策是指为实现长期战略目标而采取的短期策略手段。短期决策一般属于战术决策或业务决策，具有花费少、时间短的特点。

世界闻名的克莱斯勒汽车公司，规模仅次于通用汽车公司和福特汽车公司，1979年9月亏损达到7亿美元，企业面临倒闭的危险。原因是：当世界性的石油危机到来时，克莱斯勒公司仍生产耗油量大的大型汽车，造成汽车大量积压。该公司聘任福特公司总经理艾科卡主持工作后，由于公司果断采取向政府申请贷款、解雇数万名工人和产品改型换代等重大决策，终于使克莱斯勒公司起死回生。

2009年，通用汽车因为同样的问题濒临破产，不得不申请破产保护。

想一想： 决策重要吗？通用如何走出困境？

（资料来源：http://baike.baidu.com/view/812638.htm? fromTaglist）

三、决策的原则

（一）最优原则

要想使决策得到最优解，必须满足以下条件。

（1）已知的选择。理性决策假设决策者是富于创造性的，他们能够确定所有相关的标准，并能列出所有可行的方案。而且，决策者还能意识到每一方案的所有可能的结果。

（2）明确的偏好。理性决策假设标准和方案能按其重要性进行排序。

（3）一贯的偏好。除了有一个明确的目标和偏好外，它假设具体的决策标准是一贯的，这些标准的权重是不随时间而变化的。

（4）没有时间和成本的约束。理性决策者能获得有关标准和方案的全部信息，因为它假设没有时间和成本的限制。

（5）最大报偿。理性决策者总是选择那些能产生最大经济报偿的方案。理性管理决策假设决策制定是为了取得最佳的组织经济利益，即决策者被认为是取得组织利益最大化，而不是他个人的利益最大化。

很明显，在现实中不可能实现这些条件，我们只能获得有限信息，制订能够想到的有限方案以及预期出有限的结果。这也就决定了管理者不可能做出最优决策。

牧童捉小狼

两个牧童进深山，入狼窝，发现两只小狼崽。他俩各抱一只分别爬上大树，两树相距数十步，片刻老狼来寻子。一个牧童在树上捣小狼的耳朵，弄得小狼嗷叫连天，老狼闻声奔来,气急败坏地在树下乱抓乱咬。

此时,另一棵树上的牧童拧小狼的腿,这只小狼也连声嗷叫,老狼又闻声赶去,就这样不停地奔波于两树之间,终于累得气绝身亡。这只狼之所以累死,原因就在于它企图救回自己的两只狼崽,一只都不想放弃。实际上,只要它守住其中一棵树,用不了多久就能至少救回一只。

点评: 这只狼之所以累死,是因为它犯了一个错误,那就是"布里丹毛驴效应"。更为可悲的是,它不仅在实质上,而且在形式上也完整地再现了这一效应的形成过程。

(二) 满意原则

在实际生活和学习中,上述假设是很难满足的,这主要是由以下原因造成的。

(1) 个人信息处理能力是有限的。在短时间的记忆中,大多数人仅能维持七条左右的信息。当决策变得复杂时,个人试图建立简单的模型,这样能使他们将问题简化到可以理解的程度。

(2) 感性偏见可以歪曲问题本质。决策者的背景、在组织中的地位、利益和过去的经验,使他的注意力集中于一定的问题而忽略其他问题。

(3) 许多决策者选择信息是出于其易获得性,而不是出于其质量。因此,造成重要的信息比易获得的信息在决策中权重更轻。

(4) 决策者倾向于过早地在决策过程中偏向某个具体的方案,从而左右着决策过程,使之趋向于某个方案。

(5) 从前的决策先例制约着现在的选择。决策极少是简单的、孤立的事件,把它们描述成为选择流中的一系列点更为贴切。大多数决策实际是许多长期分决策的积累。

(6) 组织是由不同的利益群体组成的。从而使得它很难,甚至不可能建立起一种为实现单一目标的共同努力。不同利益的存在决定了目标、方案和结果的差异。在模糊和矛盾的环境中,决策很大程度上是权力和政治施加影响的结果。

(7) 组织对决策者施加着时间和成本的压力,反过来,这限制了一个管理者所能寻找到的可行方案数量。从而,人们趋向于在旧方案的附近寻找新方案。

(8) 尽管有着潜在不同见解,但在大多数组织的文化中都存在强烈的保守偏见。错误的选择对决策者生涯的影响,比发展一种新思想的影响更大,故决策者要花更多的精力避免错误,而不是发展创新的设想。

在此基础上,西蒙提出了满意原则。他对于运筹学家的最优原则提出了尖锐的批评,提出了满意标准,认为只要有一个比较好的结果就可以了,而且把定性问题定量化,本身就存在危险性。

单元二 决策的方法

在决策的过程中,由于决策对象和决策内容的不同,相应地产生各种不同的决策方法,归纳起来可以分为两大类:一类是定性决策方法,另一类是定量决策方法。把决策方法分为两大类只是相对的,真正科学的决策方法应该把两者结合在一起,综合利用。

一、定性决策方法

定性决策方法又称软方法,主要是指管理决策者运用社会科学的原理,并根据个人的经验和判断能力,充分发挥专家内行的集体智慧,从对决策对象的本质属性的研究入手,掌握事物的内在联系及其运用规律。通过定性研究,为制订方案找到依据,了解方案的性质、可行性和合理性,然后进行目标和方案的选择,它较多地运用于综合抽象程度较大的问题,高层次战略问题,多因素错综复杂的问题,以及涉及社会心理因素较多的问题。定性决策的方法主要有以下几种。

(一)德尔菲法

德尔菲法(Delphi Method),又名专家意见法,是依据系统的程序,采用匿名发表意见的方式,以集结问卷填写人的共识及搜集各方意见,可用来构造团队沟通流程,应对复杂任务难题的管理技术。德尔菲法是在20世纪40年代由O.赫尔姆和N.达尔克首创,经过T.J.戈尔登和兰德公司进一步发展而成的。

1. 德尔菲法的具体实施步骤

(1)组成专家小组。按照课题所需要的知识范围,确定专家,一般不超过20人。

(2)向所有专家提出所要预测的问题及有关要求,并附上有关这个问题的所有背景材料,同时请专家提出还需要什么材料。

(3)各个专家根据他们所收到的材料,提出自己的预测意见,并说明自己是怎样利用这些材料并提出预测值的。

(4)将各位专家第一次判断意见汇总,列成图表,进行对比,再分发给各位专家,让专家比较自己同他人的不同意见,修改自己的意见和判断。

(5)将所有专家的修改意见收集起来,汇总,再次分发给各位专家,以便做第二次修改。逐轮收集意见并为专家反馈信息是德尔菲法的主要环节。收集意见和信息反馈一般要经过三四轮。

(6)对专家的意见进行综合处理。

2. 德尔菲法的优缺点

德尔菲法能发挥专家会议法的优点:

(1)能充分发挥各位专家的作用,集思广益,准确性高;

（2）能把各位专家意见的分歧点表达出来，取各家之长，避各家之短。

德尔菲法又能避免专家会议法的缺点：

（1）权威人士的意见影响他人的意见；

（2）有些专家碍于情面，不愿意发表与其他人不同的意见；

（3）出于自尊心而不愿意修改自己原来不全面的意见。

德尔菲法的主要缺点是过程比较复杂，花费时间较长。

（二）头脑风暴法

头脑风暴法又称智力激励法、BS法、自由思考法，是由美国创造学家A·F.奥斯本于1939年首次提出，1953年正式发表的一种激发性思维的方法。其思想是邀请有关专家在敞开思路，不受约束的形式下，针对某些问题畅所欲言。

奥斯本为实施头脑风暴法提出了四条原则：自由畅谈、延迟评判、禁止批评、追求数量。

头脑风暴法的操作程序有以下几个阶段。

（1）准备阶段。负责人应事先对所议问题进行一定的研究，设定解决问题所要达到的目标。同时选定参加会议人员，一般以5～10人为宜，不宜太多。然后将会议的时间、地点、所要解决的问题、可供参考的资料和设想、需要达到的目标等事宜一并提前通知与会人员，让大家做好充分的准备。

（2）热身阶段。主持人宣布开会后，先说明会议的规则，然后随便谈点有趣的话题或问题，让大家的思维处于轻松和活跃的境界。

（3）明确问题。主持人扼要地介绍有待解决的问题。介绍时须简洁、明确，不可过分周全，否则，过多的信息会限制人的思维，干扰思维创新的想象力。

（4）重新表述问题。为了使大家对问题的表述能够具有新角度、新思维，主持人或书记员要记录大家的发言，并对发言记录进行整理。

（5）畅谈阶段。畅谈是头脑风暴法的创意阶段。为了使大家能够畅所欲言，需要制定的规则是：第一，不要私下交谈，以免分散注意力；第二，不妨碍他人发言，不去评论他人发言，每人只谈自己的想法；第三，发表见解时要简单明了，一次发言只谈一种见解。

（6）筛选阶段。会议结束后的1～2天内，主持人应向与会者了解大家会后的新想法和新思路，以此补充会议记录。然后将大家的想法整理成若干方案，再根据一般标准，如可识别性、创新性、可实施性等标准进行筛选。经过多次反复比较和优中择优，最后确定1～3个最佳方案。

补充阅读材料

有一年，美国北方格外严寒，大雪纷飞，电线上积满冰雪，大跨度的电线常被积雪压断，严重影响通信。过去，许多人试图解决这一问题，但都未能如愿以偿。后来，电信公司经理应用奥斯本发明的头脑风暴法，尝试解决这一难题。他召开了一种能让头脑卷起风暴的座谈会，参加会议的是不同专业的技术人员。

按照会议规则，大家七嘴八舌地议论开来。有人提出设计一种专用的电线清雪机；有人想到用电热来化解冰雪；也有人建议用振荡技术来清除积雪；还有人提出能否带上几把大扫帚，乘坐直升机去扫电线上的积雪。对于这种"坐飞机扫雪"的设想，大家心里尽管觉得滑稽可笑，但在会上也无人提出批评。相反，有一工程师在百思不得其解时，听到用飞机扫雪的想法后，大脑突然受到冲击，一种简单可行且高效率的清雪方法冒了出来。他想，每当大雪过后，出动直升机沿积雪严重的电线飞行，依靠高速旋转的螺旋桨即可将电线上的积雪迅速扇落。他马上提出"用直升机扇雪"的新设想，顿时又引起其他与会者的联想，有关用飞机除雪的主意一下子又多了七八条。不到一小时，与会的10名技术人员共提出90多条新设想。

会后，公司组织专家对设想进行分类论证。专家们认为设计专用清雪机，采用电热或电磁振荡等方法清除电线上的积雪，在技术上虽然可行，但研制费用大，周期长，一时难以见效。那种因"坐飞机扫雪"激发出来的几种设想，倒是一种大胆的新方案，如果可行，将是一种既简单又高效的好办法。经过现场试验，发现用直升机扇雪真能奏效，一个久悬未决的难题，终于在头脑风暴会中得到了巧妙的解决。

小思考： 能否运用头脑风暴法解决大学生上课缺勤率偏高的问题？

（资料来源：http://www.chinahrd.net/manage/info/97414）

（三）综摄法

综摄法（Synectics Method）又称类比思考法、类比创新法、提喻法、比拟法、分合法、举隅法、集思法、群辨法、强行结合法、科学创造法。综摄法是指以外部事物或已有的发明成果为媒介，并将它们分成若干要素，对其中的元素进行讨论研究，综合利用激发出来的灵感，来发明新事物或解决问题的方法。

1. 综摄法的思考原则

（1）异质同化。异质同化简单说来是指把看不习惯的事物当成早已习惯的熟悉事物。

（2）同质异化。同质异化就是指对某些早已熟悉的事物，根据人们的需要，从新的角度或运用新知识进行观察和研究，以摆脱陈旧固定的看法的桎梏，产生新的创造构想，即把熟悉的事物化成陌生的事物看待。

2. 四种模拟技巧

为了加强发挥创造力的潜能，使人们有意识地活用异质同化、同质异化两大原则，戈登提出了以下四种极具实践性、具体性的模拟技巧。

（1）人格性的模拟。这是一种感情移入式的思考方法。先假设自己变成该事物以后，再考虑自己会有什么感觉，又如何去行动，然后再寻找解决问题的方案。

（2）直接性的模拟。它是指以作为模拟的事物为范本，直接把研究对象范本联系起来进行思考，提出处理问题的方案。

（3）想象性的模拟。它是指充分利用人类的想象能力，通过童话、小说、幻想、谚语等来寻找灵感，以获取解决问题的方案。

（4）象征性的模拟。它是指把问题想象成物质性的，即非人格化的，然后借此激励脑力,开发创造潜力,以获取解决问题的方法。

补充阅读材料

这件事是发生在日本南极探险队第一次准备在南极过冬时。当时南极越冬队队员正在设法用输送船把汽油运到越冬基地。因为是初到南极过冬,实地操作时才发现输送管的长度根本不够,一下又没有备用的管子。这下所有的队员都呆住了,不知该怎么办好。

这时,队长西堀荣三郎突然提出了一个很奇特的设想,他说:"我们用冰来做管子吧!"

他的这个设想当然不是凭空想出来的,因为南极非常冷,水在碰到外界空气的瞬间就会变成冰,真可以说是滴水成冰。但问题的关键是怎样使冰形成管状,而且在中途又不会断裂。

西堀队长很快又有了灵感,"我们不是有医疗用的绷带吗?就把它缠在铁管上,上面再淋上水让它结冰,然后拔出铁管,不就成了冰管子了吗?用这种方法做冰管子,然后再把它们一截一截连接起来,要多长就有多长。"

在西堀队长的整个构想中,首先是找出冰管来代替输油管,其次是将绷带的机能由包扎伤口转为包缠铁管。

西堀队长的聪明在于通过已知的东西作媒介,将毫无关联的、不相同的知识要素结合起来,也就是取各种事物的长处,把它们综合在一起,再制造出新产品。这位西堀队长运用的方法,就叫综摄法。运用这种方法,使他打开了未知世界的门扉,自己潜在的创造力得到了发挥,越冬输油管的难题得到了解决。

(资料来源:http://wenku.baidu.com/view/d4c45175f46527d3240ce02c.html)

(四) 方案前提分析法

方案前提分析法的出发点是,每一个方案都有几个前提作为依据,方案正确与否关键在于前提假设是否成立。方案前提法的特点是不直接讨论方案本身的内容,只分析方案的前提能否成立,因为如果前提假设是成立的,就说明这个方案所选定的目标和途径基本是正确的,否则,这个决策方案必定有问题。通过直接讨论前提假设,达到间接选择方案的目的。

方案前提分析法有两个特点:一是强调任何一个方案必须依据一定主客观条件,条件不存在或不完全具备,方案就有问题;二是运用因果反向思维法。为了使方案前提分析法实现应有的积极效果,应该注意:一方面要使前提与方案有内在逻辑性、必然性;另一方面又要使假设前提与方案间的联系不很明显,才有讨论的余地。

方案前提分析法的优点有以下几个方面:

(1) 由于一般只讨论方案的前提,不讨论具体方案,可以排除具体方案设计者的偏见和干扰,做到集思广益,增加方案的可信性和可靠性;

(2) 只进行方案前提的分析,只讨论假设条件,比较容易集中正确的意见,保证方案选择的科学性;

(3) 方案前提分析,可以对方案的论据了解得更具体、更深刻、更透彻,使方案选择更有把握，从而减少失误。

二、定量决策方法

定量决策方法又称硬方法，主要是指在定性分析的基础之上，运用数学模型模式和电子计算机技术，对决策对象进行计算和量化研究以解决决策问题的方法。定量决策方法的关键是建立数学模型和公式来解决一些决策问题，即运用数学工具，建立反映各种因素及其关系的数学模型，并通过对这种数学模型的计算和求解，选择出最佳的决策方案。对决策问题进行定量分析，可以提高常规决策的时效性和决策的准确性，运用定量决策方法进行决策也是决策方法科学化的重要标志。

定量决策方法主要有确定型决策、风险型决策和非确定型决策三种。

（一）确定型决策

确定型决策是指决策者确切地知道不可控环境因素的未来表现，即只有一种自然状态需要加以考虑，每一方案应对应一个特定的结果。确定型决策是指决策者对供决策选择的各备选方案所处的客观条件完全了解，每一个备选方案只有一种结果，比较其结果的优劣就可做出决策。

1. 确定型决策应具备的条件

确定型决策应具备的条件，也就是应用确定型决策方法的条件，具体有以下几个方面：

（1）存在决策者期望达到的一个决策目标；

（2）未来的状况，只存在一个确定的自然状态；

（3）存在两个或两个以上的备选方案，供决策者选择；

（4）每一个备选方案在确定状态下的损益值可以计算出来。

在确定型决策下，决策方案的选择简化为对每一个方案结果值进行直接比较的过程。其主要方法有线形规划和盈亏平衡分析等。

2. 量本利分析法

量本利分析法是根据产量、成本、利润三者之间的相互关系，进行综合分析，预测利润、控制成本的一种数学分析方法。通常也称为"盈亏分析法"。利用量本利分析法可以计算出组织的盈亏平衡点，又称保本点、盈亏临界点等。

其基本原理是：当产量增加时，销售收入成正比增加；但固定成本不增加，只是变动成本随产量的增加而增加，因此，企业的总成本的增长速度低于销售收入的增长速度，当销售收入和总成本相等时（销售收入线与总成本线的交点），企业不盈也不亏，这时的产量称为"盈亏平衡点"产量。

进行量本利分析的关键是确定盈亏平衡点，也就是说在盈亏平衡点上的利润为零，这时销售收入等于总成本，则盈亏平衡模型为：

$$销售收入 = 总成本$$

在此基础上，如果组织期望获得利润，那么，销售收入一定要大于总成本，也就是说销售收入减总成本等于利润，则盈利模型（即量本利模型）为：

$$销售收入 - 总成本 = 利润$$

由于总成本包括固定成本和变动成本，则量本利模型变为：

销售收入 –（固定成本 + 变动成本）= 利润，即：
$$销售收入 = 固定成本 + 变动成本 + 利润$$
如果用销售量乘以单价来代替销售收入，用销售量乘以单位变动成本来代替变动成本，则量本利模型变为：
$$销售量 \times 单价 = 固定成本 + 销售量 \times 单位变动成本 + 利润$$
量本利分析图如图 3-1 所示。

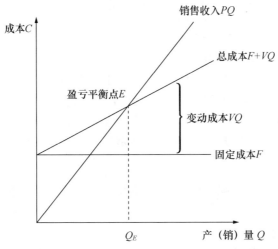

图 3-1 量本利分析图

为了使用简便，该模型可以用代数式表示：
$$PQ = F + VQ + M$$
式中：C——成本；

Q——销售量；

P——单位产品价格；

F——固定成本；

V——单位变动成本；

M——利润；

PQ——销售收入；

VQ——变动成本；

Q_E——盈亏平衡时的产（销）量。

盈亏平衡点（保本）的销售收入模型：
$$PQ = F + VQ$$
有期望利润的销售收入模型：
$$PQ = F + VQ + M$$

【例 3-1】某企业生产某产品的总固定成本为 100 000 元，单位变动成本为每件 10 元，产品价格为每件 15 元。假设某方案带来的产量为 100 000 件，问该方案是否可取？

解： $M = (15 - 10) \times 100\,000 - 100\,000$
$$= 400\,000 （元）$$

经上述计算可知，该方案可获利 400 000 元，故方案可行。

（二）风险型决策

风险型决策也称统计型决策、随机型决策，是指已知决策方案所需的条件，但每个方案的执行都有可能出现不同后果，多种后果的出现有一定的概率，即存在着"风险"，所以称为风险型决策。

1. 风险型决策的条件

风险型决策必须具备以下条件：

（1）存在着决策者期望达到的目标；
（2）有两个以上方案可供决策者选择；
（3）存在着不以决策者的意志为转移的几种自然状态；
（4）各种自然状态出现的概率已知或可估计出来；
（5）不同行动方案在不同自然状态下损益值可以估算出来。

常见的风险型决策模型和技术主要有决策树、损益矩阵和成本收益分析。

2. 决策损益表

决策损益表主要用于解决单阶段决策问题，其优点是直观简洁。运用决策损益表决策的步骤如下。

（1）确定决策目标；
（2）根据经营环境对企业的影响，预测自然状态，并估计其发生的概率；
（3）根据自然状态的情况，充分考虑本企业的实力，拟订可行方案；
（4）根据不同可行方案在不同自然状态下的资源条件，生产经营状况，运用系统分析方法计算损益值；
（5）列出决策损益表；
（6）计算各可行方案的期望值；
（7）比较各方案的期望值，选择最优可行方案。

【例3-2】某商业企业销售一种新产品，每箱成本80元，销售单价100元，如果商品当天卖不出去，就会因变质而失去其使用价值。目前对这种新产品的市场需求情况不十分了解，但有去年同期类似产品的日销量资料可供参考（见表3-1）。现在要确定一个使企业获利最大的日进货量的决策方案。

表 3-1

日销量（箱）	完成天数	概　率
25	20	0.1
26	60	0.3
27	100	0.5
28	20	0.1
总　计	200	1.0

解：（1）决策目标是确定一个使企业获利最大的日进货量计划。

（2）根据去年同类产品的销售情况，可确定产品的市场自然状态（日需求量）为25箱、26箱、27箱、28箱，可行方案也就在这四种情况中选择。可据此计算各种自然状态下各方案的损益值，如表3-2所示。

表 3-2

方案\自然状态\损益值\概率	自然状态				期望值
	25箱	26箱	27箱	28箱	
	0.1	0.3	0.5	0.1	
25箱	500	500	500	500	500
26箱	420	520	520	520	510
27箱	340	440	540	540	490
28箱	260	360	460	560	420

① 如方案日进货量为25箱，则在四种自然状态下，假如该日能卖出25箱，则每箱毛利100－80＝20（元），25箱共25×20＝500（元）；假如该日能卖出26箱，但是只进25箱。所以，收益只有500元，在26箱、27箱和28箱的自然状态下同理。

② 如方案日进货27箱，则在四种自然状态下，卖出25箱，收益500，但是损失2箱，80×2＝160（元），所以，收益只有500－160＝340（元）；卖出26箱，收益520元，但是损失一箱，520－80＝440（元）；卖出27箱，收益540元，假如该日能卖出28箱，但是只进27箱，收益也只有540元。

③ 如上法逐一计算，就可以把四种方案在各种自然状态下的损益值算出来，填入上面表格中，即列出损益表。

（3）计算各方案的期望值（EMV）

$EMV25 = 500 \times 0.1 + 500 \times 0.3 + 500 \times 0.5 + 500 \times 0.1 = 500$（元）

$EMV26 = 420 \times 0.1 + 520 \times 0.3 + 520 \times 0.5 + 520 \times 0.1 = 510$（元）

$EMV27 = 340 \times 0.1 + 440 \times 0.3 + 540 \times 0.5 + 540 \times 0.1 = 490$（元）

$EMV28 = 260 \times 0.1 + 360 \times 0.3 + 460 \times 0.5 + 560 \times 0.1 = 420$（元）

（4）进行最优决策。选择期望值最大的（510元）所对应的计划方案，即每天进货26箱为最优。

3. 决策树法

决策树法是风险型决策的重要工具之一，因运用树状图形来分析和选择方案而得名，是一种图解决策法。决策树状图的四个要素是决策结点、方案枝、自然状态结点、概率枝。决策结点用□表示，由此点画出的支线称为方案枝，它表示可能的方案。自然状态结点用○表示可能的环境状态，由它画出的支线称为概率枝，表示各种可能的概率，概率的总和为1，如图3-2所示。

决策树法的基本步骤如下。

（1）绘制决策树图。图形自左向右展开。绘图的过程实际上是拟订各种方案的过程。把拟订好各方案和每一方案的各种自然状态及其概率值标于图上。

（2）计算期望损益值。根据图中有关数据，计算各方案的期望值并将其标于该方案对应的状态结点上方。

（3）进行剪枝决策。比较各方案的期望收益值，从中择取收益值最大的方案，并将其余的各方案剪掉，最终那条贯穿始终的方案枝即最佳的决策方案。

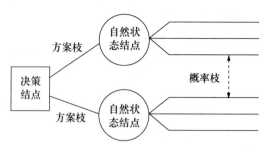

图 3-2 决策树状图

【例 3-3】某家电企业为了扩大企业生产规模，拟建设新厂。通过市场预测发现产品销售好的概率为 0.6，销售差的概率为 0.4。有以下三种方案可供企业选择。

方案 1，新建大厂，投资 200 万元。据初步估计，销路好时，每年可获利 100 万元；销路差时，每年亏损 20 万元。服务期为 8 年。

方案 2，新建小厂，需投资 100 万元。销路好时，每年可获利 40 万元；销路差时，每年仍可获利 30 万元。服务期限为 8 年。

方案 3，先建小厂，2 年后销路好时再扩建，需追加投资 100 万元，服务期限为 6 年，估计每年获利 70 万元。

该企业应该选哪一方案？

解：计算各方案的期望收益如下：

方案 1 的期望收益：

$$[0.6 \times 100 + 0.4 \times (-20)] \times 8 - 200 = 216 \text{（万元）}$$

方案 2 的期望收益：

$$(0.6 \times 40 + 0.4 \times 30) \times 8 - 100 = 188 \text{（万元）}$$

方案 3 的期望收益：

$$(0.6 \times 40 \times 2 + 0.6 \times 320 + 0.4 \times 30 \times 8) - 100 = 236 \text{（万元）}$$

计算结果表明，该企业应选方案 3 作为行动方案。

该企业的决策树状图，如图 3-3 所示。

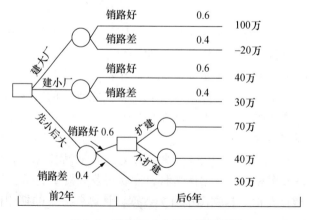

图 3-3 某家电企业的决策树状图

(三) 不确定型决策

不确定型决策所面临的问题是决策目标、备选方案尚可知，但很难估计各种自然状态发生的概率。不确定型决策指各种可行方案发生的后果是未知的，决策时无统计概率可依的决策问题。与风险型问题相比，该类决策缺少第四个条件。常用的不确定型决策方法有小中取大法、大中取大法和最小最大后悔值法等。在不确定的情况下，影响决策结果的另一个因素是决策者的心理定位。乐观的管理者将会遵循最大最大选择（最大化最大可能的收益）；悲观的管理者将会遵循最大最小选择（最大化最小可能收益）；对于期望最小化其最大遗憾的管理者来说，将会选择最小最大选择。假设某企业打算生产某产品，据市场预测，产品销路有三种情况：销路好、销路一般和销路差。生产该产品有三种方案：a. 改进生产线，b. 新建生产线，c. 与其他企业协作。据估计，各方案在不同情况下的收益如表3-3所示。请问企业应该选择哪个方案？

表3-3　各方案在各种状态下的损益值　　　　　　　　　　　　（单位：万元）

	销路好	销路一般	销路差
a. 改进生产线	180	120	-40
b. 新建生产线	240	100	-80
c. 与其他企业协作	100	70	16

1. 大中取大原则

采用这种方法的管理者对未来持乐观的看法，认为未来会出现最好的自然状态，因此不论采取哪种方案，都能获取该方案的最大收益。采用大中取大法进行决策时，首先计算各方案在不同自然状态下的收益，并找出各方案所带来的最大收益，即在最好自然状态下的收益，然后进行比较，选择在最好自然状态下收益最大的方案作为所要的方案。如果高层管理者是一个乐观主义者，他将选择方案b，因为这将产生最大可能的收益，240万元。Max（180，240，100）=240，故选择b方案。

2. 小中取大原则

采用这种方法的管理者对未来持悲观的看法，认为未来会出现最差的自然状态，因此不论采取哪种方案，都只能获取该方案的最小收益。采用小中取大法进行决策时，首先计算各方案在不同自然状态下的收益，并找出各方案所带来的最小收益，即在最差自然状态下的收益，然后进行比较，选择在最差自然状态下收益最大或损失最小的方案作为所要的方案。如果经理是一个悲观主义者，他将假定最坏的情况下每一种策略的收益：a方案收益为亏损40万，b方案收益为亏损80万，c方案收益为16万，这些结果是每一种策略最悲观的收益，遵循最大最小选择准则，这位经理将最大化最小的收益，他将选择方案c。Max（-40，-80，16）=16，故选择c方案。

3. 最小化其最大遗憾原则

管理者在选择了某方案后，如果将来发生的自然状态表明其他方案的收益更大，那么他（或她）会为自己的选择而后悔。最小最大后悔值法就是使后悔值最小的方法。采用这种方法进行决策时，首先计算各方案在各自然状态下的后悔值（某方案在某自然状态下的后悔值=该自然状态下的最大收益-该方案在该自然状态下的收益），并找出各方案的最大后悔值，然后进行比较，选择最大后悔值最小的方案作为所要的方案，如表3-4所示。

表3-4 各方案在各自然状态下的后悔值

	销路好	销路一般	销路差	后悔值			最大后悔值
				好	一般	差	
a方案	180	120	-40	60	0	56	60
b方案	240	100	-80	0	20	96	96
c方案	100	70	16	140	50	0	140

按照最小最大选择准则，应当最小化最大的遗憾，Min（60，96，140）=60，故选a方案，改进生产线方案是最佳决策方案。

定量决策方法的发展提高了决策的准确性、时效性和可靠性，使管理者以从大量繁杂的常规决策中解放出来；同时，有利于培养决策者严密的逻辑论证习惯，克服主观随意性。但是，定量决策法也有一定的局限性：① 定量决策方法适用于处理常规性决策，而对相当一部分重要的战略性的非常规性决策来说，还没有恰当的数学方法可供使用；② 建立数学模型和使用计算机分析的过程往往要耗费大量的时间和人力费用，因此，采用定量决策方法要考虑所获得的效益与所付出的代价相比是否值得；③ 对于一般管理决策者来说，有的数学方法过于深奥，掌握起来有一定的难度；④ 某些决策问题中的变量涉及社会因素、心理因素等难以量化的因素和诸多不确定的变化因素，加大了建立数学模型的困难，也会降低决策的可靠性。因此，通常将定量决策方法与定性决策方法相结合，会取得更为理想的决策结果。

单元三 决策的程序

我们将决策制定过程（Decision-making process）描述为八个步骤，从识别问题开始，到选择能解决问题的方案，最后结束于评价决策效果。让我们详细考察一下这个过程，以便对每一步的具体内容有所了解。

（一）识别问题

决策制定过程始于一个存在的问题（Problem），或更具体一些，存在着现实与期望状态之间的差异。例如，我们在情境体验中提到的小李需要购买一台电脑以满足学习和生活的需要，预算为4 000～5 000元，但如此明显的问题是极少的。如果企业利润下降5%是问题吗？什么原因导致该问题的出现？是产品质量下降，还是科研投入不足导致产品难以及时更新换代或是经营环境恶化？然而由于决策人员知识、经验、个性、衡量标准的不同，同一个问题在一个管理者看来问题很严重，另一个管理者则认为问题在可接受范围。另外，在确认问题前管理者必须意识到差异，以及必须采取行动的压力（如上级的期望、竞争对手的压力、恶化的经营环境），同时，他们还要有采取行动所需的资源（如资金、人员、信息、其他物质资源等），否则管理者不会采取行动。

（二）确定决策标准

明确有待解决的问题，能够决定组织想要通过解决问题而获得的结果是什么，管理者一旦确定了需要注意的问题，则对于解决问题中起重要作用的决策标准（Decision criteria）也必须加以确定。也就是说，管理者必须确定什么因素与决策相关。

在购买电脑的例子中，小李同学必须评价什么因素与她的决策相关。这些标准可能是价格、品牌、类型（台式电脑还是笔记本电脑）、性能、重量、携带便利性、售后服务、购买渠道等。无论明确表述与否，每一位决策者都有指引他决策的标准。在决策制定过程的这一步，不确认什么和确认什么是同等重要的。假如小李同学认为重量不重要的话，那么它将不会影响她对电脑的最终选择。

（三）确定权重

上述所列的标准并非是同等重要的。因此，为了在决策中恰当地考虑它们的优先权，有必要明确步骤二所述标准的重要性。决策者如何衡量标准的重要性？一个简单的方法就是给最重要的标准打10分，然后依次给余下的标准打分。当然，你也可以从100分或1000分打起，这不过是从你的个人偏好来对决策有关的标准分派优先权的方法，同时也从各标准的得分中表明了它们的重要程度。

小李同学购买电脑决策的标准及权重如表3-5所示。在她的决策中，价格是最重要的标准，而重量的重要性要小得多。

表3-5 小李购买电脑决策的标准与权重

标　准	权　重
价格	10
电源	6
配置	8
重量	2
散热	7

（四）拟订方案

步骤四要求决策制定者列出能成功地解决问题的可行方案。组织的目标确定以后，决策者就要提出达到目标和解决问题的各种方案。所谓"条条大道通罗马"，任何一个目标的实现都不是只有一种方案，所以，管理者要尽可能地发挥想象力和创造力制订方案以供选择。这一步无须评价方案，仅须列出即可。假设小李同学对以下品牌型号进行分析如表3-6所示。

表 3-6　各电脑品牌指标得分

方　案	价　格	电　源	配　置	重　量	散　热
联想 Z470A	5	7	6	5	9
戴尔 14R（Ins14RD-468）	6	6	5	4	6
宏碁 4750G-2412G50Mnkk	7	4	7	5	4
神舟 K480A-i7GD1	7	4	7	5	3
惠普 G42-474TX	8	5	6	5	5
三星 RV420-S01	6	5	6	5	5
华硕 A43SV A43EI231SV-SL	7	6	5	5	6

（五）分析评价方案

拟订出各种备选方案后，就要根据组织目标的要求，对各种方案进行评估、比较。管理者决策的时候要注意评价标准的选择、评价方法的选择，最后对方案进行排序。这些方案经过与步骤三所述的标准及权重的比较后，每一方案的优缺点就变得明显了。依据标准评价每一方案。表 3-6 给出了小李同学在对每种型号电脑的评价，请注意，七种品牌电脑的得分是以小李同学的评价为基础的，不可避免地包含了一些主观判断，为了能够更客观地反映电脑的性价比，还可以通过网络进一步搜索有关电脑的网站排名、电脑性能对比、其他消费者评价等，以便做出更为客观的评价。但是问题在于大多数决策包含个人主观判断，它们反映在步骤二所选的标准的权重以及方案评价中。这就说明了为什么两个消费者花同样的钱可能会选择两种完全不同的方案，或者即使是同样的方案也会给出不同的评级顺序。

（六）选择方案

步骤六是从所列的和评价的方案中选择最优方案的关键步骤。既然我们已经确定了所有与决策相关的因素，恰如其分地权衡了它们的重要性，并确认了可行方案，那么我们仅须选择步骤五中得分最高的方案。因此，小李同学将会选择购买联想 Z470A，最好的决策往往是建立在仔细判断和研究的基础上，所以决策者必须仔细考察全部事实，根据组织实际情况而最终选择合理的方案。

表 3-7　各电脑品牌总分合计

方　案	价　格	电　源	配　置	重　量	散　热	总　分
联想 Z470A	5	7	6	5	9	213
戴尔 14R（Ins14RD-468）	6	6	5	4	6	186
宏碁 4750G-2412G50Mnkk	7	4	7	5	4	188
神舟 K480A-i7GD1	7	4	7	5	3	181
惠普 G42-474TX	8	5	6	5	5	203
三星 RV420-S01	6	5	6	5	5	183
华硕 A43SV A43EI231SV-SL	7	6	5	5	6	198

（七）实施方案

尽管步骤六已完成了选择的过程，但如果方案得不到恰当地实施，仍可能是失败的。所以，步骤七涉及将方案付诸行动。决策者要及时制订实施方案的具体措施和步骤，确保方案的有效、正确实施；确保与方案有关的各种指令能被所有有关人员充分接受和彻底了解；应用目标管理方法把决策目标层层分解，落实到每一个执行单位和个人；建立重要的工作报告制度，以便及时了解方案进展情况，及时进行调整。

（八）评价决策效果

决策制定过程的最后一步就是评价决策效果，看它是否已解决了问题。步骤六选择的和步骤七实施的方案，取得理想的结果了吗？评价的结果如发现问题依然存在怎么办？管理者需要仔细分析在什么地方出了错。是没有正确认识问题吗？是在方案评价中出错了吗？是方案选对了，但实施不当吗？对此类问题的回答将驱使管理者追溯前面的步骤，甚至可能需要重新开始整个决策过程。

补充阅读材料

1962年，英法航空公司开始合作研制"协和"式超音速民航客机，其特点是快速、豪华、舒适。经过10多年的研制，耗资上亿英镑，终于在1975年研制成功。十几年时间的流逝，情况发生了很大变化。能源危机、生态危机威胁着西方世界，乘客和许多航空公司都因此而改变了对在航客机的要求。乘客的要求是票价不要太贵，航空公司的要求是节省能源，多载乘客，噪声小。但"协和"式飞机却不能满足消费者的这些要求。首先是噪声大，飞行时会产生极大的声响，有时甚至会震碎建筑物上的玻璃。再就是由于燃料价格增长快，运行费用也相应大大提高。这些情况表明，消费者对这种飞机需求量不会很大。因此，不应大批量投入生产。但是，由于公司没有决策运行控制计划，也没有重新进行评审，而且，飞机是由两国合作研制的，雇佣了大量人员参加这项工作，如果中途下马，就要解雇大量人员。上述情况使得飞机的研制生产决策不易中断，后来两国对是否要继续协作研制生产这种飞机发生了争论，但由于缺乏决策运行控制机制，只能勉强将决策继续实施下去。结果，飞机生产出来后卖不出去，原来的宠儿变成了弃儿。

此企业经营决策案例说明，企业决策运行控制与企业的命运息息相关。一项决策在确定后，能否最后取得成功，除了决策本身性质的优劣外，还要依靠对企业经营决策运行的控制与调整，包括在决策执行过程中的控制，以及在决策确定过程中各阶段的控制。

 本章小结

决策就是从为数众多的备选方案中选择最优方案，并付诸实施的过程。

决策从不同的角度可以划分为不同的类型系列：程序化决策和非程序化决策；确定型决策、风险型决策和不确定型决策；战略、战术决策；此外还有动态决策和静态决策，中长期决策与短期决策。

常用的决策方法有定量决策方法和定性决策方法，定性决策方法有德尔菲法、头脑风暴法、综摄法、方案前提分析法，定量决策方法包括确定型决策、风险型决策、不确定型决策。

决策制定过程的步骤包括识别问题、确定决策标准、确定权重、拟订方案、分析评价方案、选择方案、实施方案、评价决策效果。

思考与应用

【知识题】

一、单项选择题

1. 决策学派的代表人物是（　　）。
   A. 西蒙　　　　B. 德鲁克　　　　C. 巴纳德　　　　D. 波特
2. 决策事件未来的各种自然状态完全未知，各种状态出现的概率也无法估计，只能凭决策者主观经验做出的决策是（　　）。
   A. 不确定型决策　B. 确定型决策　C. 风险型决策　D. 程序化决策
3. 某厂生产一种新产品，其总固定成本为200 000元，单位变动成本为10元，产品销价为15元，该厂的盈亏平衡点的产量应为多少？（　　）
   A. 45 000　　　B. 50 000　　　C. 40 000　　　D. 55 000
4. 乐观法又称（　　）。
   A. 大中取大法　B. 小中取大法　C. 大中取小法　D. 小中取小法
5. 企业的生产经营任务日常分配决策属于（　　）。
   A. 战略决策　　B. 战术决策　　C. 业务决策　　D. 中长期决策

二、简答题

1. 何谓决策？决策的特点是什么？
2. 简述决策的不同的类型。
3. 简述决策制定过程的步骤。
4. 群体决策和个人决策相比，有哪些优点和缺点？怎样发挥群体决策优势？
5. 定量决策与定性决策哪种方法更好？为什么？

三、计算题

某企业为生产某种新产品，可选择两个方案：方案一是新建生产线，需投资800万元，建成后如果销路好，每年可获利300万元，如果销路差，每年要亏损50万元；方案二是与其他企业合作生产，需投资300万元，如果销路好，每年可获利70万元，如果销路差，每年可获利10万元。方案的使用期限均为8年，根据市场预测，产品销路好的概率为0.7，销路差的概率为0.3。用决策树法选择最佳的投资方案。

【案例分析题】

乔森家具公司五年目标

乔森家具公司是乔森先生在20世纪中期创建的，开始时主要经营卧室和会客室家具，取得了相当的成功，随着规模的扩大，自70年代开始，公司又进一步经营餐桌和儿童家具。1975年，乔森退休，他的儿子约翰继承父业，不断拓展卧室家具业务，扩大市场占有率，使得公司产品深受顾客欢迎。到1985年，公司卧室家具方面的销售量比1975年增长了近两倍。但公司在餐桌和儿童家具的经营方面一直不得法，面临着严重的困难。

乔森家具公司自创建之日起便规定，每年12月份召开一次公司中、高层管理人员会议，研究讨论战略和有关的政策。1985年12月14日，公司又召开了每年一次的例会，会议由董事长兼总经理约翰先生主持。约翰先生在会上首先指出了公司存在的员工思想懒散、生产效率不高的问题，并对此进行了严厉的批评，要求迅速扭转这种局面。与此同时，他还为公司制定了今后五年的发展目标。具体包括：

（1）卧室和会客室家具销售量增加20%；
（2）餐桌和儿童家具销售量增长100%；
（3）总生产费用降低10%；
（4）减少补缺职工人数3%；
（5）建立一条庭院金属桌椅生产线，争取五年内达到年销售额500万美元。

这些目标主要是想增加公司收入，降低成本，获取更大的利润。但公司副总经理托马斯跟随乔森先生工作多年，了解约翰董事长制定这些目标的真实意图。尽管约翰开始承接父业时，对家具经营还颇感兴趣。但后来，他的兴趣开始转移，试图经营房地产业。为此，他努力寻找机会想以一个好价钱将公司卖掉。为了能提高公司的声望和价值，他准备在近几年狠抓一下经营，改善公司的效益。

托马斯副总经理意识到自己历来与约翰董事长的意见不一致，因此在会议上没有发表什么意见。会议很快就结束了，大部分与会者都带着反应冷淡的表情离开了会场。托马斯有些垂头丧气，但他仍想会后找董事长就公司发展目标问题谈谈自己的看法。

（资料来源：http://www.docin.com/p-57701349.html）

分析思考题

（1）乔森家具公司的市场经营情况怎么样？
（2）乔森家具公司内部存在哪些问题？
（3）你如何看待约翰先生提出的目标及与托马斯的分歧？
（4）你能为解决这一问题提出建议吗？

【实训】

校园创业分析

实训目标

（1）决策过程形成感性认识；
（2）能够进行组织内外环境分析；
（3）掌握决策定性及定量分析方法。

实训内容与要求

（1）2012年9月21日，苹果股价达到了史上最高点——盘中705.07美元，与2013年3月5日最低点419美元，相差了近300美元，累计跌幅达到了40.4%。是什么原因导致苹果公司经营如此惨淡？将苹果公司产品及经营策略与三星公司进行对比分析，讨论其失利的原因。

（2）利用课余时间实施调查，写出调查报告。

成果与成绩考核

（1）以小组为单位提交调查报告；

（2）课堂报告：各组陈述，交流体会；

（3）由教师根据报告及陈述表现综合评分。

模块四 组 织

 管理情景

汤姆·布莱尔的假期即将来临，但他希望将其调整到五月的第三周，那时正是职业钓鱼季节的高峰。唯一的问题是，他所在部门其他五个成员中的两个已经向他们的老板路德·琼斯提出请求要在同一周休假，并获得了批准。汤姆决定直接向哈里·杰森提出请求，他是路德的老板并且对汤姆相当友好（汤姆已经好几次带他一起去钓鱼了）。哈里批准了请求，并没有意识到路德还不知道。几周之后，路德偶然才发现汤姆已经被批准在五月的第三周休假。

真正激怒了路德的是这仅仅是许多类似情景中的一个，他的下属会直接去找哈里并获得批准做某事。事实上，就在上周他在盥洗室无意中听到了一场谈话，大意是："如果你想让某事获得批准，那就别和路德浪费时间，直接去找哈里。"

思考：
1. 哈里本应该怎么做？
2. 谁错了？是哈里还是汤姆？
3. 汤姆应该度这个假吗？为什么？
4. 路德应该怎么处理以确保这种事不会再发生？

 学习目标

知识目标

① 理解组织的含义及组织工作的原理；
② 掌握组织结构的类型；
③ 理解组织文化的含义；
④ 掌握组织文化建立的过程。

能力目标

① 掌握组织结构设计的方法；
② 培养学生对组织文化的认知能力。

单元一　组织与组织原则

一、组织的定义

(一) 组织

现实社会生活中，人们总是在一定的组织中生活和从事各种活动，管理者也总是在一定的组织中，根据组织的特定任务目标、工作环境，把组织的组成要素有机地组织起来，以便有效地执行计划和实现目标。可见，组织是实施目标管理活动、实现目标的载体。要完成一定的目标，必须有一个相应完整的组织系统。换句话说，组织是人们进行合作活动的必要条件。正如美国管理学家切斯特·巴纳德所说："由于生理的、心理的、物质的和社会的限制，人们为了达到个人的和共同的目标，就必须合作，于是形成群体，即组织。"从以上分析可知，组织首先表现为人群的集合体；其次，组织是为了实现一定的目标而产生的；同时还要求组织成员能分工合作、协调配合、共同劳动，只有这样，才能真正称为组织。因此，我们认为，组织是人们为了实现某种目标而形成的一个系统集合。

在更多的情形下，我们所说的组织表现为组织框架体系，即组织结构，它是按照一定的目的和程序组成的一种权责结构。组织结构的内容包括职权、职责以及各部门之间的相互关系。

人类行为科学的研究成果表明，组织有正式组织和非正式组织之分。无论是正式组织还是非正式组织，一般都包括如下几个基本要素：

(1) 组织有一个共同的目标或宗旨；
(2) 组织中的人有各自的职责；
(3) 组织中有一种协调关系；
(4) 人、财、物的配置是组织活动的一项；
(5) 组织中有一种信息交流。

(二) 组织工作

组织工作作为管理的一项基本职能，是指在组织目标已经确定的情况下，将实现组织目标所必须进行的各项活动加以分类、组合，进行管理部门和管理层次的划分，并将完成目标所必需的某种职权授予给各部门、各层次的相应职位，进行指挥、监督和控制的活动过程。它是由于人类在劳动中需要合作而产生的。为了达到目标，就必须进行合作，而合作之所以能有更高的效率，都是因为组织工作的结果。因此，组织工作就是设计、建立并保持一种有活力的组织结构的活动过程。具体来说，组织工作应包括以下几个方面：

(1) 根据组织目标，设计和建立一套组织职位系统；
(2) 根据组织机构，确定职权关系，使组织成为一个有机的统一体；

（3）通过与管理的其他基本职能相配合，以保证所设计和建立的组织结构能有效地运转；

（4）根据组织内外要素的变化，适当地调整组织结构。

通过组织工作的工作内容可以看出，组织工作是一个动态的过程。设计、建立并维持一种科学的、合理的组织结构，并不是一蹴而就的，它是通过对组织目标分析之后而进行的一系列活动过程。组织工作过程的结束，表现为组织框架的建立及相应职责的明确。同时，建立起的组织结构也并不是一成不变的，它会随着内外因素的变化而需要适当地调整与变革。

 管理小故事

分粥的故事

有7个人组成了一个小团体共同生活，其中每个人都是平凡而平等的，没有什么凶险祸害之心，但不免自私自利。他们想用非暴力的方式，通过制定制度来解决每天的吃饭问题：要分食一锅粥，但并没有称量用具和有刻度的容器。

首先，他们拟定由一个人负责分粥事宜。很快大家就发现，这个人为自己分的粥最多，于是又换了一个人，总是主持分粥的人碗里的粥最多最好。由此我们可以看到：权力导致腐败，绝对的权力导致了绝对腐败。

后来大家轮流主持分粥，每人一天。这样等于承认了个人有为自己多分粥的权力，同时给予了每个人为自己多分的机会。虽然看起来平等了，但是每个人在一周中只有一天吃得饱而且有剩余，其余6天都饥饿难挨。于是我们又可得到结论：绝对权力导致了资源浪费。

之后，大家选举一个信得过的人主持分粥。开始这品德尚属上乘的人还能基本公平，但不久他就开始为自己和溜须拍马的人多分。

接着，这7个人选举一个分粥委员会和一个监督委员会，形成监督和制约。公平基本上做到了，可是由于监督委员会常提出多种议案，分粥委员会又据理力争，等分粥完毕时，粥早就凉了。

最后，他们决定每个人轮流值日分粥，但是分粥的那个人要最后一个领粥。令人惊奇的是，在这个制度下，7只碗里的粥每次都是一样多，就像用科学仪器量过一样。每个主持分粥的人都认识到，如果7只碗里的粥不相同，他确定无疑将享有那份最少的。

点评：这个逐步形成的制度可以说是组织制度设计的一个缩影——经过了不断地改革，组织逐渐趋于完善。

二、组织工作的原理

组织工作在实施过程中，一般要遵循以下几个原则。

（一）目标统一原则

目标统一原则是指组织中的每一个部门或每一个人的目标都要与组织的目标一致。这样的组织结构才是合理有效的。组织结构的作用就是通过把组织目标层层分解，最后落实到具体的部门和个人，来统一组织各部门和人员的业务活动。

（二）分工协作原则

分工协作是指组织中的各部门以及个人有明确的任务分工，并且要相互配合，以共同实现组织的目标。分工协作原则规定了组织结构中管理层次的分工、部门的分工和职权的分工。管理层次的分工，即分级管理。组织层次一般分上、中、下三层，每一管理层次都有对应的责权，每一管理层次均有相应才能的人与之适应。部门的分工，即部门划分，部门的划分应有利于目标的完成，有利于部门间的协调。职权的分工，传统意义上的组织结构中的职权有三大类：直线职权、职能职权、参谋职权。

（三）管理幅度原则

管理幅度原则是指组织中主管人员管辖其直接下属的人数越适当，就越能保证组织的有效运行。管理幅度由工作性质以及管理人员自身素质共同决定。

（四）责权统一原则

责权统一原则是指在组织结构设计中，职位的职权和职责必须对等一致。在实际中，若职权大于职责，则会使主管人员滥用自己的职权；其职责大于职权，则会挫伤主管人员的工作积极性。这些情况都不利于组织目标的实现。

（五）集权与分权相结合的原则

集权与分权相结合的原则，要求组织结构中的职权的集权与分权关系要处理得当，才能保证组织的有效运行。究竟要集权还是分权，没有绝对的答案，因为它们既有优点，也有缺点，只有将这两者结合起来才能适应组织发展的需要。集权能够统一指挥和提高组织效率，分权能够调动组织成员的工作热情和提高决策质量。集权还是分权占的比重大，要视具体情况而定。随着生产力的发展，集权和分权都在发展。首先，随着技术的发展，劳动分工越来越细，要求合理利用和分配各种资源，部门与部门之间、岗位与岗位之间的协调与配合更加重要，对集权的指挥和控制也就更迫切。其次，由于环境的复杂和多变，组织具有更大的灵活性和适应性，这就要求组织适当进行分权，以增加组织的应变能力。

（六）稳定性与适应性相结合的原则

稳定性与适应性相结合的原则是指一方面我们要保证组织结构的稳定，以顺利实现组织目标；另一方面我们又必须根据环境的变化对组织结构适时进行调整，以保证组织结构的适应性。环境条件的变化必定会影响组织的目标，以及人员的态度和士气，因此，我们必须针对这种变化做适应性调整。但同时组织结构过度频繁的调整变化，也会对组织产生不利影响。主管人员必须在稳定与变化之间寻求一种平衡，既保证了组织结构的适应，又有利于组织目标的实现。

三、正式组织与非正式组织

（一）正式组织与非正式组织的概念

正式组织具有明确的目标、任务、结构和职能，对员工具有某种程度上的强制性。但不论组织设计的理论如何完善，设计人员如何努力，都不可能规范组织成员之间的所有关系，所以，在各类社会经济单位中，通常还存在着一种非正式组织。

非正式组织首先是由美国著名管理学家巴纳德提出来的，但他的理论缺乏实用价值。后来另一位管理学家梅奥提出了较为实用的非正式组织概念，他认为，非正式组织存在于正式组织之中，是人们在工作中靠感情或非正式规则建立起来的群体，两者相互依存，同时，前者对后者的效率有很大影响。例如，在日常工作中，正式组织在开展活动时，组织成员之间会因为工作关系而相互联系和交往，这种联系和交往会使他们之间取得进一步的了解和认识，会从对方身上找到一些自己所具有的或喜欢的因素，从而又加大了相互之间工作以外的接触和交往，逐渐地这种独立于正式组织的小群体便形成了。小群体成员之间由于社会地位相当，对问题的看法基本一致，或者在性格、爱好、情感相投的基础上，产生了一些被大家所接受并认可的潜规则，使非正式组织慢慢形成并趋向稳定。实际操作中，正式组织可以通过物质和精神的奖惩来规范员工的行为方式，而非正式组织主要是通过赞扬和鼓励或孤立和排斥的方式来规范成员的行为。

在一个正式组织中，各非正式组织成员之间相互交错、相互影响，没有明确的边界，非正式组织的存在对正式组织的活动或效率有很大影响。

（二）非正式组织的作用

非正式组织在正式组织中广泛存在，但由于它的内在结构和形成基础不同，因此，非正式组织的作用既有积极的方面又有消极的方面。

1. 非正式组织可以加快信息传递

非正式组织成员的频繁接触，使得有利于正式组织的信息快速传播，使非正式成员相互关系更加融洽、和睦，容易产生团队合作精神，使大家感到快乐和满足，促使正式组织的活动协调顺利推进。但这种非正式组织成员的频繁接触，也会使得一些不准确的或小道消息四处传播，影响成员之间的团结，甚至会影响员工之间的协作。非正式组织内部的沟通多是通过"小道消息"，尽管可以使成员获得某种满足感和地位感，但这种小道消息往往会遭到人为地扭曲，在不同的非正式组织之间传播可能造成矛盾。

2. 非正式组织可以增强内部向心力

以感情为纽带联系起来的非正式组织成员会感到满足，会增强员工的团结，进而加强正式组织的凝聚力和向心力。例如，对于那些技术不熟练的员工，非正式组织成员通常以伙伴的关系给予帮助和指导，既提高了不熟练员工的技术，又增强了员工之间的感情和团结。但是，如果非正式组织运用不当，这种向心力可能会成为正式组织提高组织效率的阻碍。研究表明，企业中非正式组织的存在会阻碍员工超额完成任务，使广大成员维持在一个相同的水平上。例如，有些人可能有超人的才华和能力，但非正式组织的一致性要求，使得这些人不能出头，才智得不到充分发挥，对组织的贡献也就有所限制。

3. 非正式组织可以满足成员的某些需要

非正式组织是一种自愿性质的组织，有些人甚至是无意识地加入，这说明这种组织能够给他们带来某种需要和满足。例如，工作中频繁的交流满足了他们人际交往的需要，成员之间相互关心满足了他们爱和被爱的需要，对某些共同问题的讨论和交流满足了他们"自我表现"的需要等，组织成员的很多需要都是在非正式组织中得到的。但对于某些不利于非正式组织的工作或变革，非正式组织成员可能会搬弄是非或者阻碍变革，使得正式组织的一些工作和改革不能得到顺利推行。

（三）正确利用非正式组织

首先我们要正确认识非正式组织，了解非正式组织存在的客观性和必要性，允许甚至鼓励非正式组织的存在。例如，正式组织在进行人员调配时，就可以将那些兴趣相投、爱好一致的成员安排在同一部门，调动他们的积极性和团结性。另外，非正式组织的存在给大家提供了一个相互交流和沟通的平台，可以消除员工在工作中的苦闷和压抑，从而可以提高工作效率；相反，如果没有这个平台，大家没有接触的机会，那么在工作或生活中的苦闷和压抑只能压在心中而不能宣泄，这对提高工作效率是不利的。然后，我们要正确引导非正式组织，使之朝着有利于实现组织目标的方向发展。这种引导的方式就是建立良好的组织文化，通过组织文化的建立使非正式组织的文化与正式组织的文化相一致，作为正式组织文化的一种补充，以此来规范非正式组织成员的行为方式。

单元二　组织类型

随着组织规模的扩大和组织业务关系的日益复杂化，组织结构设计在组织工作中的作用日益显著。在小规模的组织内，分工简单，业务单一，可以不需要完整而严密的组织结构，管理者完全可以凭个人的经验从事管理活动。当组织规模越来越庞大时，为了提高工作效率，科学管理之父泰勒第一个提出要把计划职能与执行职能相分离，主张实行专业化分工以充分发挥专业人员的作用，并设计出第一个职能式的组织结构。

从人们认识到组织结构的重要作用以来，组织结构的类型不断发展变化。虽然组织结构的类型很多，但任何一个组织结构在设计过程中，都存在着三个相互联系的基本问题：管理层次与管理宽度的确定，部门的划分和职权的划分，组织结构的类型。

一、管理幅度与管理层次

（一）管理幅度与管理层次的含义及相互关系

1. 管理幅度

管理幅度又称管理宽度或管理跨度，是指组织中每个层次的管理者能有效地直接管理下属员工的数量。从形式上看，管理幅度仅仅表现为上级直接管理下属人员的多少，但由于这些下属人员都承担着某个部门或某个方面的管理业务。因此，管理幅度的大小，实质上反映着管理者直接控制和协调业务活动量的多少。一般情况下，上级直接管理下级的人数多，我们称为管理幅度大或管理跨度宽；反之，我们称为管理幅度小或管理跨度窄。在组织内，管理宽度不宜过宽。如果管理宽度过宽就无法实现有效的管理，因为当管理宽度加宽时，管理者与其直接管理的下属之间的关系会变得更加复杂。

2. 管理层次

管理层次也称为组织层次，是指组织内部从最高一级管理者到最低一级管理者之间的各个组织等级。从形式上看，管理层次只是组织结构的层次数量，但其实质反映出组织内部的纵向分工情况。因为各个管理层次负担着不同的管理职能，随着管理层次的出现必然产生层次之间的联系与协调。

3. 管理幅度与管理层次的关系

从管理幅度与管理层次的含义可知，它们之间相互制约，在组织人数确定的前提下，管理幅度越大，管理层次就越少；反之，管理层次就越多。其中起主导作用的是管理宽度，即管理幅度决定管理层次，或者说管理层次取决于管理幅度。这是由管理幅度的有限性所决定的，因为任何管理者的知识、经验和精力都是有限的，管理幅度不可能无限宽；同时，也应看到管理层次对管理幅度也存在一定的制约作用。因为管理层次过多，信息的传递和沟通难度就大，效率就低。

（二）管理幅度的影响因素

在组织发展过程中，管理层次与管理幅度相比，管理层次有相对较高的稳定性；同时在管理幅度与管理层次的变化过程中，管理幅度起着主导作用。因此，在研究组织结构的发展与运行过程中，首要的问题是了解管理幅度有哪些影响因素？实践证明，影响管理幅度的主要因素有以下几个方面：

（1）领导者及其下属的能力与素质；
（2）管理者面对问题的复杂程度；
（3）授权的明确性；
（4）计划的完善程度；
（5）政策的稳定性；
（6）组织沟通渠道的状况。

(三) 高层与扁平化的组织结构

在组织中，可能产生两种典型的组织结构：一是高层结构形式，即管理层次较多，而管理幅度较小；二是扁平结构形式，即管理层次较少，而管理幅度较大。

高层结构的优点：主管人员的管理幅度较小，能够对下属进行面对面的、深入具体的领导；有利于明确领导关系，建立严格的责任制；主管人员和人数较少的下属所组成的集体规模较小；因层次多，各级主管职务相应较多，能为下属提供晋升机会，促使其积极努力工作，提高自身素质。

高层结构的缺点：由于层次较多，需要配备较多的管理者，造成管理费用大；信息的上传下达要经过多个层次，速度慢，并容易发生失真和误解；计划的控制工作较为复杂；最高领导和基层人员相隔多个层次，不容易了解现状并及时处理问题。

扁平结构的优点：信息传递速度快，失真少；管理费用低；便于高层领导了解基层情况；主管人员与下属组成较大的集体，有利于解决较复杂的问题；有利于实现授权，激发下属积极性，并提高下属的管理能力。

扁平结构的缺点：上层管理人员的管理幅度大，负荷重，难以对下级进行深入具体的指导和监督；对领导人员的素质要求高；不利于同级间的相互沟通联络和主管人员对信息的利用。

对于高层结构和扁平结构，关键是要根据企业的具体条件加以选用，扬长避短，以取得最佳效果。在现代企业管理中，注重采用扁平结构，这是一种趋势。

二、部门的划分

(一) 部门划分的含义与意义

部门划分是根据组织目标任务的需要，把工作和人员分成若干管理单元并组建相应的结构。这是建立组织结构的首要环节和基本途径。部门划分的实质，是对管理劳动的分工，即将不同的管理人员安排在不同的管理岗位和部门，通过他们在特定环境和特定相互关系中的管理工作，使整个管理系统有机协调地运转起来。部门划分的过程，也是组织结构建立的过程，在这个过程中，应遵循如下原则：

(1) 有效实施组织目标原则，即部门的划分必须以有利于组织目标的实现为出发点和归宿；

(2) 专业化原则，即按专业化分工，将相同或相似的职能、产品集中到一个部门；

(3) 满足社会心理需要原则，即部门的划分也不宜过度专业化，应按照现代工作设计的原理，努力使组织成员的工作实现扩大化、丰富化，尽可能使其满足自己的工作。

遵循以上原则进行部门划分，有利于通过规定各部门的工作内容和上下级的关系来明确权力和责任；有利于整个组织内部的沟通、交流和控制；有利于对不同的部门规定不同的政策，以便使其成员能根据各自不同的情况，主动而灵活地开展工作。

(二) 部门划分的方法和标志

组织的特征因其目标的不同而千差万别，但在现实中，组织内部门的划分主要有以下几种方法。

1. 按人数划分部门

这是最古老也是最简便的一种部门划分方法。在一个组织中，因人数较多，为了便于管理而进行部门划分，各部门的大小均以人数的多少为标志。这种部门划分的前提是各部门的工作内容完全相同或大致相同。最典型的是军队中传统的班、排、连、营的划分和学校中某一年级的不同班级的划分。一般来说，工作的类似性越强，按人数划分部门才越适用。工作的类似性多存在于组织的基层，而越到组织的高层，工作的类似性越弱，因此，按人数划分多适用于组织的基层。

2. 按职能划分部门

这是许多组织广泛采用的一种方法。它是根据产业专业化的原则，以工作或任务的性质为基础划分部门。例如，在工业企业内就可以划分为技术部门、营销部门、财务部门等。

按职能划分部门有以下优点：

（1）按职能划分活动类型从而设立部门是最自然、最方便、最符合逻辑的方法，有利于强化各项职能；

（2）符合业务专业化的原则，能提高职能部门专业化程度，有利于提高工作效率；

（3）有利于强化专业权力的集中，有利于专业人员的培训和交流，有利于领导者加强对组织整体活动的控制。

按职能划分部门的组织框架结构图如图 4-1 所示。

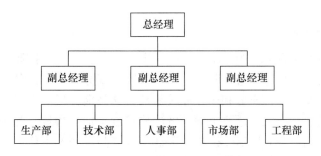

图 4-1　按职能划分部门的组织结构框架图

3. 按业务（产品）划分部门

随着组织规模的扩大和组织业务的多样化，有必要按业务分工对组织进行改组，形成按业务（产品）来划分部门。这种部门划分方法适用于业务有差别的组织，能使组织多元化经营和专业化经营结合起来。当然，这种部门划分方法，由于组织总部和各分部中的职能部门可能重叠而导致管理费用的增加，并且由于各部门的负责人具有较大的决策权，他们可能过分强调本部门的利益而影响组织的统一指挥。

按业务划分部门的组织结构框架图如图 4-2 所示。

4. 按地区划分部门

对于组织业务范围空间很广的组织，把一个特定地区的业务活动集中起来形成一个部门，有利于各部门根据各地区的社会文化特点来开展业务；同时可以减少费用；还可以通过分权给各部门，调动各部门的积极性，改善各部门内各种活动的协调难度。

按地区划分部门的组织结构框架图如图4-3所示。

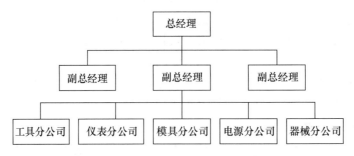

图4-2　按业务划分部门的组织结构框架图

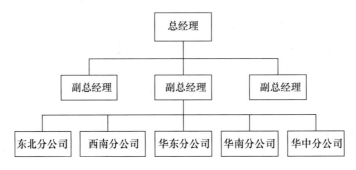

图4-3　按地区划分部门的组织结构框架图

5. 按工艺流程划分部门

这是许多生产型企业组织科学管理的一个重要措施，它是按照生产技术工艺特点把完成任务的过程分解成若干阶段，按各阶段来划分部门。这种划分部门的方法最符合专业化的原则，可充分利用专业技术和特殊技能，提高设备利用率、简化培训、提高工作效率。当然，这要求领导者严格控制、加强协调，因为一旦衔接出现问题，将直接影响组织整体活动过程。因此，各部门之间的工作要同步进行，整个组织要建立起具有良好的监督、沟通、反馈、指挥、控制和协调功能的系统。

按工艺流程划分部门的组织结构框架图如图4-4所示。

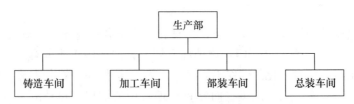

图4-4　按工艺流程划分部门的组织结构框架图

6. 按服务对象划分部门

在社会生活中，许多组织为了满足不同顾客的需要而提供不同的服务，因为不同的服务对象对服务的内容、质量与价格有不同的要求，为了提高工作效率，可以按服务对象的不同来划分部门，这有利于更好地满足不同服务对象的各种特殊要求；有利于工作效率的提高；还有利于培训费用的减少。

按服务对象划分部门的组织结构框架图如图4-5所示。

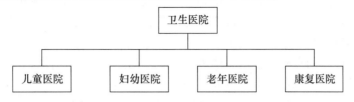

图4-5　按服务对象划分部门的组织结构框架图

7. 按时间的不同划分部门

在一些需要不间断工作的组织中，常常按照时间来划分部门，如轮班作业的组织。这种划分部门的方法有利于提高设备的利用率，组织的安排既简便又易操作。

以上介绍的是一些划分部门的主要的基本的方法，除此之外，还有许多划分部门的方法，如企业按产品销售渠道划分部门等。在更多的情况下，常常采用混合的方法来划分部门，即在一个组织中或在同一组织层次上同时采用几种不同的部门划分方法。例如，一所大学，在中层管理层次上，一方面要按照职能划分各个职能处室，如教务处、人事处、学工处、财务处、保卫处等；另一方面要按照专业不同划分为不同的系或院，如人文学院、理工学院、医学院等；还要按照服务对象的不同划分为研究生院、成人教育学院等。随着组织规模的扩大，组织业务的不断扩展，只有这种混合划分的方法才能有利于更好地实现组织目标。

　管理小故事

双头鸟的故事

从前，某个国家的森林里，有一只两头鸟，名叫"共命"。这鸟的两个头"相依为命"。遇事向来两个"头"都会讨论一番，才会采取一致的行动，如到哪里去找食物，在哪儿筑巢栖息等。有一天，一个"头"不知为何对另一个"头"产生了很大的误会，造成谁也不理谁的仇视局面。其中有一个"头"，想尽办法和好，希望还和从前一样快乐地相处。另一个"头"则睬也不睬，根本没有要和好的意思。如今，这两个"头"为了食物开始争执，那善良的"头"建议多吃健康的食物，以增进体力；但另一个"头"则坚持吃"毒草"，以便毒死对方才可消除心中怒气！和谈无法继续，于是只有各吃各的。最后，那只两头鸟终因吃了过多的有毒的食物而死去了。

点评：在一个公司内，每个部门之间的关系就好像是个大家庭，成员中的兄弟姐妹，应该和和气气，团结一致。若发生什么不愉快的事，大家应开诚布公地解决，不应将他人视为"敌人"，想尽办法敌视对方。因为大家都在同一个公司内服务，一旦某个部门溃不成军时，其他部门也将深受其害。亲密是介于部门、主管和员工之间的一条看不见的线。有了亲密感，才会有信任、牺牲和忠贞。

（资料来源：中国管理传播网）

三、组织结构的类型

每个组织都要分设若干管理层次和管理机构,这些不同机构的组合方式构成了组织结构,它反映了各个部门组成部分之间的相互联系和相互作用,是实现组织目标的框架或体制。组织结构是组织设计的结果,之所以有不同的组织结构,是因为组织的战略、组织的规模、技术和环境的变化对组织结构的选择有重大的影响。组织结构是随着生产力和社会的发展而不断发展的。常见的组织结构的类型有:直线制、职能制、直线职能制、事业部制、矩阵制、多维立体制等。在当今经济全球化和知识经济趋势不断发展的今天,组织结构还在不同地创新和发展,出现了团队、网络型组织结构等新的组织结构形式。

(一) 直线制组织结构

直线制组织结构是最早使用也是最为简单的一种集权式的组织结构形式,又称军队式结构。其特点是组织中各种职位都是按垂直系统排列的,各级行政领导人执行统一的指挥和管理职能,不设专门的职能机构。以企业为例,其组织结构如图4-6所示。

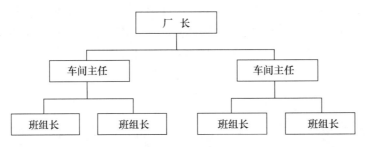

图4-6 直线制组织结构

这种组织结构的优点是结构比较简单、权力集中、权责分明、信息沟通方便,便于统一指挥、集中管理。其缺点是没有职能机构当领导的助手,所有的管理职能都集中由直线主管承担,容易产生忙乱现象;当组织规模扩大,管理工作复杂后,往往由于个人的知识和能力限制而感到难以应付。此外,每个部门只关心本部门的工作,造成部门之间的横向协调较差。

因此,一般地,这种组织结构只有在组织规模不大、组织成员不多,生产或作业和管理工作比较简单的情况下才适用。

(二) 职能制组织结构

职能制组织结构又称"U型结构",最早由美国人泰勒提出,并曾在米德维尔钢铁公司以职能工长制的形式加以试行。这种结构是根据按职能划分部门的方式建立起来的。其特点是组织内部除直线主管外还相应地设立一些职能机构,分担某些管理业务。这些职能结构有权在自己的业务范围内,向下级单位下达命令和指示。因此,下级直线主管除了接受上级的直线主管的领导外,还必须接上级各职能机构的领导和指示。职能制组织的基本结构形式如图4-7所示。

这种组织结构的优点是能够适应现代组织技术比较复杂和管理分工较细的特点，客观职能部门任务专业化，避免人力和物质资源的重复配置，能够发挥职能机构的专业管理作用，减轻上级主管人员的负担。但是，它的缺点也很明显，各种职能部门各自为政，难以实现横向协调，不利于培养全面型的管理人才；特别是妨碍了组织必要的集中领导和统一指挥，形成了多头领导、多头指挥，使下级无所适从，不利于明确划分直线人员和职能科室的职责权限，容易造成管理混乱。

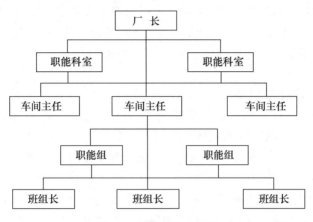

图 4-7　职能制组织结构

因此，它通常在只有单一类型产品或少数几类产品面临相对稳定的市场环境的企业中采用。

（三）直线职能制组织结构

直线职能制组织结构是把军队式的直线制和泰勒的职能制相结合起来而形成的，它最初是由 20 世纪法约尔在一家法国煤矿担任总经理时所建立的组织结构形式。这种组织结构的特点是，作为该级领导者的参谋，实行主管统一指挥与职能部门参谋、指导相结合的组织结构形式。职能部门拟订的计划、方案，以及有关指令，统一由直线领导批准下达，职能部门无权下达命令或进行指挥，只起业务指导作用，各级行政领导人实行逐级负责，实行高度集权。其组织结构如图 4-8 所示。

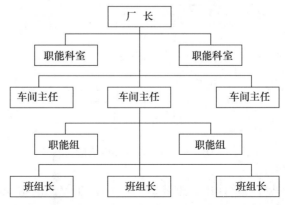

图 4-8　直线职能制组织结构

这种组织结构是在综合直线制和职能制的优点，摒弃了两者缺点的基础上形成的，因而是最为常见的组织结构形式。它既保持了直线制集中、统一指挥的优点，又汲取了职能制发挥专业管理的长处，从而提高了管理工作的效率。直线职能制的产生使组织管理大大前进了一步。我国目前的许多组织，包括机关、学校、医院，尤其是许多中小型企业都采用这种组织结构。

直线职能制组织结构在管理实践中也有不足之处：① 权力集中于最高管理层，下级缺乏必要的自主权；② 各职能部门之间的横向联系较差，容易产生脱节和矛盾；③ 信息传递路线较长，反馈较慢，适应环境变化的能力较差。因此，它不适宜多品种生产和规模很大的企业，也不适宜创新性的工作。

（四）事业部制组织结构

事业部制组织结构也称"M型组织"，它首创于20世纪20年代美国通用汽车公司，由当时通用公司的总裁斯隆最先采用，因而又称为"斯隆模式"。它是企业规模大型化、企业经营多样化、市场竞争激烈化的背景下，出现的一种分权式的组织形式。

事业部制组织结构的主要特点是"集中决策，分散经营"，即在集权领导下实行分权管理。具体地说，就是在总公司领导下，按产品或地区分别设立若干事业部，每个事业部都是独立核算单位，在经营管理上有很大的自主权。总公司只保留预算、人事任免和重大问题的决策权，并运用利润等指标对事业部进行考核和控制。在管理实践中，企业可依据产品、地区、顾客类型、销售渠道等划分事业部。如宝洁公司按产品类别进行划分，麦当劳公司按地理区域进行划分，而许多大型商业银行则通常以顾客类型进行划分。按这些方式进行设计的结果，就形成了自我包容的半独立性分部。其组织结构如图4-9所示。

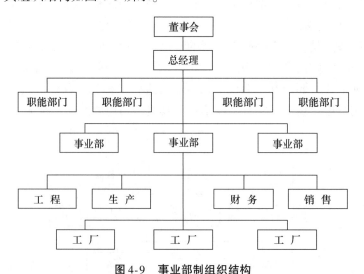

图4-9 事业部制组织结构

在事业部制组织结构设计中，重要的决策可以在较低的组织层次做出。因此，事业部制组织结构内部包含着职能型结构，与之相比较，它有利于以一种分权的方式类型开展管理工作。事业部制组织结构一般适用于在具有比较复杂的产品类别或较广泛的地区分布的大型企业中采用。

事业部制组织结构的主要优点表现在以下几个方面。① 提高了管理的灵活性和适应性。由于各事业部单独核算、自成体系，在生产经营上具有较大的自主权，这样既有利于调动各事业部的积极性和主动性，有利于培养和训练高级管理人才，又便于各事业部之间开展竞争，从而有利于增强企业对环境条件变化的适应能力。② 有利于最高管理层摆脱日常行政事务，集中精力做好有关企业大政方针的决策。③ 便于组织专业化生产，便于采用流水作业和自动线等先进的生产组织形式，有利于提高生产效率，保证产品质量，降低产品成本。

事业部制组织结构的主要缺点是：① 增加了管理层次，造成机构重叠，增加了管理人员和管理费用；② 由于各事业部独立经营，各事业部之间人员互换困难，相互支援较差；③ 事业部之间的过度竞争，会造成公司资源浪费；④ 各事业部经常从本部门出发，容易滋长不顾公司整体利益的本位主义和分散主义倾向。

（五）矩阵制组织结构

矩阵制组织结构是由纵横两套管理系统组成的组织结构。一套是纵向的职能领导系统，一套是为完成任务而组成的横向项目系统。具体地说，就是把按照职能划分部门和按照产品或项目划分的专题小组结合起来，形成一个矩阵。项目小组是为完成一定的管理目标或某种临时性的任务而设置的，由具有不同专长技能，选自不同部门的人员组成。为了加强对项目小组的管理，每个项目在总经理或厂长领导下由专人负责。小组成员既受项目小组领导，又与职能部门保持组织与业务联系，受原职能部门领导。因而形成纵横交错的矩阵结构如图 4-10 所示。

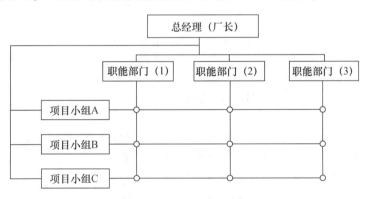

图 4-10　矩阵制组织结构

矩阵制组织结构适合在需要对环境变化做出迅速而一致反应的企业中采用。例如，咨询公司和广告代理商就经常采用矩阵组织设计，以确保每个项目按计划要求准时完成。

矩阵制组织结构的主要优点是：① 将组织的纵向联系与横向联系很好地结合起来，有利于加强各职能部门之间的协作与配合，及时沟通，解决问题；② 它具有较强的机动性，能根据特定需要和环境活动的变化，保持高度的适应性；③ 把不同部门具有不同专长的专业人员组织在一起，有利于互相启发，集思广益，攻克各种复杂的技术难题，更加圆满地完成工作任务。它在发挥人的才能方面具有很大的灵活性。

矩阵制组织结构存在的主要问题是：① 在资源管理方面存在复杂性；② 稳定性差，由于小组成员是由各职能部门临时抽调的，任务完成以后，还要回到原职能部门工作，容易使小组成员产生临时观点，不安心工作，从而对工作产生一定影响；③ 权责不清，由于每个小组成员都要接受两个或两个以上的上级领导，潜伏着职权关系的混乱与冲突，造成管理混乱，从而使组织工作过程容易丧失效率性。

（六）多维立体组织结构

这种组织结构是近年来随着环境变化而出现的一种新型的组织形式，是从系统的观点出发构建的一种复杂的结构形态。其结构分为三维：① 按产品划分的事业部，是产品利润中心；② 按职能划分的专业参谋机构，是专业成本中心；③ 按地区划分的管理机构，是地区利润中心。其组织结构如图4-11所示。

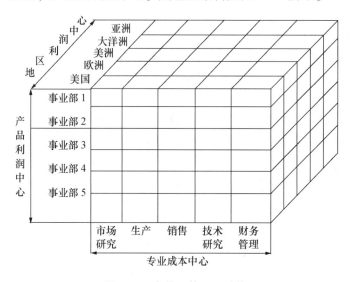

图4-11　多维立体组织结构

通过多维的立体组织结构，可以使上述三个方面机构协调一致，紧密配合，为实现企业的总目标服务。多维立体组织结构适用于多种产品开发，跨地区经营的大型跨国公司，因为这些公司在不同地区，不同产品增强市场竞争力提供组织保证。

上面介绍的是几种典型的组织结构形式，从其稳定性和适应性角度又可分为两类：一类是机械式组织结构，如职能制、事业部制组织结构；另一类是有机式组织结构，如矩阵式、多维立体式组织结构等。相比较而言，机械式组织结构的正规化程度较高，注重内部的效率和纪律。但灵活性和适应性要差一些。而有机式组织结构则在灵活性和适应性方面要强一些。

应当指出，组织结构和组织设计是为实现组织战略和目标服务的，因此组织战略的不同，环境的变化，必将使组织结构发生相应的调整。而由于技术的进步，竞争环境的复杂，要求组织特别是企业必须采用灵活的、有机的组织结构形式，团队和委员会管理就是一种普遍采用的有机结构。

按照现代经济学的观点，企业的生产方式就是一种"团队生产"。德姆塞茨的

"交易费用"理论认为,人的行为有两个重要特征:一是有限性,二是机会主义。因此,企业内部组织结构的不同对于节约交易费用具有重要意义。为了节约交易费用,提高组织效率,就必须有组织结构的不断演化。而随着企业环境的变化,企业的组织结构日益从传统的纵向结构转向面向顾客和业务的横向结构,团队就是一种多职能自我管理型组织结构。

建立平等与分享的企业组织

困扰中国企业发展的一大问题是组织能力的缺失,应对之道各异:有的企业凭借创始人的领袖魅力弥补组织能力;有的企业推行军事化管理;有的企业试图把企业变成大家庭;有的企业照搬源自跨国公司的规范化管理……

欧洲工商管理学院(INSEAD)组织行为学博士、现任教于中欧国际工商学院的肖知兴在清谈性质的著作《中国人为什么组织不起来》(2006)中,对中国企业的组织问题进行了分析,认为中国企业组织能力发展经过三个阶段:第一阶段是基于私人关系的原始组织;第二阶段是基于军事化控制和洗脑式文化的机器式运作的低级组织;第三阶段是真正具有国际竞争能力的智慧型组织。智慧型组织的价值核心,是"平等"二字。

肖知兴认为,做企业的核心道理是"把人当人看"。他写道,成功企业家的特点在于,他们不仅仅满足于简单地诉诸于经济激励机制,而是能够深入到精神层面,和他们的员工展开精神上的对话,形成共享的价值观,从而真正发挥企业经济激励机制的效用,促进企业全面合作机制的开展,在此基础上,实现组织的成长。他说,"我的智慧型组织模型中最重要的三大分享机制,解决的就是如何在中国文化体制环境中形成合作文化的问题。"

组织能力缺失带来的问题

在肖知兴看来,中国企业组织能力的缺失,带来三个后果:第一,中国企业不容易长大;第二,中国企业在全球产业链的地位问题;第三,产业选择带来的独特业务风险。他指出,华人企业出于组织能力的限制,选择的产业往往是一种"关系密集型产业",人事发生更迭的时候,企业就往往会面临巨大的业务风险。

中国企业的组织往往缺乏可延展性和可复制性,无法长大。肖知兴认为导致这种情况的是中国的"特殊主义"文化传统,每个人都有特殊情况,需区别对待。这种文化传统给企业组织造成很多障碍:"企业需要用很多人和花费时间去处理这些特殊情况带来的种种利益分配、内部冲突、员工情绪、团队合作等问题";"特殊主义文化不仅把工作之外的各种关系带进公司,还会通过人际交往在公司内形成各种非正式的关系网络。"

在全球产业链中,中国企业与跨国公司的差距在于品牌和研发实力,肖知兴认为根本原因是组织能力。他指出,研发和品牌一样是花钱的事业,需要信任,需要一种超越小圈子的、基于抽象原则的组织能力。这些抽象原则是一些简单的处理人际关系的核心价值观,如平等、合作、分享等。

肖知兴对《福布斯》2004全球富豪榜中的39位华人企业家进行分析后发现，他们选择的产业的特征是，都是"关系密集型产业"，包括两类：第一类是，通过与政府高层的特殊关系垄断烟草、博彩等特殊行业；第二类是，地产业或以地产业为主的多元化。"这类产业的特殊性决定，企业内部需要决策的事宜数量较少……完全可以依靠老板和老板的几个亲信来掌控局面，不需要建设基于抽象原则的正式组织。"

从原始组织到智慧型组织

肖知兴认为，中国的特殊主义文化使得原始的个人关系成为最基本也是最重要的组织手段，绝大多数中国企业组织并没有脱离依靠私人关系的阶段。他比较西方企业和华人企业指出，西方企业的工作开展以正式关系为基础，自然地从职能制走向事业部制或者矩阵制，华人企业的通行做法是成立多个独立公司，由大家长兼任这些独立公司的高层职务，靠大家长式的沟通和协调把所有独立公司组成一个大的综合性集团。

在肖知兴看来，这种原始组织和第二阶段的初级组织都是没有把人当作有独立人格的人，"原始组织本质是把人当奴才，初级组织的本质是把人当机器"。

智慧型组织与原始组织、初级组织的本质区别在于：对后两种组织而言，"组织只是创始人或控制人的放大，本身并没有获得生命，还不是一个独立于创始人存在而存在的实体"；而智慧型组织则"开始有了自我意识，能够实现自我分析、自我调整、自我更新"。肖知兴描绘的智慧型组织由三层组成：第一层是基础，是基于共同的价值观的分享机制，包括精神资源的分享、能力的共享和财富的共享；第二层是中间结构，包括正式的制度和非正式的全面合作文化；第三层是组织不断学习、实现能力的自我更新的机制。

平等与分享

智慧型组织的核心与基础是"基于平等精神的分享型价值观"。肖知兴指出，中国盛产"牺牲型价值观"，这种价值观的本质是，既得利益者、强者为达到自我利益最大化而对他人提出单方面道德要求和牺牲呼吁。肖知兴认为华为公司是把传统的牺牲型价值观改造成分享型价值观的经典案例。在《华为基本法》中有这样的说法："我们决不让雷锋吃亏，奉献者定当得到合理的回报。"肖还指出，"不讳言个人利益，平等，尊重，信任，分享，联想已颇得共享型价值观的精髓。"

其他两个分享是"能力的分享"与"财富的分享"。能力的分享指组织通过遴选、培训、考核、职业生涯规划、辅导计划、继任计划等人力资源管理方法帮员工系统地提高个人能力。财富分享包括工资、奖金、股份、福利等报酬手段。在分析华为、联想、比亚迪的分享机制和公司业绩之后，肖知兴指出，"技术密集型、智力密集型的企业依赖于员工的创造力主动性的产业特征，决定了它们在发展过程中必须采用分享机制来发挥员工的积极性。而逐渐完善的分享机制反过来又给员工积极性的发挥提供了一个巨大的空间，促进了企业竞争力的提升。"

智慧型组织第二层的正式制度和非正式合作文化是组织能力的主体，肖知兴用"严格精准的流程"与"全面合作文化"来命名它们。肖知兴又指出，在严格精准流程与全面合作文化两者之间，后者更为重要，因为"全面合作文化可以推出严格精准流程，而严格精准流程却未必能推出全面合作文化。"

智慧型组织的上层建筑是"自我更新机制"，它的本质是"企业的正式制度体系和全面合作文化之间的一种联结与沟通的机制"。这是一种双向的沟通，一方面是"正式化"，把员工为了应付各种没有预料到的情况的非正式做法固化为企业的正式制度；另一方面是"非正式化"，对制度做出调整，把决策权交给员工，让他们根据各种实际情况做出最符合企业利益的判断。

中国近代向西方学习经历了从器具层面（洋务运动），到制度层面（戊戌变法），最后到文化层面（五四运动）的过程。肖知兴对比认为，"中国企业在学习西方企业时只看到器具层面（技术、工具、概念），看不见背后的制度层面（产权、组织、激励），更看不见精神层面（价值观、预设、信仰）。"但肖知兴又指出，器具层面或许可以全盘西化，如果工夫足够，制度层面问题也不是很大，而精神层面的问题，却很难靠全盘西化解决。他认为，"我们必须反求诸己，回到传统中去寻找力量（包括企业的竞争力）的源泉。"

(资料来源：《经济观察网》)

单元三　团队和委员会

一、团队概念的由来

所谓"团队"，是指执行相互依存的任务以完成共同使命的群体，它既是一种组织结构，也是一种工作方式。团队既有临时性的，如新产品开发团队、攻关团队，也有永久的或常设的，如过程管理团队。从组织发展的角度看，团队的概念起源于 20 世纪六七十年代日本的"品管圈"和员工参与活动。"品管圈"一般简称为 QC 小组，它是一种解决问题式团队，是由七八名或十来名自愿成员组织到一起，自主开展质量管理和质量改进的小组。QC 小组的活动对于提高日本企业的产品质量、改善生产系统、提高生产效率起了很大的作用。同时对于提高工作人员的积极性，改善员工之间、员工与企业之间的关系也起到了很大的作用。QC 小组这种做法首先由日本企业带到他们在美国的合资企业中，在当地的美国工人中运用同样取得了成功，因此其他美国企业也开始仿效，进而扩展到其他的国家和企业中，形成了世界性的 QC 小组热潮。QC 小组运动对于整个世界的企业管理都产生了巨大的影响。

二、企业采用团队组织的方式

经过几年的发展，团队这种组织形式也经历了由临时组织结构向永久性组织结构的演变，根据企业环境和面临问题的不同，企业在采用团队组织时有以下几种选择。

1. 临时性的团队组织

临时性团队大部分是跨职能的团队，其中最常见的形式是所谓的项目团队。这

种团队是为了完成某个特定的业务目标,如新产品开发等,在一段特定的时间内组建的跨职能团队。许多企业在管理的实践中认识到,这种跨职能的团队对于实现特定的目标是非常有效的。团队的成员来自组织中的不同职能部门,他们可能是专职的,也可以是兼职的,成员中既包括普通员工、技术人员,也有与问题有关的经营管理人员。大多数情况下,在经过一段特定的时间或完成了预定任务后,团队即告解散,成员回到原部门。

项目团队是一种最普遍的临时性团队组织,项目团队方式已经成为一些工程技术领域的公司的常规运作方式,如建筑行业的项目经理制,即是为完成特定建设任务而组建的团队,建设项目完成后,团队的使命结束即解散。另外,在一些技术服务行业,如咨询、设计和法律事务所等,项目团队形式也具有广泛的应用。许多公司经常依赖项目团队来激发创造性,开发新的产品或新的技术,如IBM公司的第一台PC的开发就是由一个非常成功的项目团队来完成的。

项目团队的突出优点是能集中和整合组织的有关资源,从而高效率地完成特定任务。但是,项目团队也有其不足之处,由于它是一种临时性的存在,因此一旦团队解散,它在执行项目过程中形成的关于过程的知识就会被"丢失",相关的责任也可能无法落实。为了克服这一不足,组织可以采取诸如编制过程文件,使项目团队成员继续参加后继团队等方式来进行弥补,从而使团队成员的能力不断得到提高。

2. 过程性团队

一些组织为了强调在过程整合和过程学习中所要求的知识,特别是提升团队的应变能力,采取了在原有的职能结构上创建永久性团队结构的方式,从而形成了过程性团队。这种团队是为了持续解决某一问题而构建的跨部门的协调组织,但由于这种团队增加了组织结构的复杂性,从而使得职能结构与团队结构之间很容易出现目标的不一致,并导致彼此的冲突,一个突出的问题就是这种横向协调机构将具有组织独立的利益,从而与职能部门发生矛盾。可见,过程团队只是一种过渡,必须有效地界定过程团队与职能部门的职责与分工。为了提高团队管理的有效性,构建真正意义上的永久性团队,实现组织管理方式的扁平化,则是组织业务流程管理的根本性变革,这种团队即是自我管理团队。

3. 自我管理团队——水平型组织

自我管理团队是一种最具完整意义的团队工作方式。它是以过程团队取代职能部门的做法,从而导致了所谓"水平型组织"的出现。水平型组织的特点是工作主要围绕少数的业务流程来组织,把雇员的活动,供应商与顾客的需求和能力以一种同时能改善三者绩效的方式联系起来,团队具有真正的管理职责,团队成员的工作与绩效有一套科学、完整的考评体系,团队成员自己承担管理责任。

构建自我管理团队或水平型组织的基础,是需要组织对其业务流程进行重新评估,组织应围绕过程而不是职能任务来重构,员工应有充分的授权并承担相应的责任;同时要求管理者要以教练的角色和提供全方位的领导,来取代日常的控制和管理。可见,自我管理团队的出现意味着组织的结构和制度将发生根本性的变化。在这种团队模式下,公司中原有的班组长、部门负责人(科室主任、部门经理等)等中间管理层几乎就没有必要存在了,他们的角色由团队成员自行担当,因此整个公司的管理层次变少，组织也就扁平化了。

4."知识-过程"模式

在实践中，很少有哪个公司能够为纯粹的水平型组织。过程团队很难完全取代职能等级制。因为职能部门决定了职能性技能和知识的发展，而这些技能和知识是所有组织都不可或缺的。因此，综合团队工作方式和职能分工的优点，形成了"知识-过程"组织模式。

这种模式主张职能部门和跨职能的过程团队均有存在的价值，明确承认公司既有创造知识的需要，又有运用这些知识为顾客创造价值的需要。这种模式，职能部门负责知识开发，而过程团队负责应用知识为顾客提供服务，为顾客创造价值。在这种模式下，职能部门的"角色"发生了根本性的变化。它不再负责执行和控制，而是成为一个"学校"，具有两方面的主要职责：其一是总结当前的知识寻求新知识，并把这些知识传授给公司的所有员工；其二是为团队成员在价值创造过程中运用这些知识提供准则和最佳做法。

"知识-过程"型的组织形式在许多领域都得到了有效的应用，如本田公司就通过"学习—应用—学习"的循环来提高其工程师的技术水平。本田的工程师们交替工作在工程职能部门和开发团队中，他们在工程职能部门训练复杂的工程技能，然后在开发团队中把获得的知识应用于创造价值的过程。许多咨询公司和软件公司也采用这种形式，不断地提升员工的工作技能，并提高为顾客创造价值的水平。

自20世纪70年代以来，由于团队工作方式的突出优点，组织对于团队组织形式的重视程度不断提高。但是，要实现组织结构由传统的职能等级制向水平型的团队演变，必须面对以下几个方面的挑战：① 公司必须了解顾客的真正需要是什么，哪些因素对顾客是重要的哪些则是无关紧要的；② 公司必须真正为顾客创造价值的组织的过程和公司的价值链，重新审视甚至重新整合与设计公司科学合理的业务流程；③ 公司的组织结构和组织制度必须根据新的业务流程进行根本性的变革，同时建立新的，更科学的员工绩效考评制度和奖惩制度，以使组织的各项制度支持组织过程的整合与变革；④ 由于团队组织形式是组织结构上的一场革命性变化，因此必须在组织文化层面进行变革。转变组织成员传统的习惯和观念，使每个成员都能理解和接受新的组织理念，并按其要求方式重新确定自己的角色和行为模式。

西游记里的团队哲学

唐僧师徒四人历尽磨难，一路降妖擒魔，终于到西天取得真经，修得正果，应该说是一个比较成功的"工作团队"。唐僧，其领导能力有限，业务能力（降妖擒魔）更是等于一个零，但他是师傅，有个"领导位置"，可以拿"权力"制裁不听话的徒弟，使得三个"下属"不得不听，不敢不听。但他一心向佛，目标明确，任由千般说万般阻，向西天取经的决心始终不动摇。孙悟空，"业务能力"最强，疾恶如仇，敢说敢做，但性情脾气不好，西天取经不是他的目的，而是他的承诺，为了工作快速开

展,尽快完成目标任务,委曲求全,甚至不惜与"领导"和"同事"决裂,贡献最大,在这个工作团队里却差一点无立足之地,只因工作(降妖擒魔)离不开他,才被留在这个团队。八戒,工作能力一般,能胜任一般工作;好吃懒做,还有点色,但他会说话,颇能讨师傅喜欢。知道师哥本领高强,心有妒忌,在合适的时候和恰当的地点(当师傅和师兄意见不合时),便会撺掇师傅(领导)惩罚悟空,当师傅赶走悟空,便闹着分些家当想回高老庄,是个很会见风使舵的人。沙僧,业务能力与八戒不相上下,忠厚老实,有自知之明,在团队里能够知道自己的位置,老老实实做事,不上蹿下跳,不做小动作。小白龙与沙僧一样默默奉献,敬业爱岗。

点评:虽然他们身上的优缺点如此鲜明,但因为他们团队目标明确,规则清楚、利益一致、技能互补,所以最后终成正果。

(资料来源:中国管理传播网)

三、委员会管理

总体而言,委员会管理是一种集体管理形式。委员会是由来自不同背景的一组人所组成的从事执行某些方面管理职能的附加组织,在管理实践中,委员会这种组织方式在组织决策方面扮演着日益重要的角色。

委员会存在于各种组织中,具有多种形式和类型。它可以是直线式的,具有指挥、领导的职能,也可以是参谋式的,作为直线机构的咨询机关;可以是组织结构的正式组成部分,有特定的职权和职责,也可以是非正式的,跨职能部门的机构,虽未被正式授权,但发挥正式委员会职能相同的作用;委员会也可以是永久性的,成为组织的一个稳定机构,或临时性的,完成特定使命后就予以解散。在组织的各管理层次都可以成立各种类型委员会。在公司的最高层,这种委员会是董事会,它负责行使制定公司重大决策、监督控制公司执行部门的绩效等职权。而在公司的中层和基层,也可以有不同类型的委员会,或作为执行机构,更多的作为参谋机构,负责贯彻落实上级决策,切实保证公司各项管理任务的完成。

1. 委员会管理的特点

委员会管理的最突出特点是集体管理,因此这种管理形式在管理实践中既有多方面的优点,也存在一些不足之处,在组织设计中,必须发挥委员会的优点,克服它的缺点,以使委员会管理取得更好的管理绩效。

委员会管理的优点主要表现在以下几个方面。

(1) 集思广益,有助于提高决策的科学性。由于委员会的成员来自不同的部门、行业、地区,其有不同的专业背景,因此其知识、经验与判断力都要比其中的任何一个人高一些。通过集体研究讨论、集体分析判断,可以避免仅凭主管人员个人的知识和经验可能造成的判断失误,从而提高决策的科学性。

(2) 协调利益,减少冲突。部门的划分,虽然可以明确职权和职能范围,但也可能产生"职权分裂",即对一个问题,一个部门没有完全的决策权,只有通过几个有关部门的职权结合,才能形成完整的决策。解决此类问题的途径一般是通过提交上一级主管部门和人员来进行协调、解决,但如果成立一个跨部门的委员会,通过这个委员会把具有决策权的部门召集起来进行协商处理，也可以解决。而且这种委员会既可以减轻上层主管人员的负担，提高管理的效率，还有利于促进部门之间的合作，此外，委员会可以协调各相关部门的工作，而各部门的主管人员能够通过委员会来了解其他部门的情况，使之自觉地把本部门的活动与其他部门的活动结合起来，减少各部门之间的利益摩擦和冲突。

（3）避免权力过于集中，防止出现失误和损失。组织的重大决策对于组织资源的使用方向和组织未来发展，有着非常重大的影响。通过委员会的集体决策，一方面可以发挥集体判断的优点，减少个人决策可能导致的失误；另一方面也可以避免在组织内部主管人员个人的独断专行，以权谋私的弊端，通过委员会之间的相互制约机制，可以提高决策的民主程度。

（4）激发主管人员的积极性。通过吸收组织的下级主管人员甚至组织的其他成员进入委员会，可以使委员会有更广泛的代表性，并使他们有可能参与组织决策与计划的制订过程，从而使决策更切合组织实际，同时，激发和调动下级人员的积极性，使他们有更高的热情来接受和执行这些决策和计划。

（5）加强沟通联络。使信息传递速度更快。委员会作为一个决策或参谋机构，在处理有关问题时，各成员都能得到该问题的相关信息，都有同等的机会了解所接受的决策，这样就可以大大节省信息传递的时间，并减少信息传递过程中的失真。在决策过程中，委员会的成员通过面对面的交谈与磋商，彼此了解各自的看法与主张，从而减少误解和分歧，容易达成共识，因此可以说，这是一种非常有效的沟通联络方式。

（6）代表各方面的利益。委员会的成员一般由组织中的利益集团的代表组成，因此，在管理的决策过程和执行过程中，各方面的利益都得到了反映并达成某种共识，这样的决策就容易被组织的各个集团理解和接受。

（7）有利于主管人员的锻炼和成长。通过参与委员会的决策和执行过程，下级主管人员能够了解组织的全面情况，了解其他主管人员的意图和思想，同时有机会学习上层主管人员的管理经验。因此，委员会的集体决策模式，是下级主管人员的很好的锻炼平台。对于培养其全局观念和决策能力有十分重要的作用。另外，上层主管人员也可以在委员会的各项活动中观察和测评下级人员的管理能力，以作为将来选拔更高层管理人员的依据。

但是，委员会管理方式也存在如下一些缺点。

（1）管理成本较高，费时费力。由于委员会的成员来自不同的部门甚至不同的行业或地区，因此要把各成员集中起来召开会议、讨论问题一般都需要花费很多的金钱，费用很高。同时，委员会花在会议上的时间也相当长，因为在会议上要讨论各种观点，每个成员都有发言权，所以如果成员之间的立场悬殊，利益分歧很大，则需要相当长的时间来进行协调、磋商。如果由一个人能解决好的问题也要提交给委员会讨论，那么在金钱和时间上的花费就会更大，存在相当大的浪费。

（2）妥协折中，未必形成最好的决策。在委员会进行决策讨论、磋商的过程中，如果议题的分歧意见较大，委员会常常会出于礼貌、互相尊重或屈于权威而采用折中的办法，寻求利益的妥协。以期获得全体一致的结论。此时的一致只是利益平衡的结果，未必得到真正最优的结论。

（3）优柔寡断，议而不决。由于委员会成员各自的地位、经历、知识和代表的利益不同，因此在决策中往往有较大的争议和分歧。当成员们为某一议题争论不休，难以取得一致意见时，就会陷入无休止的讨论与磋商之中。这样的结果，必然是优柔寡断，错过了决策的最佳时间，甚至议而不决，导致会议无果而终。

（4）职责分离，无法真正落实责任。由于委员会是集体决定、集体负责，因此没有一个人能在实际上对集体的行动负责。这样，无法真正落实具体的责任，造成执行过程的绩效难以监控。

（5）一个人或少数人占支配地位。尽管委员会是一种集体决策和管理形式，但委员会成员在知识、经历等方面的差异性以及掌握的信息不同，在实际的决策中，一个人或少数人可能凭借信息的优势或事业上的权威地位，这样就会把个人的意志强加给他人乃至整个集体，这样就导致集体决策有名无实，把集体决策变成个人独断的工具，无法发挥集体管理的优势。

2. 如何成功地运用委员会，提高决策和管理的科学性

为了发挥委员会管理这种组织形式的优点，克服其弊端，从而成功地运用委员会，在管理实践中必须注意下列一些问题。

（1）必须明确不同委员会的权限和职责范围。在组织设计中，对于某一委员会的权限究竟是决策，还是为直线主管人员（部门）提供建议，应该明确加以规定，这有利于委员会成员明确自己的角色，更好地履行自己的职责。对于在委员会会议上要讨论的议题，也必须使与会者明确了解，以免讨论时超出议题范围，造成各种浪费。

（2）委员会的规模应适当。一般来说，委员会要有足够的规模，以吸引来自不同背景的人员，使委员会具有更广泛的代表性，并有利于完成委员会任务所需要的各个方面的专家。但是，委员会的规模也不宜过大，否则就会造成各种意见难以统一，开会时浪费时间并可能导致优柔寡断，贻误时机。一些研究显示，委员会成员的适宜规模是5～7人，最多不超过15～16人。

（3）审慎地选择胜任的委员。委员会的成员应该包括哪些人员，其选择的依据与成立委员会的目的、性质和任务密切相关。一般而言，要尽可能选择具有与委员会相适应的专业管理、技术人员作为委员会的成员，以充分发挥其专业技能，为决策和咨询服务。同时，还应要求成员能够做到广开言路，集思广益，成员的组织级别一般要相接近，这样有利于各成员充分磋商和沟通，对议题做出正确的结论。

（4）合理选择恰当的议题。一般而言，委员会作为附加的机构，不可能要求成员经常在一起磋商、讨论，而应选择对组织有重要影响，与委员会性质相适应的议题供委员会开会讨论。因此，议题必须恰当并让成员事先有所准备，这样举行会议讨论时，才能提高工作效率。

（5）确定一个胜任力强的人员担任委员会的主席。必须慎重地选择委员会的主席，因为他肩负着让委员会能否有效发挥作用的任务。在某种程度上，委员会的绩效取决于主席的领导才能。一个好的主席，通过其科学有效地协调工作，可以使委员会避免很多资金、时间等方面的浪费或不足。为此，主席应当在以下方面具有很强的胜任力：对会议内容及其重点的筹划和把握能力；科学安排会议议程；通过把握应提供给委员会成员相关信息、材料的能力；有效的主持会议，驾驭会议的方向的能力，以使委员会的充分讨论最终能达成共识，从而做出正确的决议。

（6）决议案的审核与完善。委员会的会议完毕时，会议主席应将所做出的决议

向大家宣布，以期得到全体与会人员对该决议同意抑或不同意的明确表态。如果决议议案还有不完善的地方，还要对决议进行修正和补充。

3. 委员会制与个人负责制的比较

在管理的实践中，委员会制与个人负责制是组织中两种不同的高层次职权分配体制。委员会制是指在组织中，其最高决策权由一个两人以上组成的集体即委员会来行使。如果组织中的最高决策权集中在一个人身上，由他对整个组织负责，这就是个人负责制。

个人负责制的优点是权利集中、责任明确、行动迅速、效率较高。但因为一个人的知识、经验以及管理能力毕竟有限，所以在一个复杂多变的环境下，个人的决策难免有考虑不周之处。虽然在现代管理中都设置有多层次的专家智囊机构来帮助主管人员进行决策分析，但因决策权在一个人手中，并不能完全弥补这一缺陷。特别是由于这种权利缺乏有效的制度性约束，如果权利落在不适合的人选手中，就有可能导致专制和滥用职权，从而给组织带来损失。

从委员会制和个人负责制的特点可以看出，这两种职权分配体制都各有利弊，并非十全十美。那么，在现代组织中，究竟应当如何运用它们，以发挥各自的优势而避免其缺陷呢？在20世纪80年代末，美国管理协会（American Management Association，AMA）对不同公司的管理、决策活动的实际职权分配状况进行了大规模的调查，并做出了相应的结论。

美国管理协会在调查中把管理活动分为12项，并按下列四种情况估算它们所占的比重：① 可以由委员会有效执行的活动；② 虽然可以由委员会有效地执行，但是由个人执行却更为有效的活动；③ 需要有委员会的辅助，但由个人执行的活动；④ 只能由个人执行才有效的活动。他们通过进行经理访谈，并分析20多家有代表性的公司资料，得出了如表4-1所示的调查分析结果。

表4-1 委员会制与个人负责制的比较　　　　　　　　　（单位:%）

成效 管理活动	可由委员会有效地执行	可由委员会有效执行，但个人执行更为有效	主要由个人执行，委员会辅助	只能由个人执行才有效
1. 计划	20	20	25	35
2. 控制	25	20	25	30
3. 确定	35	35	10	20
4. 组织	5	25	20	50
5. 权限争执	90	10	—	—
6. 领导	—	—	10	90
7. 行政	20	25	25	30
8. 执行	10	15	10	65
9. 革新	30	20	20	30
10. 信息沟通	20	15	35	30
11. 咨询	15	25	35	25
12. 决策	10	30	10	50

从表4-1可以看出，只有处理涉及权限争论时，委员会制的优点才显著地表现

出来。而在领导中，个人负责制具有十分突出的优势。

尽管有许多人认为该项调查的结论现存仍是正确的，但是，不可否认，近年来国内外的一些组织尤其是大公司中，组织的最高管理层正在逐步地向委员会制过渡、发展。例如，许多大公司都设立了董事会、总经理委员会等各种各样的机构，它们作为决策的中心，负责组织的最高层管理工作，之所以出现这种趋势，主要是由于组织规模越来越巨大，管理工作也越来越复杂，因此最高层的管理者其管理工作即使计划再周密，通过充分授权给下级以开展相应的管理活动，仍然十分繁重，非一个人的时间和精力能够应付。在这种状况下，通过设立委员会，集思广益，可以有效减少失误，做出更好的决策。

总体来看，委员会制在做出决策的科学性方面有明显的优势，而个人负责制在执行决策的效率方面占绝对优势。因此，为了提高管理绩效，就必须兼顾两种职权分配体制的长处，在管理实践中实现二者的结合，在重大决策方面采用委员会制，而在执行中采用个人负责制。

单元四　组织文化

组织具有自己的各种构成要素，把这些要素有机地整合起来除了要有一定的正式组织和非正式组织以及规章制度之外，还要有一种协调力和凝合剂，它以无形的"软约束"力量构成组织有效运行的内在驱动力。这种力量就是被称为管理之魂的组织文化。

一、组织文化的概念和基本特征

（一）组织文化的概念

文化一词来源于古拉丁文，本是指"耕作"、"教习"、"开化"的意思。在中国古籍中最早把"文"和"化"两个字联系起来的是《易经》，"观乎天文，以察时变；观乎人文，以化成天下。"意思是指圣人在考察人类社会的文明时，用儒家的诗书礼乐来教化天下，以构造修身齐家治国平天下的理论体系和制度，使得社会变得文明而有秩序。然而在欧洲的历史中，文化一词主要是指由于人类在思维和理性方面的发展而引发的整体社会生活的变化。英国文化人类学家爱德华·泰勒在1871年出版的《原始文化》中第一次把文化作为一个中心概念来使用，并系统表述为："文化是一个复杂的总体，包括知识、信仰、艺术、道德、法律、风俗，以及人类在社会里所获得的一切能力与习惯。"

一般而言，文化有广义和狭义两种理解，广义的文化是指人类在社会历史实践过程中所创造的物质财富和精神财富的总和；狭义的文化是指社会的意识形态，以及与之相适应的礼仪制度、组织机构、行为方式等物化的精神。文化具有民族性、多样性、相对性、积淀性、延续性和整体性的特点。

每个组织都有自己特定的环境条件和历史传统，从而也就形成自己独特的哲学信仰、意识形态、价值取向和行为方式，于是每个组织也都具有自己特定的组织文化。正如美国哈佛大学教授迪尔和肯尼迪曾经指出的那样："每个企业（事实上也是组织）都有一种文化。不管组织的力量是强还是弱，文化在整个组织中都有着深刻的影响，它实际上影响着企业中的每一件事，从某个人的提升到采用什么样的决策，以及职工的穿着和他们所喜爱的活动。"

对组织文化的界定向来是众说纷纭，莫衷一是。比较经典的是西方学者希恩于1984年下的定义："组织文化是特定组织在适当处理外部环境和内部整合过程中出现的种种问题时，所发明、发现或发展起来的基本假说的规范。这些规范运行良好，相当有效，因此被用作教导新成员观察、思考和感受有关问题的正确方式。"

就组织特定的内涵而言，组织是按照一定的目的和形式而建构起来的社会集团，为了满足自身运作的要求，必须要有共同的目标、共同的理想、共同的追求、共同的行为准则以及相适应的机构和制度，否则，组织就会是一盘散沙。而组织文化的任务就是努力创造这些共同的价值观念体系和共同的行为准则。从这个意义上来说，组织文化是指组织在长期的实践活动中所形成的，并且为组织成员普遍认可和遵循的具有本组织特色的价值观念、团体意识、行为规范和思维模式的总和。

（二）组织文化的基本特征

组织文化本质上属于"软文化"管理的范畴，是组织的自我意识所构成的文化体系。组织文化是整个社会文化的重要组成部分，既有社会文化和民族文化的共同属性，也有自己的不同特点。

1. 组织文化的核心是组织价值观

任何一个组织总是要把自己认为最有价值的对象作为本组织追求的最高目标、最高理想或最高宗旨。一旦这种最高目标和基本信念成为统一本组织成员行为的共同价值观，就会构成组织内部强烈的凝聚力和整合力，成为统领组织成员共同遵守的行动指南。因此，组织价值观制约和支配着组织的宗旨、信念、行为规范和追求目的。从这个意义上来说，组织价值观是组织文化的核心。

2. 组织文化的中心是以人为主体的人本文化

人是整个组织中最宝贵的资源和财富，也是组织活动的中心和主旋律。因此，组织只有充分重视人的价值，最大限度地尊重人、关心人、依靠人、理解人、凝聚人、培养人和造就人，充分调动人的积极性，发挥人的主观能动性，努力提高组织全体成员的社会责任感和使命感，使组织和成员成为真正的命运共同体和利益共同体，这样才能不断增强组织的内在活力和实现组织的既定目的。

3. 组织文化的管理方式是以柔性管理为主

组织文化是以一种文化的形式出现的现代管理方式，也就是说，它通过柔性的而非刚性的文化引导，建立起组织内部合作、友爱、奋进的文化心理环境，以及协调和谐的人群氛围，自动调节组织成员的心态和行动，并通过对这种文化氛围的心理认同，逐渐内化为组织成员的主体文化，使组织的共同目标转化为成员的自觉行动，使群体产生最大的协同合力。事实证明，由柔性管理所产生的协同力比刚性管理有着更为强烈的控制力和持久力。

4. 组织文化的重要任务是增强群体凝聚力

组织中的成员来自于五湖四海,不同的风俗习惯、文化传统、工作态度、行为方式、目的愿望等都会导致成员之间的摩擦、排斥、对立、冲突乃至对抗,这往往不利于组织目标的顺利实现。而组织文化通过建立共同的价值观和寻找观念共同点,不断强化组织成员之间的合作、信任和团结,使之产生亲近感、信任感和归属感,实现文化的认同和融合,在达成共识的基础上,使组织具有一种巨大的向心力和凝聚力,这样才有利于组织成员采取共同行动。

二、组织文化的基本要素

组织文化是一个有着丰富内涵的系统体系,其中包括许多相互联系、相互制约的基本要素。迪尔和肯尼迪认为构成组织文化的要素有五种:环境条件、价值信仰、英雄人物、习俗礼仪和文化网络。

而美国学者彼得斯和沃特曼认为至少有七种要素:经营战略、组织结构、管理体制、工作作风、工作人员、技能和共同价值。这七种要素称为"麦金瑟 7S 结构",如图 4-12 所示。

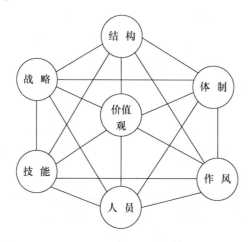

图 4-12 麦金瑟 7S 结构

如果从现代系统论的观点看,组织文化的结构层次有三个:表层文化、中介文化、深层文化。它的表现形态有:物质文化、制度文化、行为文化、精神文化。它的构成要素有:组织哲学、组织价值观、组织精神、组织道德、组织制度、组织形象等,由此构成一个有着内在联系的复合网络图,如图 4-13 所示。

如果从最能体现组织文化特征的角度看,组织文化的基本要素包括以下几点。

(一)组织精神

如同人类和民族有精神一样,组织作为有机体也是有精神的。正如美国管理学家劳伦斯·米勒在《美国企业精神》中所说:"一个组织很像一个有机体,它的机能和构造更像它的身体,而坚持一套固定信念、追求崇高的目标而非短期的利益,是它的灵魂。"

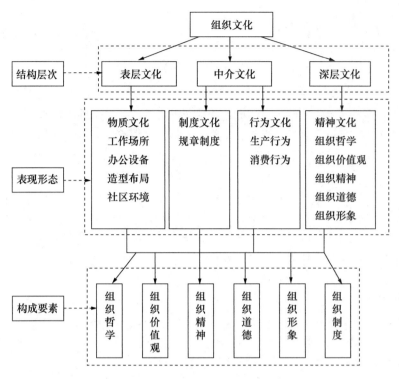

图 4-13　组织文化复合网络图

作为组织灵魂的组织精神，一般是指经过精心培养而逐步形成的并为全体组织成员认同的思想境界、价值取向和主导意识。它反映了组织成员对本组织的特征、地位、形象和风气的理解和认同，也蕴含着对本组织的发展、命运和未来所抱有的理想与希望，折射出一个组织的整体素质和精神风格，成为凝聚组织成员的无形的共同信念和精神力量。组织精神一般是以高度概括的语言精练而成的，如日本松下电器公司的"七精神"："工业报国、光明正大、团结一致、奋发向上、礼节谦让、适应形势、感恩报国"，美国国际商业机器公司的精神："IBM 就是服务"等。

（二）组织价值观

组织价值观是指组织评判事物和指导行为的基本信念、总体观点和选择方针。

（1）调节性。组织价值观以鲜明的感召力和强烈的凝聚力，有效地协调、组合、规范、影响和调整组织的各种实践活动。

（2）评判性。组织价值观一旦成为固定的思维模式，就会对现实事物和社会生活做出好坏优劣的衡量评判，或者肯定与否定的取舍选择。

（3）驱动性。组织价值观可以持久地促使组织去追求某种价值目标，这种由强烈的欲望所形成的内在驱动力往往构成推动组织行为的动力机制和激励机制。

组织价值观具有不同的层次和类型，而优秀的组织总会追求崇高的目标、高尚的社会责任和卓越创新的信念。如美国百事可乐公司认为"顺利是最重要的"，日本三菱公司主张"顾客第一"，日本 TDK 生产厂则坚持"为世界文化产业做贡献"。

管理小故事

猴子理论——传统的价值

科学家将四只猴子关在一个密闭房间里,每天喂食很少食物,让猴子饿的吱吱叫。几天后,实验者在房间上面的小洞放下一串香蕉,一只饿得头昏眼花的大猴子一个箭步冲向前,可是当它还没拿到香蕉时,就被预设机关所泼出的滚烫热水烫得全身是伤,当后面三只猴子依次爬上去拿香蕉时,一样被热水烫伤。于是众猴只好望"蕉"兴叹。

几天后,实验者换进一只新猴子进入房内,当新猴子肚子饿得也想尝试爬上去吃香蕉时,立刻被其他三只老猴子制止,并告知有危险,千万不可尝试。实验者再换一只猴子进入,当这只新猴子想吃香蕉时,有趣的事情发生了,这次不仅剩下的两只老猴子制止它,连没被烫过的半新猴子也极力阻止它。实验继续,当所有猴子都已换新之后,没有一只猴子曾经被烫过,上头的热水机关也取消了,香蕉唾手可得,却没猴子敢前去享用。

点评:对于一个组织发展而言,能不能正常有效地运营,关键的问题还在于管理,而管理好不好,最终还是要看组织是否有一个良好的价值观,好的价值观将更有利于组织的有序管理,从而进一步保证其长足发展。

(资料来源:中国管理网)

(三)组织形象

组织形象是指社会公众和组织成员对组织、组织行为与组织各种活动成果的总体印象和总体评价,反映的是社会公众对组织的承认程度,体现了组织的声誉和知名度。

组织形象包括人员素质、组织风格、人文环境、发展战略、文化氛围、服务设施、工作场合和组织外貌等内容,其中对组织形象影响较大的因素有以下五个。

(1)服务(产品)形象。对于企业来说,社会公众是通过产品和服务来了解企业的,在使用产品和享用服务的过程中形成对企业的感性化和形象化的认识。因此,那些能够提供品质优良、造型美观的产品和优质服务的企业,总是能够赢得良好的社会形象。

(2)环境形象。这主要指组织的工作场所、办公环境、组织外貌和社区环境等,它反映了整个组织的管理水平、经济实力和精神风貌。因为整洁、舒适的环境条件不仅能够保证组织工作效率的有效提高,而且也有助于强化组织的知名度和可信赖度。

(3)成员形象。这是指组织的成员在职业道德、价值观念、文化修养、精神风貌、举止言谈、装束仪表和服务态度等方面的综合表现,是组织形象人格化的体现。一般而言,组织成员整洁美观的仪容、优雅良好的气质、热情服务的态度,再加上统一鲜明的衣帽服装,既反映了个人的不俗风貌,也反映了组织的高雅素质,有利于在社会公众之中树立良好的组织形象。

(4)组织领导者形象。组织领导者(也指企业家)的形象是指其在领导行为、待人接物、决策规划、指导监督、人际交往乃至言谈举止之中的文化素质、敬业精神、战略眼光、指挥能力上的综合体现。那些富有领导能力、公正可靠、气度恢弘、勇于创新、正直成熟、忠诚勤奋的组织领导者不仅能以无形的示范魅力潜移默化地影响组织中的每个成员,而且也会在社会公众中争取对组织的信赖和支持,以有利于不断扩大和巩固组织的知名度。

(5) 社会形象。这是指组织对公众负责和对社会贡献的表现。组织要树立良好的社会形象,一方面有利于与社会广泛地交往和沟通,实事求是地宣扬自己的社会形象,另一方面在力所能及的条件下积极参与社会公益活动,如支持公益事业,支援受灾地区,开展社区文明共建活动等。这样,良好的社会形象就会使组织在社会公众的心目中更加完美,使之增加对组织的认同。

三、组织文化的功能

从耗散结构的理论来看,功能是指组织系统影响和改变其他系统以及抵抗与承受其他系统的影响和作用的能力,同时也是系统从其他系统中取得物质、能量、信息而发展自己的能力。组织文化作为一种自组织系统,也具有许多独特的功能。

(一) 自我内聚功能

组织文化通过培育组织成员的认同感和归属感,建立起成员与组织之间的相互依存关系,使个人的行为、思想、感情、信念、习惯与整个组织有机地统一起来,形成相对稳固的文化氛围,凝聚成一种无形的合力与整体趋向,以此激发出组织成员的主观能动性,为组织的共同目标而努力。正是组织文化这种自我凝聚、自我向心、自我激励的作用,才构成组织生存发展的基础和不断成功的动力。从这个意义上来说,任何组织若想取得非凡的成功,其背后无不蕴藏着强大的组织文化作为坚强的后盾。但是,要指出的是,这种内聚力量不是盲目的、无原则的、完全牺牲个人一切的绝对服从,而是在充分尊重个人价值、承认个人利益、有利于发挥个人才干的基础上而凝聚的群体意识。

(二) 自我改造功能

组织文化能从根本上改变员工的旧的价值观念,建立起新的价值观念,使之适应组织正常实践活动的需要。尤其对于刚刚进入组织的员工来说,为了减少他们个人带有的在家庭、学校、社会所养成的心理习惯、思维方式、行为方式与整个组织的不和谐或者矛盾冲突,就必须接受组织文化的改造、教化和约束,使他们的行为与组织保持一致。一旦组织文化所提倡的价值观念和行为规范被接受和认同,成员就会做出符合组织要求的行为选择,倘若违反了组织规范,就会感到内疚、不安或者自责,会自动修正自己的行为。从这个意义上说,组织文化具有某种程度的强制性和改造性。

(三) 自我调控功能

组织文化作为团体共同价值观,并不是对组织成员具有明文规定的具体硬性要求,而只是一种软性的理智约束,它通过组织的共同价值观不断地向个人价值观渗透和内化,使组织自动地生成一套自我调控机制,以"软约束"操纵着组织的管理行为。这种以尊重个人思想、感情为基础的无形的非正式控制，会使组织目标自动地转化为个体成员的自觉行动，达到个人目标与组织目标在较高层次上的统一。组织文化具有的这种软性约束和自我协调的控制机制，往往比正式的硬性规定有着更强的控制力和持久力，因为主动的行为比被动的适应有着无法比拟的作用。

（四）自我完善功能

组织在不断的发展过程中所形成的文化积淀，通过无数次的辐射、反馈和强化，会不断地随着实践的发展而更新和优化，推动组织文化从一个高度向另一个高度迈进。也就是说，组织文化不断地深化和完善一旦形成良性循环，就会持续地推动组织本身的上升发展，反过来，组织的进步和提高又会促进组织文化的丰富、完善和升华。国内外成功组织和企业的事实表明，组织的兴旺发达总是与组织文化的自我完善分不开的。

（五）自我延续功能

组织文化的形成是一个复杂的过程，往往会受到社会环境、人文环境和自然环境等诸多因素的影响。因此，它的形成和塑造必须经过长期的耐心倡导和精心培育，以及不断地实践、总结、提炼、修改、充实、提高和升华。同时，正如任何文化都有历史继承性一样，组织文化一经固化形成，就会具有自己的历史延续性而持久不断地起着应有的作用，并且不会因为组织领导层的人事变动而立即消失。例如，美国英特尔公司的领导人历经数次变动，但其经过多年培育出来的创新精神仍然存在，成为公司不断进取的精神支柱和追求卓越的公司信条。

四、塑造组织文化的主要途径

（一）选择价值标准

由于组织价值观是组织文化的核心和灵魂，因此选择正确的组织价值观是塑造组织文化的首要战略问题。

选择组织价值观有以下两个前提。

（1）要立足于本组织的具体特点。不同的组织有不同的目的、环境、习惯和组成方式，由此构成千差万别的组织类型。因此，必须准确地把握本组织的特点，选择适合自身发展的组织价值观，否则就不会得到广大员工和社会公众的认同与理解。

（2）要把握住组织价值观与组织文化各要素之间的相互协调，因为各要素只有经过科学的组合与匹配才能实现系统整体优化。

在此基础上，选择正确的组织价值标准还要抓住以下四点。

（1）组织价值标准要正确、明晰、科学，具有鲜明特点。

（2）组织价值观和组织文化要体现组织的宗旨、管理战略和发展方向。

（3）要切实调查本组织员工的认可程度和接纳程度，使之与本组织员工的基本素质相和谐，过高或过低的标准都很难奏效。

（4）选择组织价值观要坚持群众路线，充分发挥群众的创造精神，认真听取群众的各种意见，并经过自上而下和自下而上的多次反复，审慎地筛选出既符合本组织特点又反映员工心态的组织价值观和组织文化模式。

(二) 强化员工认同

选择和确立了组织价值观和组织文化模式之后,就应把基本认可的方案通过一定的强化灌输使其深入人心。

(1) 充分利用一切宣传工具和手段,大张旗鼓地宣传组织文化的内容和要求,使之家喻户晓,人人皆知,以创造浓厚的环境氛围。

(2) 树立榜样人物。典型榜样是组织精神和组织文化的人格化身与形象缩影,能够以其特有的感染力、影响力和号召力为组织成员提供可以仿效的具体榜样,而组织成员也正是从英雄人物和典型榜样的精神风貌、价值追求、工作态度和言行表现之中深刻理解到组织文化的实质和意义。尤其是组织发展的关键时刻,组织成员总是以榜样人物的言行为尺度来决定自己的行为导向。

(3) 培训教育。有目的的培训与教育,能够使组织成员系统地接受和强化认同组织所倡导的组织精神和组织文化。但是,培训教育的形式可以多种多样,当前,在健康有益的娱乐活动中恰如其分地融入组织文化的基本内容和价值准则,往往不失为一种有效的方法。

(三) 提炼定格

1. 精心分析

在经过群众性的初步认同实践之后,应当将反馈回来的意见加以剖析和评价,详细分析和仔细比较实践结果与规划方案的差距,必要时可吸收有关专家和员工的合理化意见。

2. 全面归纳

在系统分析的基础上,进行综合地整理、归纳、总结和反思,采取去粗取精、去伪存真、由此及彼、由表及里的方法,删除那些落后的、不为员工所认可的内容与形式,保留那些进步的、卓有成效的、为广大员工所接受的内容与形式。

3. 精练定格

把经过科学论证的和实践检验的组织精神、组织价值观、组织文化,予以条理化、完善化、格式化,加以必要的理论加工和文字处理,用精练的语言表述出来。

建构完善的组织文化需要经过一定的时间过程,如我国的东风汽车公司经过将近三十年的时间才形成"拼搏、创新、竞争、主人翁"的企业精神。因此,充分的时间、广泛的发动、认真的提炼、严肃的定格是创建优秀的组织文化所不可缺少的。

(四) 巩固落实

1. 建立必要的制度

在组织文化演变为全体员工的习惯行为之前,要使每一位成员都能自觉主动地按照组织文化和组织精神的标准去行事,几乎是不可能的。即使在组织文化业已成熟的组织中,个别成员背离组织宗旨的行为也会经常发生。因此,建立某种奖优罚劣的规章制度是十分必要的。例如,就连具有高度文明和自律精神的新加坡,也少不了近乎苛刻的处罚制度。

2. 领导率先垂范

组织领导者在塑造组织文化的过程中起着决定性的作用，他本人的模范行为就是一种无声的号召和导向，会对广大员工产生强大的示范效应。所以任何一个组织如果没有组织领导者的以身作则，要想培育和巩固优秀的组织文化是非常困难的。这就要求组织领导者观念更新、作风正派、率先垂范，真正肩负起带领组织成员共建优秀组织文化的历史重任。

（五）丰富发展

任何一种组织文化都是特定历史的产物，所以当组织的内外条件发生变化时，需要不失时机地调整、更新、丰富和发展组织文化的内容和形式。这既是一个不断淘汰旧文化性质和不断生成新文化特质的过程，也是一个认识与实践不断深化的过程，组织文化由此经过循环往复达到更高的层次。

补充阅读材料

信仰，是由"信"和"仰"组成的。所谓"信"，说的是信任、信服，所谓"仰"，说的是要抬起头来，表示仰视和仰慕。结合起来，所谓信仰就是从内心对一个观念、一种思想、一种主义等产生认同，并将之内化，作为自己行动的榜样或指南，为之奋斗。信仰，因为被组织成员内化，能够对组织成员的行为产生重大的影响，伟大的组织一般都有信仰！伟大的业绩一般都由有信仰的组织成员所创造。中国共产党是有信仰的，而且是用信仰去塑造和统率党员的，于是，共产党能度过艰苦卓绝的斗争过程，建立军队，完成长征，最终打败了国民党，赢得胜利。这无疑是信仰的胜利。依靠信仰，中国军队还在朝鲜战场创造了奇迹，使得从来都没有战败过的美国第一次没有取胜。美国的军人和研究者一直都很感慨，为什么在那么艰苦的情况下，为什么在冰天雪地里，缺衣少食的中国军队还能够保证高昂的士气和强大的战斗能力，他们最后的结论是，中国军队有一种精神，这种精神，来自于信仰！IBM 是有信仰的，而且是用信仰去塑造和统率员工的，《美国最适合就业的 100 家大公司》把 IBM 描述成"把自己的信念像教会一样制度化……结果形成了一家充满虔诚信徒的公司……"正是依靠具有虔诚信仰的员工，IBM 成为行业的翘楚。三星是有信仰的，而且是用信仰去塑造和统率员工。李健熙在企业中，总是谈论道德经营，谈论人性改造，谈论对国家的贡献。在经营中，他常常强调不是追求"利润"而是追求"道德"，以至于《三星王国》作者的一个标题是"李健熙是宗教人士吗"。联想是有信仰的，而且是用信仰去塑造和统率员工的。联想的"入模子"，就是一个塑造员工信仰的过程，经过了这个"入模子"考验的人，就成为"联想人"，表现出统一的联想的思想和行为。依靠着具有统一信仰的联想人，联想从中国残酷的 PC 市场竞争中脱颖而出，成为亚太第一品牌，并在 2005 年兼并 IBM 个人电脑事业部，成为世界第三大电脑品牌。考察各种各样的组织，我们发现，凡是伟大的组织，都具有信仰，并且，都以组织信仰去塑造和统率组织成员。对于组织的失败，人们可以找到很多的理由，只要某一个没有做好的方面，都可以被用来作为理由，比如说组织没有愿景，战略有问题，执行不到位，细节没做好，团队不团结，没有发挥积极主动性，等等。但是，在指出这些理由之后，我们更要进一步地追问，为什么是这些理由？为什么这些方面会出现问题？终极原因是，人出了问题，而人的问题，归根到底是信仰问题。关于组织成功，也已经有很多学者进行过研究，如《追求卓越》、《基业长青》等，都总结出了很多定律，但是，这些定律，要么是在组织中不具有实践的可能性，要么是引入到组织中，却无法发挥出想象中的作用。终极原因是，总结出来的规律是死的，要运用在组织之中，必须依靠组织成员的努力，而组织成员，是受信仰支配的。信仰，是组织所有管理要素发生作用的前提。没有信仰注入其中，思想只是思想，理念只是理念，使命只是使命，愿景只是愿景，战略只是战略，它们都是静止的，苍白无力的。属于说起来激动人心，做起来困难重重的事情。当信仰被注入组织成员心中，则所有的管理要素就活起来，发挥出各自独特的作用。一切伟大的组织，都注重人的工作，都注重塑造组织的信仰，用组织独特的信仰来统率组织成员，形成一支战斗力强的团队，由此创造出伟大的组织。

（资料来源：《中国经济周刊》）

本章小结

组织是人们为了实现某种目标而形成的一个系统集合。

组织工作在实施过程中，一般要遵循以下几个原则：目标统一原则、分工协作原则、管理宽度原则、责权统一原则、集权与分权相结合的原则、稳定性与适应性相结合的原则。

影响管理幅度的因素有：领导者及其下属的能力与素质、管理者面对问题的复杂程度、授权的明确性、计划的完善程度、政策的稳定性、组织沟通渠道的状况。

管理幅度与管理层次的关系

传统企业组织结构的类型有：直线制、职能型、直线职能制、事业部制、矩阵制、多维立体制。

组织文化是指组织在长期的实践活动中所形成的并且为组织成员普遍认可和遵循的具有本组织特色的价值观念、团体意识、行为规范和思维模式的总和。从管理的角度来认识，可将组织文化分为三个结构层次：表层文化、中介文化和深层文化。

思考与应用

【知识题】

一、单项选择题

1. 一家产品单一的跨国公司在世界许多地区拥有客户和分支机构，该公司的组织结构应考虑按什么因素来划分部门？（　　）
   A. 职能　　　　　　B. 产品　　　　　　C. 地区　　　　　　D. 矩阵结构
2. 事业部制的主要不足在于（　　）。
   A. 不利于调动下层的积极性

B. 不利于事业部之间的市场竞争

C. 不利于灵活调整经营策略

D. 不利于企业发展壮大

3. 某公司有三级管理层：公司总部、产品部（共有 12 个产品部）和各职能部门。由于公司的产品种类越来越多，总裁感到难以继续对所有产品部进行有效的领导。为此，提出以下组织变革方案，请选出你认为最可行的方案（　　）。

   A. 在公司总部和产品部之间增加一个按产品大类组成的管理层

   B. 更换一位能力更强的总裁

   C. 淘汰几种产品

   D. 各产品部实行自主管理

4. 许多从小到大发展起来的企业，在其发展的初期通常采用的是直线制形式的组织结构，这种结构所具有最大的优点是（　　）。

   A. 能够充分发挥专家的作用，提高企业的经营效益

   B. 加强了横向联系，能够提高专业人才与专用设备的利用率

   C. 每个下级能够得到多个上级的工作指导、管理工作深入细致

   D. 命令统一，指挥灵活，决策迅速，管理效率较高

5. 汪力是一民营企业的职员，他工作中经常接到来自上边的两个有时甚至是相互冲突的命令。以下哪种说法指出了导致这一现象的最本质原因？（　　）

   A. 该公司在组织设计上采取了职能型结构

   B. 该公司在组织动作中出现了越级指挥问题

   C. 该公司的组织层次设计过多

   D. 该公司组织动作中有意或无意地违背了统一指挥原则

二、简答题

1. 简述管理层次及其影响因素。
2. 简述扁平化组织结构的优缺点。
3. 结合实际情况说明过分集权的弊端。
4. 简述直线职能制组织结构的优点与缺点。
5. 简述组织文化内容。

【案例分析题】

宇宙食品公司总裁亚历山大·欧文（Alexander Owen），由于实际上只有他一个人负责全公司的利润，有点不大愿意。当他后来有了几位管财务、销售、广告、制造、采购和产品研究的优秀的副总裁之后，他又感到他已经不能让他们任何人担负公司利润的职责了。他甚至经常觉得，即使让他们负责在他们各自领域对公司利润做出贡献也很难。例如，销售副总裁曾抱怨说，由于广告无效，生产部门不能及时提供用户商店所需产品，他又没有可以与同行竞争的新产品，他不能对销售负全部责任。与此相似，制造副总裁认为他做不到既要降低成本又要为紧急订货生产短线产品。此外，此财务管理不许可公司对每样东西都有过多的库存。

欧文先生曾想把公司分成六七个部门，设立产品分公司，由分公司经理负责各自的利润。但他又发现这个办法既不可行又不经济，因为公司生产的许多名牌食品

都用同一工厂设备，用同样的原材料；另外，一个推销员去一家商店或超级市场同时洽谈多种有关产品，比只洽谈一两种产品要经济得多。

结果，欧文先生得出结论，最好的做法是建立这样的体制，就是委派六位产品经理，他们都对一位产品销售经理负责。每一产品经理都各自对一种或几种产品负责，并对每一产品的制造、广告和销售等方面进行监督，从而也就成了对该产品的效益和利润的负责人。

欧文先生认为不能赋予这些产品经理对公司各经营部门实际的直线职权，因为这样做将会导致每个副总裁及其部门要对六位产品经理和产品销售经理以及总裁本人负责。但是他知道世界上一些成就最大的大公司都采用了产品经理体制。此外，一位在大学任教的朋友告诉他，应该考虑到任何组织都会有些不明确和混乱无序的情况，但这不一定是坏事，因为这会迫使人们像是一个队伍一样一起工作。

欧文先生决定采用上述的产品经理体制，希望会做得更好。但他还不知道该怎样避免上下级关系的混乱问题。

分析思考题

1. 欧文先生设想的各种组织结构分别属于哪种类型？它们各自的优缺点有哪些？
2. 欧文先生能切实做些什么才能避免该组织中的混乱？

【实训】

组织的设计与管理

实训目标

1. 增强对企业组织结构的感性认识；
2. 培养对企业组织结构分析的初步能力；
3. 搜集企业制度规范有关资料，为下一个制定制度的训练提供条件。

实训内容与形式

1. 到一家中小企业，对该企业的组织结构情况及其制度规范进行调查，并运用所学知识进行分析诊断。如时间安排有困难，也可利用网上、资料等途径搜集企业相关信息。
2. 主要需搜集的信息有：
（1）企业的组织结构系统图；
（2）各主要职位、部门的职责权限及职权关系；
（3）企业主要的制度规范；
（4）由于组织结构、职权关系及制度等问题引起的矛盾。

成果与成绩考核

（1）以小组为单位提交调查报告；
（2）课堂报告：各组陈述，交流体会；
（3）由教师根据报告及陈述表现综合评分。

模块五 领 导

 **管理情景**

哪里出问题了

张宝在某汽车企业市场部工作，前几年因为工作特别突出被从基层职员提拔为片区经理。他现在管理着十几个人。

张宝认为自己是"富有人情味的人"，但他手下的员工工作效率并不高。张宝手下的员工出现了分化，一部分人有能力而且积极地完成工作，而另一些人则显得对工作漠不关心且难以完成工作。有两个典型：刘刚和王林。王林已经工作四年，是个靠得住的人，平时关心顾客，工作有效率。张宝与王林处得很好，而且他相信王林在没有监督的情况下也能完成工作。

刘刚情况则完全不同，他在这个岗位上的时间还不到一年。在张宝看来，刘刚在与同事的交往上花了太多的时间。每天刘刚都是第一个下班的人，他几乎没有完成过规定标准75%的工作量。张宝经常找刘刚谈话，明确地告诉他应该达到的目标和标准，但没有什么效果。

在一次沟通技巧培训课程结束后，张宝决定对每个人要更加友善和坦诚，尤其是对刘刚和其他表现差的人，他要更关心他们的生活、理解他们的感受。因为从前他给了他们太多的压力，要求他们取得更高的绩效并建立有纪律的工作习惯。他希望刘刚（还有其他人）会逐渐成长并进入良好的工作状态。

几周后，张宝坐在自己的办公室里，心情沮丧。他在自己领导风格方面所做的改变显然是不成功的，不仅刘刚的绩效没有提高，而且其他雇员（包括王林在内）的工作业绩与以前相比，都出现了下滑。目前正值销售旺季的关键时刻，张宝的老板正不断地向他施加压力，要求他马上进行改进。

张宝想：我到底哪里出了问题呢？

学习目标

知识目标

1. 理解领导的定义；
2. 理解领导的权力类型；
3. 理解领导的行为理论；
4. 理解领导权变理论；
5. 领导艺术的认识。

能力目标

1. 领导权力的运用；
2. 区分领导行为；
3. 领导模型的使用；
4. 领导艺术的提升。

单元一　领导的内涵

一、领导与管理

（一）领导的含义

领导是一种职能活动，是管理的基本职能之一。随着时代的不同，人们对领导的认识也不同。例如，领导被认为是一定地位的集团。在企业组织中，董事、理事、厂长、经理、部门主管等均可归入领导的范畴。关于领导的含义，在有关管理文献中可以见到多种表述方式。

孔茨认为："领导是一种影响力，它是影响人们心甘情愿地和满怀热情地为实现群体目标努力的艺术或过程。"他还认为："领导是一种影响过程，即领导者和被领导者个人的作用和特定的环境相互作用的动态过程。"

《中国企业管理百科全书》把领导定义为："率领和引导任何组织在一定条件下实现一定目标的行为过程。"

从管理学意义上来讲，领导是指领导者依靠影响力，指挥、带领、引导和鼓励被领导者或追随者，实现组织目标的活动和艺术。其基本含义包括以下几个方面。

（1）领导包含领导者和被领导者两个方面。领导者是指能够影响他人并拥有管理的制度权力、承担领导职责、实施领导过程的人。领导是领导者与被领导者的一种关系，如果没有被领导者，领导者将变成光杆司令，其领导关系也就不复存在。在领导过程中，下属都甘愿或屈从于领导者而接受领导者的指导。

（2）领导是一种活动，是引导人们的行为过程，是领导者带领、引导和鼓舞部下去完成工作、实现目标的过程。

（3）领导的基础是领导者的影响力。领导者拥有影响被领导者的能力或力量，它们既包括由组织赋予的职位权力，也包括领导者个人所具有的影响力。

（4）领导的目的是为了实现组织的目标。不能为了领导而领导，不能为了体现领导的权威而领导。领导的根本目的在于影响下属为实现组织的目标而努力。

鹦　鹉

一个人去买鹦鹉，看到一只鹦鹉前标道：此鹦鹉会两门语言，售价二百元。另一只鹦鹉前则标道：此鹦鹉会四门语言，售价四百元。该买哪只呢？两只鹦鹉都毛色光鲜，非常灵活可爱，这人拿不定主意。结果突然发现一只老掉了牙的鹦鹉，毛色暗淡散乱，标价八百元。这人赶紧将老板叫来："这只鹦鹉是不是会说八门语言？"店主说："不"。这人奇怪了："那为什么又老又丑，又没有能力，会值这个数呢？"店主回答："因为另外两只鹦鹉叫这只鹦鹉老板。"

点评：这故事告诉我们，真正的领导人，不一定自己能力有多强，只要懂信任、懂放权、懂珍惜，就能团结比自己更强的力量，从而提升自己的身价。相反，许多能力非常强的人却因为过于完美主义，事必躬亲，什么人都不如自己，最后只能做最好的公关人员，销售代表，成不了优秀的领导人。

（资料来源：http://www.3158.cn/news/20110105/15/71-17306028_1.shtml）

（二）领导与管理的关系

领导不等同于管理。管理是建立在合法的、有报酬的和强制性权力的基础上对下属命令的行为，下属必须遵循管理者的指示。领导可能建立在合法的、有报酬的和强制性权力的基础上，但更多的是建立在个人影响权和专长权以及模范作用的基础之上。在一个组织中，当一个人仅仅利用职权的合法性采用强制手段命令下属工作时，他充其量只是管理者，而不是领导者。只有当他在行使法定职权的同时，更多地依靠自身的权力和影响力指挥并引导下属时，才可能既是管理者，同时又是领导者。显然，卓越的领导能力是成为有效领导者的重要条件之一。

二、领导的作用

1. 决策

作为一名领导，他每天面临的各项工作实际上都是不断地做出决策。领导者的任务就是对出现的各种问题进行分析研究，找到解决问题的方法。而决策的过程实际上是对诸多处理方案或方法的提出与选择。在这个过程中，领导者面对着各种影响决策的因素，他必须依靠自身的经验、思维等特质对它们进行筛选和运用。

2. 指挥

在人们的集体活动中，需要有头脑清醒、胸怀全局、能高瞻远瞩、运筹帷幄的领导者，帮助成员认清所处的环境和形势，指明组织活动的目标和达到目标的途径。领导者只有站在群众的前面，用自己的行动带领人们为实现企业目标而努力，才能真正起到指挥作用。

3. 沟通

没有人与人之间的沟通就不可能实行领导。领导者只有通过向部属传达感受、建议和决定才能对其施加影响；同样，部属也只有通过沟通才能使领导者正确评估他自己的领导活动，并使领导者关注部属的感受和问题。

（资料来源：http://wenku.baidu.com/view/85354d1a227916888486d7f5.html）

为了在沟通过程中双方能达到较好的效果，作为领导者要认真倾听和正确表达。首先，领导者为从部属处获得更多更全面的信息和感受，就必须学会倾听。其次，领导者必须清楚地把自己的意思表达出来，从而使别人真正领会你的意思。同时领导者也要注意表达的效果，要设法让别人接受自己的想法。如此，不但可以及时掌握第一手资料，而且可以密切领导者与部属之间的情感联系，加强组织的凝聚力，从而提高士气。

4. 激励

激励与领导是密切相关的。领导者要取得被领导者的追随与服从，首先必须能够了解被领导者的愿望并帮助他们实现各自的愿望。领导者不仅要对各种各样的激励因素做出反应，而且常常需要利用所创造的组织气氛和组织文化去激发或抑制某些激励因素，使组织成员保持高昂的士气和良好的工作意愿，那么他们就越有可能成为有效的领导者。

三、领导权力的类型

（一）权力的来源

权力是一种影响力，它有广义和狭义之分。狭义的权力指职务权力，即职务影响力、强制性影响力，这是本来意义的权力概念。广义的权力则包括职务权力和个人权力，后者包括个人影响力、非强制性影响力。广义的权力概念就是权威。权力是组织生活的现实，不会消失。而且，通过了解权力在组织中的运作机制，你能更好地运用你的知识使自己成为更有效的领导者。

领导权力是指领导者有目的地影响下属心理与行为的能力。在企业组织中，各级领导之所以能对下级职工施加影响，率领和引导下属为实现企业目标而努力，很重要的原因就在于他们拥有相应的领导权力。

（二）领导权力的类型

1. 法定权

法定权是指组织内各管理职位所固有的合法、正式的权力。法定权代表一个人在正式管理机构中占据某一职位而相应得到的权力。严格来说，法定权本身已包含着奖赏权和强制权，但它远比奖赏权和强制权的意义更为广泛。

法定权来自人们的传统观念，它主要说明，不管是谁，只要他占据这一职位，那么，所有处于下属地位的人都必须听从他的命令和指挥。法定权是企业各级领导职位所具有的正式权力，通常由企业组织按照一定程序和形式赋予领导者，其作用基础是职权的权威性。但法定权力不一定必须由领导者本人实施，通过制定有关政策和规章制度也可达到行使法定权力的目的。

2. 奖赏权

奖赏权是指由于某种强大或具有某种优势，使其能够向他人提供诸如奖金、提薪、表扬、升职以及其他任何令人愉悦的东西，从而诱导别人按其意志行事的权力，又称奖励权。

奖赏权来自于下级追求满足的欲望，建立在利益性遵从的基础上。当下属认识到服从领导的意愿能带来更多的物质或非物质利益的满足时，就会自觉受其领导，领导者也因此享有相应的权力。领导者可以采用奖励的办法来引导人们做出所需要的行为，其效果当然要比惩罚好，可以增加领导者对下级的吸引力，也能使员工满意并提高工作效率。

3. 强制权

强制权是指由于某种强大，或具有某种优势地位，使其可向他人施加种种惩罚性措施，使对方在精神上或物质上感到痛苦，从而被迫按其意志行事的权力。这种权力建立在惧怕惩罚的基础上，实质上是一种惩罚性权力，也称惩罚权或处罚权。

在组织环境中，当下属人员意识到违背上级的指示或意愿会导致某种惩罚，如降薪、扣发奖金、分配不称心的工作、降低待遇、免职等，就会被动地遵从其领导。但是研究表明，领导者对下属采用的强制性权力越大，强制性措施越严厉，下属人员对他的不满和敌意会越强烈。

4. 感召权

感召权指因领导者的特殊品格、个性或个人魅力而形成的权力。一个拥有优秀个人品质和超凡魅力的人，往往会使周围的人认同他、景仰他、崇拜他、追随他，甚至达到模仿他的行为和态度的地步，这时他就拥有了一定的感召权。所以感召权又称为统御权或参照权。

感召权建立在下属对领导者的尊重、信赖和感性认同的基础上。领导者勇于创新，胆略过人，知人善任，富于同情心，具有感召力，善于巧妙运用领导艺术，则易获得下属的尊重和依从，由此而来的影响力也比较持久。

5. 专长权

专长权指由于具有某种专门知识、技能而产生的权力，也称专家权。这种权力来自下级对上级的敬佩和理性崇拜，领导者本人学识渊博，精通本行业务，或具有某一领域的高级专门知识与技能，即获得一定的专长权。专长权的大小取决于领导者受教育的程度、求知欲望、掌握运用知识的能力，以及实践经验的丰富程度。领导者拥有的专家权越多，越容易获得下属的尊敬和主动服从。

上述各项权力中，法定权、奖赏权和强制权主要取决于领导者在企业组织中的地位。例如，基层车间主任所处的职位等级低于部门经理，他所拥有的法定权、奖赏权和强制权也少得多。这类由职位赋予的权力具有外在性质，即经过法律、组织等形式直接或间接肯定而为社会所承认，并对权力实施受双方具有控制性的约束力，二者之间是命令与服从的关系。外在权力是领导者行使职能的组织保障，也是社会化大生产条件下企业管理的客观要求。企业各级领导者为履行所在职位的职责，就必须拥有相应的权力。当领导者调离所在职位时，其权力也随之解除。故这种外在性权力又称为职位权力。

与此相反，专长权和感召权是一种与外在性权力截然不同的内在性权力。它不以社会的法律、组织规定为基础，无须外界授予，也没有正式的授权形式，仅仅来自于领导者本身的因素，权力的大小取决于领导人的品格、知识、才能等个人素质，对权力实施受双方均没有强制性的约束力，通常是在组织成员自愿接受的情况下产生影响力的，因而易于赢得组织成员发自内心的、长期的敬重和服从。该权力又称为个人权力。

无论外在性权力或内在性权力都是领导权力不可缺少的组成部分。其中，外在性权力是构成领导权力的基础，内在性权力则是提高领导效能的重要方面。企业领导者应在合法权力内敢于用权，善于用权；同时，充分发挥内在性权力的作用，提高领导影响力。

四、领导权力的正确运用

领导以权力为基础，这是建立在正确积极的权力之上，如果一个组织内部不正当追求权力的人增多，在位的领导者滥用权力，组织就不可能生产和发展。因此，领导者正确、有效地运用权力，是实现组织目标的重要条件。

1. 正确的权力动机

一个领导者必须认识到，权力只是管理活动中的一种工具，为实现组织目标而服务的，不是为获取个人利益而服务的私人财富。领导者运用权力是否得当，在于其追求的是以组织进步为导向还是以满足个人需求为导向。

2. 权力运用的原则

领导者不炫耀自己的权力，以慎重小心的态度对待权力。与下属保持良好的沟通，引导下属建立并维持组织所期望的行为模式。

3. 不滥用权力

领导者在需要使用权力的时候使用权力，绝不滥用权力。领导者一旦滥用权力，不但会阻碍组织目标的实现，还会导致人际关系恶化、组织凝聚力下降，最终导致领导者权力的丧失。

补充阅读材料

最完美的团队是《西游记》中的唐僧团队

在中国，阿里巴巴集团的主要创办人、阿里巴巴集团主席兼首席执行官马云，可谓是无人不知无人不晓，他从一个"铁嘴"的大学老师变身成为一个打造了互联网王国的国王。马云，正在用他的睿智与汗水，演绎着一段绚丽夺目的创业人生。

马云曾经说过："企业的领导干部是永远让 CEO 最头痛的问题"。的确，对于任何一个成长型企业来说，打造自己优秀的管理团队都是重中之重的。一个团队，不仅仅只是一群在一起工作的人，想要发展，想要创利，他们就必须能发挥出"1+1>2"的工作成效，否则就会形成严重的内耗。

为了寻求更好的"领袖之道"，作为阿里巴巴掌门人的马云，一直把看似无为却能掌控三位高徒的唐僧当做自己管理阿里巴巴的偶像。相信对"马云经典语录"津津乐道的人，一定记得其中这样一句话："唐僧是一个好领导，他知道孙悟空要管紧，所以要会念紧箍咒；猪八戒小毛病多，但不会犯大错，偶尔批评批评就可以；沙僧则需要经常鼓励一番。这样，一个明星团队就形成了。"

作为企业家，很多人都羡慕刘备的团队：刘备与关羽、张飞桃园三结义之后又得到以诸葛亮为首的文官团队倾心辅佐，不仅联合东吴一举击败了强大的敌人曹操，还迅速建立了与曹操和孙权形成鼎足之势的军事政治集团。然而，马云并不是刘备团队的崇拜者。

相反，马云认为最完美的团队是唐僧团队，因为他们的成员都非常普通，不像刘备身边都是些千年难得一见的人才。再从结果上评判，刘备团队虽然在三足鼎立的局势中占有一席之地，但最后还是失败了。而唐僧团队师徒四人，西天取经，最后成功了。因为唐僧团队有明确的组织目标：取经。另外，在人才搭配上，唐僧团队也是非常合理的。唐僧本事不大，但能把握大局，而且执著；孙悟空忠心耿耿，能征善战，适合打头阵；沙僧老实巴交，最适合搞基础工作；猪八戒看似一无是处，但能讨领导欢心，能调节气氛，这种人有时也不可少；白龙马能力虽然稍欠一点，但其实潜力还是蛮大的。

而刘备的团队，一方面组织目标模糊，"光复汉室"的旗号更多是为了使自己尚不强大的集团能够披上合法的外衣，实际上整个团队都存在着躲避乱世和寻求自保的消极想法；另一方面，刘备团队采用典型的家族化管理模式，大家基于一种"哥们儿义气"相聚在一起，所以才经常出现情大于法的情况，如，在华容道关羽徇私放走曹操。

所以，马云将唐僧视为一个好领导，因为唐僧知道一个团队里不能全是孙悟空，也不能都是猪八戒，更不能都是沙僧。他认为如果公司里的员工都像他这么能说，而且光说不干活，会非常可怕。所以唐僧离不开任何一个人，懂得让团队中每一个人各尽其才，这正是一个优秀的领导最需要的能力。

马云一直在学习唐僧，因为他知道，一个团队的成功，与团队领导者的领导方式直接相关。马云致力于在团队中时刻发挥表率作用，于是，就产生了这样一个广为流传的故事，马云当初带到北京去的伙伴们都一个不少地跟着他。为什么？因为作为这个团队的领导者，马云更像个布道者。

对于马云来说，团队问题最根本的还是团队领导人的问题。一直以来，马云作为一个领导者坚持同甘共苦的理念。在北京的日子里，马云也和他的伙伴们一样，住在租来的两三套公寓里，每天睡眼惺忪地起床，在公共汽车中一颠一颠地睡到公司，工作到深夜又一颠一颠地回到集体宿舍。到现在，阿里巴巴有钱了，大家也是按劳分配。所以，在中央电视台的一期对话节目中，马云才有胆量说出"谁也挖不走我们的团队"的话。可见，马云本人就是一个好领导，阿里巴巴也是最完美的团队。

（资料来源：《激情创业玩转职场：左手马云右手唐骏》）

单元二 领导特质和行为理论

一、领导特质理论

(一) 传统特质理论

西方国家的管理学者，把领导者的个人性格和特征作为描述和预测其领导成效的标准。领导特质论信奉者的共识就是坚持认为，领导者是先天赋予的，而不是后天培养的，即便某些特质可以通过"学习"得来，但人们学习能力的差异也是与生俱来的。

领导特质理论概述：该理论最早期的研究集中于找出领导者实际具有的特性或个人品质，以期预测具备什么样的人格特征或品质的人最适合充当领导者。

1949年以前，传统的领导特质理论认为，领导者的特性或品质是先天的，天赋是一个人能否充当领导者的根本因素。

心理学家吉普（J. R. Gibb）认为，天才的领导者应该具备七种个性特点：外表英俊潇洒，有魅力；有言辞；智力过人；具有自信心，心理健康；善于控制和支配他人；性格外向；灵活敏感。

斯托格迪尔（R. Stogdill）则认为，领导者应具有15种先天特性：有良心，可靠，勇敢，责任心强，有胆略，力求革新与进步，直率、自律，有理想，良好的人际关系，风度优雅，胜任愉快，身体健康，智力过人，有组织能力，有判断力。

表　率

春秋晋国有一名叫李离的狱官，他在审理一件案子时，由于听从了下属的一面之词，致使一个人冤死。真相大白后，李离准备以死赎罪，晋文公说：官有贵贱，罚有轻重，况且这件案子主要错在下面的办事人员，又不是你的罪过。李离说："我平常没有跟下面的人说我们一起来当这个官，拿的俸禄也没有与下面的人一起分享。现在犯了错误，如果将责任推到下面的办事人员身上，我又怎么做得出来"。他拒绝听从晋文公的劝说，伏剑而死。

点评：正人先正己，做事先做人。管理者要想管好下属必须以身作则。示范的力量是惊人的。不但要像先人李离那样勇于替下属承担责任，而且要事事为先、严格要求自己，做到"己所不欲，勿施于人"。一旦通过表率树立起在员工中的威望，将会上下同心，大大提高团队的整体战斗力。得人心者得天下，做下属敬佩的领导者将使管理事半功倍。

（资料来源：http://www.cmmo.cn/article-50749-1.html）

（二）现代特质理论

现代领导特质理论反对传统领导特质理论强调遗传、天赋的片面观点，认为领导者的个性特征和品质是在后天的实践中形成的，并且可以通过培养和训练加以造就。因此，领导是一个动态的过程。

美国的包莫乐（W. J. Baumol）教授曾对企业家应具备的条件做过研究，他提出一个企业家应具备下面十个方面的条件：合作精神、决策才能、组织能力、精于授权、善于应变、勇于负责、勇于求新、敢担风险、尊重他人和品德超人。

日本企业界要求领导者应具有十种品德和十项能力。

十种品德：使命感、信赖感、诚实、忍耐、热情、责任感、积极性、进取心、公平、勇气。（资料来源：http://wenku.baidu.com/view/85354d1a227916888486d7f5.html）

十项能力：思维、决策能力，规划能力，判断能力，创造能力，洞察能力，劝说能力，对人的理解能力，解决问题的能力，培养下级的能力，调动积极性的能力。

科特教授在对成功企业的领导者研究后，总结出实施成功领导过程中对领导者个人素质有如下的要求：① 行业和企业知识；② 在公司和行业中有良好的人际关系；③ 信誉和工作记录；④ 能力和技能；⑤ 个人价值观；⑥ 进取精神。

瓦伦·本尼斯（Warren Bennis）研究了90位美国最杰出和最成功的领导者，发现他们有四种共同的能力：① 有令人折服的远见和目标意识；② 能够清晰地表述这一目标，使下属明确理解；③ 对这一目标的追求表现出一致性和全身心的投入；④ 了解自己的实力并以此作为资本。

康格（Conger）和凯南格（Kanungo）研究发现，具有领导魅力的领导特点：① 他们有一个希望达到的理想和目标；② 为此目标能够全身心地投入和奉献；③ 反传统；④ 非常固执和自信；⑤ 他们是激进变更的代言人而不是传统现状的卫道士。

有领导魅力的领导者与下属的高绩效和高满意度之间有着显著的相关性。为具有领导魅力的领导者工作的员工受到激励而愿意付出更多的工作努力，而且由于他们喜爱自己的领导，也表现出更高的满意度。

二、领导行为理论

行为方式理论是以研究领导者偏好的行为风格为基础的。其研究的实际意义与特质论截然不同。

（一）领导行为三分理论

1. 专制式领导

专制式领导是指领导者个人决定一切，布置下属执行，即靠权力和命令让人服从。这种领导者要求下属绝对服从，并认为决策是自己一个人的事情。

专制式领导的表现形式是：① 独断专行，所有的决策由领导者自己做出；② 领导者亲自设计工作计划，指定工作内容和进行人事安排，从不把任何消息告诉下属,下属没有参与决策的机会,而只能察言观色、奉命行事;③ 主要靠行政命令、纪律约束、训斥和惩罚来管理,只有偶尔的奖励;④ 领导者与下属保持一定的心理距离,没有感情交流。

2. 民主式领导

民主式领导是向被领导者授权,鼓励下属的参与,并且主要依赖于其个人专长和影响权及影响下属的领导者。

民主式领导的表现形式是:① 所有的政策是在领导者的鼓励和协助下由群体讨论决定的;② 分配工作时尽量照顾到个人的能力、兴趣,对下属的工作也不安排得那么具体,下属有较大的工作自由、较多的选择性和灵活性;③ 主要以非正式权力和威信,而不是靠职位权力和命令使人服从,谈话时多使用商量、建议和请求的口气;④ 领导者积极参与团体活动,与下属无任何心理上的距离。

3. 放任式领导

放任式领导是指工作事先无布置,事后无检查,权力定位于组织中的每一个成员,一切悉听尊便,毫无规章制度的领导方式。实行的是无政府管理。

放任式领导的表现形式是:① 领导极少运用权力;② 部门的下属有高度独立性;③ 没有规章制度,管理杂乱。

库尔特·勒温在试验中发现,在专制式领导的团体中,各成员之间攻击性言论显著;成员对领导服从但表现自我或引人注目的行为较多;成员多以"我"为中心;当受到挫折时,常彼此推卸责任或进行人身攻击;当领导不在场时,工作动机大为下降,也无人出来组织工作。而在民主式领导的团体中,成员间彼此比较友好;很少使用"我"字而具有"我们"的感觉;遇到挫折时,人们团结一致以图解决问题;在领导不在场时,就像领导在场时一样继续工作;成员对团体活动有较高的满足感。

根据试验结果,勒温认为,放任式领导方式工作效率最低,只达到社交目标而完不成工作目标;专制式领导方式虽然通过严格的管理达到了工作目标,但群体成员没有责任感,情绪消极,士气低落,争吵较多;民主式领导方式工作效率最高,不但完成工作目标,而且群体成员之间关系融洽,工作积极主动,有创造性。

补充阅读材料

三种领导方式的测验

下面18道题可供自我测试,看看你大体上是采用哪一种方式领导和管理企业。每题用"Y"或"N"回答。

1. 你喜欢经营咖啡馆、餐厅这一类的生意吗?
2. 平常把决定或政策付诸实施之前,你认为有说明其理由的价值吗?
3. 在领导下属时,你认为与其一方面跟他们工作一方面监督他们,不如从事计划,草拟细节等管理性工作。

4. 在你所管辖的部门有一位陌生人,你知道那是你的下属最近录用的人,你不介绍自己而先问他的姓名。

5. 流行风气接近你的部门时,你当然让下属追求。

6. 让下属工作之前,你一定把目标及方法提示给他们。

7. 与部门过分亲近会失去下属的尊敬,所以还是远离他们比较好,你认为对吗?

8. 郊游之日到了,你认为大部分的人都希望星期三去,但是从许多方面来判断,你认为还是星期四去比较好,你认为不要自己做主,还是让大家投票决定好了。

9. 当你想要你的部门做一件事的时候,即使是一件按铃招人即可做的事情,你一定自己去以身作则以便他们跟随你做。

10. 你认为要把一个人撤职,并不困难?

11. 越能够亲近下属,越能够好好领导他们,你认为对吗?

12. 你花了不少时间拟订了某一个问题的解决方案,然后交给一个下属。可是他一开始就找这个方案的毛病,你对此并不生气,但是对于问题依然没有解决而觉得坐立不安。

13. 充分处罚犯规者是防止犯规的最佳方法,你赞成吗?

14. 假设你对某一情况的处理方式受到批评,你认为与其宣布自己的意见是决定性的,不如说服下属请他们相信你。

15. 你是否让下属为了他们的私事而自由地与外界的人们交往?

16. 你认为你的每个下属都应该对你抱忠诚心吗?

17. 与其自己来解决问题,不如组织一个解决问题的委员会,对吗?

18. 不少专家认为在一个群体中发生不同意见的争论是正常的,也有人认为意见不同是群体的弱点,会影响团结。你赞成第一个看法吗?

测试说明

(1) 如果1、4、7、10、13、16题答"Y"多,说明具有专制型倾向;
(2) 如果2、5、8、11、14、17题答"Y"多,说明具有民主型倾向;
(3) 如果3、6、9、12、15、18题答"Y"多,说明具有放任型倾向。

(资料来源:http://wenku.baidu.com/view/4448948dcc22bcd126ffocal.html)

(二)领导行为四分图理论

1945年,美国俄亥俄州立大学商业研究所发起了对领导行为研究的热潮。一开始,研究人员设计了一个领导行为描述调查表,列出了一千多种刻画领导行为的因素;后来霍尔平(Halpin)和维纳(Winer)将冗长的原始领导行为调查表减少到130个项目,并最终将领导行为的内容归结为两个方面,即以人为重和以工作为重。

以人为重是指注重建立领导者与被领导者之间的友谊、尊重和信任的关系。包括尊重下属的意见,给下属以较多的工作自主权,体察他们的思想感情,注意满足下属的需要,平易近人,平等待人,关心群众,作风民主。

以工作为重是指领导者注重规定他与工作群体的关系,建立明确的组织模式、意见交流渠道和工作程序。包括设计组织机构,明确职责、权力、相互关系和沟通办法,确定工作目标和要求,制定工作程序、工作方法和制度。

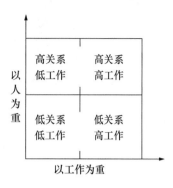

图 5-1　领导行为四分图

他们依照这两方面的内容设计了领导行为调查问卷，就这两方面各列举 15 个问题，发给企业，由下属来描述领导人的行为如何。调查结果表明，以人为重和以工作为重并不是一个连续带的两个端点，这两方面常常是同时存在的，只是可能强调的侧重不同，领导者的行为可以是这两个方面的任意组合，即可以用两个坐标的平面组合来表示，如图 5-1 所示。由这两方面可形成四种类型的领导行为，这就是所谓的领导行为四分图。

该项研究的研究者认为，以人为重和以工作为重，这两种领导方式不应是相互矛盾、相互排斥的，而应是相互联系的。一个领导者只有把这两者相互结合起来，才能进行有效的领导。

（三）管理方格图理论

在俄亥俄州立大学提出的四分图基础上，美国心理学家布莱克（R. Blake）和莫顿（S. Mouton）提出了管理方格图理论。他们将四分图中以人为重改为对人的关心度，将以工作为重改为对生产的关心度，将关心度各划分为九个等分，形成 81 个方格，从而将领导者的领导行为划分成许多不同的类型，如图 5-2 所示。在评价管理人员的领导行为时，就按他们这两方面的行为寻找交叉点，这个交叉点就是其领导行为类型。纵轴的积分越高，表示他越重视人的因素，横轴上的积分越高，就表示他越重视生产。

布莱克和莫顿在管理方格图中列出了五种典型的领导行为，如图 5-2 所示。

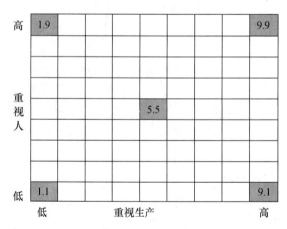

图 5-2　管理方格图

（1.1）为贫乏型管理，采取这种领导方式的管理者希望以最低限度的努力来完成组织的目标，对职工和生产均不关心，这是一种不称职的管理。

（1.9）为俱乐部型管理，管理者只注重搞好人际关系，以创造一个舒适的、友好的组织气氛和工作环境，而不太注重工作效率，这是一种轻松的领导方式。

（9.1）为任务型的管理，管理者全神贯注于任务的完成，很少关心下属的成长和士气。在安排工作时，尽力把人的因素的干扰减少到最低限度，以求得高效率。

只关心生产不关心人。

（9.9）为团队型管理，管理者既重视人的因素，又十分关心生产，努力协调各项活动，使它们一体化，从而提高士气，促进生产。这是一种协调配合的管理方式。

（5.5）为中庸型管理，管理者对人和生产都有适度的关心，保持完成任务和满足人们需要之间的平衡，既有正常的效率完成工作任务，又保持一定的士气，都过得去但又不突出，实行的是中庸型管理。

到底哪一种领导方式最好呢？布莱克和莫顿组织了很多研讨会。绝大多数参加者认为（9.9）型最佳，也有不少人认为（9.1）型好，其次是（5.5）型。布莱克和莫顿认为（9.9）型是最理想、最有效的领导方式，应当是领导者努力的方向。但是，这种领导方式一般是很难做到的。为此，布莱克和莫顿提出要对领导者进行培训，并指定相应的培训计划，以推动他们向"9.9型管理"发展。主要包括以下几点：

（1）由主管此工作的领导来主持训练计划；
（2）应用管理方格理论作为训练的理论基础；
（3）实行全员培训。

单元三 领导权变理论

领导者自身的内在素质，外在的行为风格不是决定领导活动成功与否的全部因素，领导活动的成功还取决于被领导者、环境因素的影响。领导素质、领导行为风格只要能适应被领导者、环境因素的变化，就会取得良好的效果。这种主张因应环境的变化而改变领导行为的观点就是领导权变理论，也称领导情境理论。

管理小故事

变　通

有人问孟子，既然男女授受不亲，那么嫂子溺水，叔子是否可以援手相救呢？孟子认为虽有既定之礼，但更应有变通之智。

点评： 古圣人治国，顺天因人，以异致同，因物制宜。以异致同，是用不同的方式，而达到同一个目的。随机应变，机动灵活，是一个优秀领导者所必须具备的能力。领导者想要适应多变的形势，善于审时度势，见机行事。决策者在进行决策的时候只有具备机动灵活的素质，才能在任何处境下，游刃有余。

（资料来源：http://www.iguoxue.cn/html/13/n-166913.html）

一、费德勒模型

费德勒认为，任何领导形态均可能有效，关键是要与环境相适应。

关于影响领导效果好坏的情境因素，费德勒认为有以下三个方面。

1. 领导者与被领导者的关系

这是指下属对其领导人的信任、喜爱、忠诚、愿意追随的程度，以及领导者对下属的吸引力。

2. 工作任务的结构

这是指下属担任的工作的明确程度，是枯燥乏味的例行公事，还是需要一定创造性的任务。

3. 领导者所处职位的固有权力

这是指与领导者职位相关联的正式职权以及领导者从上级和整个组织各个方面所取得的支持程度。这一地位权力是领导者对下属的实有权力所决定的，假如一位车间主任有权聘用或开除本车间的职工，则他在这个车间就比经理的地位权力还要大。因为经理一般并不直接聘用或开除一个车间工人。

由于上述三种情境都有"有利"和"不利"两种状态，所以，共可组成八种情境因素，如表5-1所示。

表5-1 费德勒归纳的八种情境因素

情　　境	1	2	3	4	5	6	7	8
领导者与被领导者的关系	好	好	好	好	差	差	差	差
工作任务结构	高		低		高		低	
领导所处职位的固有权力	强	弱	强	弱	强	弱	强	弱

（1）情境1的三个条件齐备，是最有利的情境，适合采用"以任务为中心"的领导方式。

（2）情境2、3的三个条件基本齐备，也属于有利情境，适合采用"以任务为中心"的领导方式。

（3）情境8的三个条件都不具备，是最不利的情境，适合采用"以任务为中心"的领导方式。

（4）其余4种属于中间状态，适合采用"以人为中心"的领导方式。

费德勒研究了1200个工作群体，对八种情境类型的每一种，均对比了关系取向和任务取向两种领导风格，他得出结论，任务取向的领导者在非常有利的情境比在非常不利的情境下工作更有利。而关系取向的领导者在中等的情境下工作绩效最好。当领导风格与情境适应时，领导活动的效果最佳，如果二者不能相匹配，按费德勒的观点，要么替换领导者以适应情境，要么改变情境以适应领导者。

1987年，费德勒及其助手乔·葛西亚（Joe Garcia）发展了费德勒模型，提出"认知资源理论"解释领导活动的有效性，这一理论的两个假设是：第一，睿智而有才干的领导者比德才平庸的会改变情境适应领导者，领导者能制定更有效的计划决策和活动策略；第二，领导者通过指导行为传达他们的计划、决策和策略。在此基础上，费德勒阐述了压力和认知资源（经验、奖励、智力激励）对领导有效性的重要影响。

新理论可以进行三项预测：第一，在支持、无压力的领导环境下，指导型的行为只有与高智力结合起来，才会导致高绩效水平；第二，在高压力环境下，工作经验与工作绩效成正相关；第三，在领导者感到无压力的情境下，领导者的智力水平与群体绩效成正相关。

二、赫塞和布兰查德模型

美国的保罗·赫塞和肯尼斯·布兰查德将费德勒模型向前推进了一步，即领导生命周期理论模型。其主要观点是：领导者的风格应适应其下属的"成熟"程度。在被领导者渐趋成熟时，领导者的领导行为要做相应的调整。这样才能取得有效的领导。

无论领导者做什么，其效果都取决于下属的活动，很多的领导理论却忽略了下属。赫塞和布兰查德将成熟度定义为：个体完成某一具体任务的能力、意愿和程度。图 5-3 概括了领导生命周期理论的各项要素。当下属的成熟度水平较高时，领导者不但可以减少对活动的控制，还可以减少关系行为。该理论把下属成熟度分为以下四个阶段。

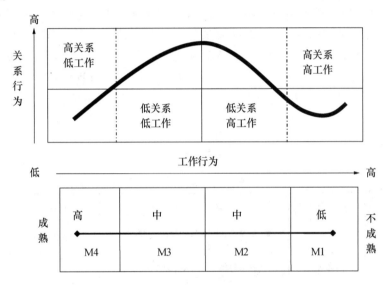

图 5-3　领导生命周期理论模型

M1：下属对执行某些任务既无能力又不情愿，他们既不胜任工作又不能被信任。

M2：下属缺乏能力却愿意从事必要的工作任务，他们有积极性，但缺乏足够的技能。

M3：下属有能力却不愿意干领导者希望他们做的工作。

M4：下属既有能力又愿意干让他们做的工作。

每个人都要经历从不成熟到成熟的发展过程，工作群体中的工作人员的平均成熟度也有一个发展过程，即"不成熟—初步成熟—比较成熟—成熟"。生命周期理论任务，如果被领导者从不成熟趋于成熟，领导行为分为以下四种类型。

（1）指导型（低关系—高工作）。领导者告诉下属应该干什么，怎么去干以及什么时候去干。

（2）推销型（高关系—高工作）。领导者在告诉下属干什么的同时，提供一些指导性的行为与支持性的行为。

（3）参与型（高关系—低工作）。领导者与下属共同决策，领导者提供便利的条件和沟通途径。

（4）授权型（低关系—低工作）。领导者提供极少的指导或支持。

三、路径-目标模型

领导方式的路径-目标理论是领导权变理论的一种，由多伦多大学的组织行为学教授罗伯特·豪斯（Robert House）最先提出，后来华盛顿大学的管理学教授特伦斯·米切尔（Terence R. Mitchell）也参与了这一理论的完善和补充，如图5-4所示。

路径-目标理论目前已经成为当今最受人们关注的领导观点之一。路径-目标理论来源于激励理论中的期待学说。期待学说（即期望理论，这一理论以弗罗姆的研究最有代表性）认为，个人的态度，取决于他的期望值的大小（目标效价）以及通过自己努力得到这一期望值的概率高低（期望概率）。该理论认为，领导者的工作是帮助下属达到他们的目标，并提供必要的指导和支持以确保各自的目标与群体或组织的总体目标相一致。"路径-目标"的概念来自于这种信念，即有效领导者通过明确指明实现工作目标的途径来帮助下属，并为下属清理各项障碍和危险，从而使下属的这一履行更为容易。

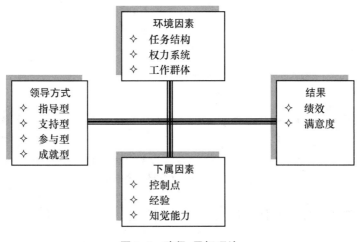

图5-4　路径-目标理论

路径-目标理论证明，当领导者弥补了员工或工作环境方面的不足，就会对员工的绩效和满意度起到积极的影响。但是，当任务本身十分明确或员工有能力和经验处理它们而无须干预时，如果领导者还要花费时间解释工作任务，则下属会把这种指导型行为视为累赘多余甚至是侵犯。

单元四　领导的艺术

一、领导艺术

1. 领导艺术的含义

领导艺术是指在领导的方式方法上表现出的创造性和有效性。领导艺术是领导者个人素质的综合反映，是因人而异的。黑格尔说过："世界上没有完全相同的两片叶子"，同样也没有完全相同的两个人，没有完全相同的领导者和领导模式。有多少个领导者就有多少种领导模式。

2. 领导艺术的特点

（1）创造性。领导要充分发挥人的主观能动性和创造性，不单纯地照抄书本知识、上级指示和文件，不生硬地模仿别人，不局限于按常规办事，甚至要敢于打破常规，独辟蹊径，走前人没有走过的道路，这就表现为一定的艺术性。

（2）灵活性。在领导管理中，既能遵循一定的原则，又能随机灵活地处理问题。领导艺术总是给人一种既严肃活泼，又丰富多彩、千姿百态之感。运用之妙，存乎一心，其中的"妙"就是在原则基础上灵活性的体现。

（3）感召性。领导艺术魅力就是一种美感，一种美的感召力，让人觉得可爱，倾心向往。说话让人爱听、办事让人信服、做人让人向往，思想让人共鸣，形象让人赞同，言行举止、为人处世能动之以情，晓之以理，有强大的感染力、吸引力、向心力，让人感到一种美的境界，从而产生巨大的感召力和凝聚力。

北风和南风

北风和南风比威力，看谁能把行人身上的大衣脱掉。北风首先来一个冷风凛冽寒冷刺骨，结果行人把大衣裹得紧紧的。南风则徐徐吹动，顿时风和日丽，行人因为觉得春意上身，始而解开纽扣，继而脱掉大衣，南风获得了胜利。

点评：这则寓言形象地说明了一个道理，温暖胜于严寒。领导者在管理中运用"南风"法则，就是要尊重和关心下属，以下属为本，多点人情味，使下属真正感觉到领导者给予的温暖，从而去掉包袱，激发工作的积极性。

（资料来源：http://www.foodmate.net/hrinfo/story/9089.html）

二、领导艺术的表现形式

1. 识人的艺术

领导者应具备识人的艺术。善于用人所长，最大限度地实现其优势互补。唐僧

之所以能西天取经成功，主要是他能做到知人善任，把孙悟空、沙和尚、猪八戒安排到最适合他们的岗位上去。实现了人才所长与岗位所需的最佳组合，其次要注意"适时""用人用在精壮时"。界定各类人才所长的最佳使用期，不能单纯以年龄为依据，而应以素质做决定，对看准的人一定要大胆使用、及时使用。

2. 决策的艺术

决策是领导者要做的主要工作，决策一旦失误，对单位就意味着损失，对自己就意味着失职。这就要求领导者要强化决策意识，尽快提高决策水平，尽量减少各种决策性浪费。

3. 沟通的艺术

没有人与人之间的沟通就不可能实行领导。领导者只有通过向部属传达感受、意见和决定才能对其施加影响；部属也只有通过沟通才能使领导者正确评估他自己的领导活动，并使领导者关注部属的感受与问题。同时，人与人之间的沟通还能为领导者收集正确决策所必需的信息，并及时对决策进行反馈，了解部属的情感，加强组织凝聚力，从而提高士气。

4. 时间管理的艺术

时间是一种无形的稀缺资源，领导者不能无视它，更不能浪费它。学会管理时间，领导者管理时间应包括两个方面。一是要善于把握好自己的时间。当一件事摆在领导者眼前时，应先问一问自己"这事值不值得做？"然后再问一问自己"是不是现在必须做？"最后还要问一问自己"是不是必须自己做？"只有这样才能比较主动地驾驭好自己的时间。二是不随便浪费别人的时间。

5. 激励的艺术

管理要重在人本管理，人本管理的核心就是重激励，领导者要调动大家的积极性，就要学会如何去激励下属，激励注意适时进行。美国前总统里根曾说过这样一句话："对下属给予适时的表扬和激励，会帮助他们成为一个特殊的人"一个聪明的领导者要善于经常适时、适度地表扬下属。这种"零成本"激励。往往会"夸"出很多为你效劳的好下属，激励注意因人而异。领导者在激励下属时，一定要区别对待。最好在激励下属之前，要搞清被激励者最喜欢什么？最讨厌什么？最忌讳什么？尽可能"投其所好"，否则，就有可能好心办坏事。

三、提高领导艺术的途径

1. 创新性思维

领导与变革领域的世界第一权威、哈佛商学院三大巨头之一、20世纪对世界经济发展最有影响的50位大师之一约翰·科特曾经说过："当领导者面临新问题时，建立在以往经验上的思维定式往往产生消极影响，形成一种思维定式，作为一位领导者必须打破思维定式，进行制造性思维。"

成功的领导者都明白任何事物都在不断地变化，只有不断追求改善和变革才能走向成功。这就要求领导者必须跳出传统的思维方式，做到思维方式的转变。

2. 运用现代科学技术

在决策从经验型向科学型转化，控制化、信息论、系统论等现代应用理论迅速发展，电子计算机等现代技术工具介入社会生活时代，领导者要提高领导艺术，就必须大量吸收和运用现代科学技术知识，迅速而准确地收集和处理领导工作的信息，把领导艺术建立在科学的基础之上。

3. 专业化学习

创造性领导艺术，不是无源之水，无本之木。它主要来源于对本行本职的专业知识的融会贯通和合理思考以及在此基础上对领导经验的巧妙运用。因此，各级各类的领导者要提高领导艺术，就必须发奋学习本行本职的专业知识，既要善于"钻进去"，又要善于"走出去"，融会贯通，学以致用。

（资料来源：http://wenku.baidu.com/view/85354d1a227916888486d7f5.html）

4. 自我修养

领导艺术是通过凝结在领导主体的领导素质表现出来和发挥作用的。要提高领导艺术就必须狠抓根本，落实优化和提高领导者素质。领导者素质包括领导者理论素质、思想政治素质、道德作风素质、能力素质等。

5. 经验总结

领导艺术作为一种领导工作的技能、技巧，很大程度上依赖于领导经验。领导者只有不断地总结实践经验，才能把握领导艺术的规律性。无论是总结成功的经验，还是总结失败的教训，都有助于领导者认识领导活动的本质，把握领导艺术的规律，从而更自觉更有效地指导领导实践活动。

补充阅读材料

曹操煮酒论人才

这一天，刘备正在园中浇菜，曹操派他的助手许褚、张辽前来相请。二人相携着来到公司餐厅，到一间装修豪华的包房坐下来，就吩咐快点上菜。曹操又特别吩咐调酒师，用新鲜的梅子煮酒。

曹操沉吟了一会儿，问道："趁着今儿有青梅煮酒助兴，你我二人且来一场小型的'企业家高峰论坛'。你说说看，在当今企业界，有哪几位称得上英雄人物？"

刘备说："淮南公司总裁袁术，资产过亿，是一个英雄人物吧？"

曹操笑道："他算什么英雄？我迟早要把他打成狗熊。"

刘备又问："那么，河北公司董事长袁绍呢？还有荆州公司总经理刘表、江东集团公司董事会主席孙策、益州实业股份有限公司总经理刘璋……他们算是英雄吧？"

曹操说："袁绍做事拖泥带水，充其量是个大黑熊。刘表，灰熊。孙策，棕熊。刘璋，倒很像一只熊猫。"

刘备奇怪地问："曹总为什么这样评价他们呢？"

曹操说："我会性向测评啊。什么是性向测评呢？就是对一个人进行性格倾向测试，评价他的优点和缺点以及性格与职位之间是否匹配。有一句名言是这么说的，'思想决定行为，行为决定习惯，习惯决定性格，性格决定命运'。所谓命运，其实是人自己的性格之使然。"

刘备是第一次听说性向测评，好奇地说："性格决定命运的道理，我在学校倒也听老师讲过。今天听您这么一说，原来一个人性格还能测评，确实有意思！"

曹操说："经过测评，一个人如果知道自己的优点，他就能扬长避短，从而可以选择适合自己的职业，有所作为。同样的道理，如果我们知道员工的优点，就能知人善任，做到人力资源的合理配置。与此相反，如果我们知道对手的弱点，就能避实就虚，打击他的要害。"

刘备问："那么，您是怎么测评的呢？"

曹操说："我把性向分为四类：活泼型、力量型、完美型、和平型。你刚才提到的几个人：袁绍是完美型性格，色胆薄，好谋无断，干大事而惜身，见小利而忘命，这些都是他性格上致命弱点，所以迟早会失败的……"

刘备追问道："素有江东小霸王之称的孙策呢？"

曹操说："孙策是一个力量型的人，此人霸道、急躁、鲁莽、缺乏耐心，所以他不可能有什么远大的前程。至于刘表，属于活泼型性格，喜欢空谈，光说不练，又容易情绪化，所以他也不可能成就什么大事业。还有益州公司的刘璋，属于和平型性格，胆小怕事，缺乏热情和责任心，懒惰，马虎，这种人显然是不会有什么出息的。"

刘备听他如此分析，顿觉耳目一新，继续问道："照曹总这么说，怎样才算是英雄呢？"

曹操回答说："英雄是'完美+力量'型性格。英气兼而有之，雄气兼而有之，故而堪称英雄。因此，真正的英雄人物有深度、爱思考、善于分析、有创造力、有条理、注意细节，这些都是完美型性格的优点；此外，真正的英雄人物还有眼界高远、目标明确、行动果敢、意志坚强等力量型性格的优点。真正的英雄就是这样，胸怀大志，腹含包藏宇宙之机，吞吐天地之志，具有杰出的智慧和领袖魅力。"

作者评说：

"找对人才"包括以下三个步骤：

第一，界定职位所需承担的主要工作任务；

第二，界定最适合人选的所需具备的条件，包括职业性向、资历、体格等；

第三，让候选人才与他所负责的职务相匹配。

在这个过程中，你对人才的识别能力显得至关重要。你需要充满警惕，问问自己："他真的是我需要的人才吗？"你可以借助于一种有效的技术和工具，那就是人才测评。

只有人才与职务的匹配，才能让你得到一位有胜任能力的部属。否则，虽才高八斗，而终不能用也。

（资料来源：《水煮三国》）

本章小结

领导是指激励、引导和影响个人或组织在一定条件下实现组织目标的行动过程。其本质就是影响力。其作用主要表现为指挥、激励和协调。

领导是指领导者依靠影响力，指挥、带领、引导和鼓励被领导者或追随者，实现组织目标的活动和艺术。其作用是决策、指挥、沟通、激励。

领导权力包括法定权、奖赏权、强制权、感召权和专长权。

领导理论包括三类：领导特质理论，即有效领导者应具备的个人特质；领导行为理论，即领导行为对领导有效性的影响；领导权变理论，即不同的情形下何种领导行为效果最佳。

领导艺术的各种表现形式。

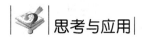思考与应用

【知识题】

一、单项选择题

1. 管理者全神贯注于任务的完成，很少关心下属的成长和士气。在安排工作时，尽力把人的因素的干扰减少到最低限度，以求得高效率，只关心生产不关心人，根据管理方格理论，属于下列哪种领导行为？（　　）

　　A. 任务型　　　　B. 中庸型　　　　C. 俱乐部型　　　　D. 贫乏型

2. 《三国演义》中，马谡大意失街亭，诸葛亮挥泪斩马谡的典故，运用到领导的（　　）。

　　A. 特质理论　　　B. 权变理论　　　C. 行为理论　　　　D. 以上均是

3. 下面关于领导和管理的关系说法正确的是（　　）。

　　A. 管理是更大的概念，领导是管理的一项重要职能

　　B. 领导的内涵更为广泛，管理是其中的一部分

　　C. 领导就是管理，二者是同一概念的不同表达

　　D. 领导是更高层次的概念，管理是低层次的概念

4. 拿破仑曾说过："只有糟糕的将军，没有糟糕的士兵。"这句话最确切地体现了领导作用的以下哪个方面？（　　）

　　A. 沟通　　　　　B. 激励　　　　　C. 指挥　　　　　　D. 决策

5. 张主任在单位里作为一把手，经常是身先士卒，因此博得下属和群众的拥护，张主任因此而得到的权力是指（　　）。

　　A. 法定权　　　　B. 强制权　　　　C. 感召权　　　　　D. 奖赏权

二、简答题

1. 什么是领导？领导和管理的关系是什么？
2. 根据管理方格理论，说明五种典型的领导方式。
3. 正确有效地运用权力，要注意哪些问题？
4. 领导艺术的表现形式有哪些？
5. 请描述费德勒模型。

【案例分析题】

王永庆——台湾的传奇人物

在世界化工行业，台塑董事长王永庆在台湾是一个家喻户晓的传奇式人物。他

把台湾塑胶集团推进到世界化工工业的前 50 名。台塑集团取得如此辉煌的成就，是与王永庆善于用人分不开的。多年的经营管理实践令王永庆创造出一套科学用人之道，其中最为精辟的是"压力管理"和"奖励管理"两套方法，王永庆在总结台塑企业的发展过程时说："如果台湾不是幅员如此狭窄，发展经济深为缺乏资源所苦，台塑企业可以不必这样辛苦地致力于谋求合理化经营就能求得生存及发展的话，我们是否能做到今天的 PVC 塑胶粉粒及其他二次加工均达世界第一，不能不说是一个疑问。"他又说："研究经济发展的人都知道，为什么工业革命和经济先进国家会发源于温带国家，主要是由于这些国家气候条件较差，生活条件较难，不得不求取一条生路，这就是压力条件之一。日本工业发展得很好，也是在地瘠民困之下产生的，这也是压力所促成的；今日台湾工业的发展，也可说是在'退此一步即无死所'的压力条件下产生的。"

事实的确如此。台塑企业能发展至年营业额逾千亿元的规模，可以说就是在这种压力逼迫下，一步一步艰苦地走出来的。台塑企业如果在当初不存在产品滞销、台湾没有市场的问题，便不会想出扩大生产，开辟国际市场；没有台湾塑胶粉粒资源匮乏，也就不会在美国购下 14 家 PVC 塑胶粉粒工厂之举。

王永庆把这一问题的研究成果，揉入企业管理中，创立了"压力管理"的方法，就是人为地造成企业整体有压迫感和让台塑的所有从业人员有压迫感。

首先，台塑的企业规模越来越大，生产 PVC 塑胶粉粒的原料来源是一个越来越严峻的问题。台塑在美国有 14 家大工厂，但台塑与拥有尖端科技与电脑的美国对手竞争，压力之大可想而知。他们必须开辟更多的原料基地，企业才会有生命力。这是企业的压力之一。

其次，全体从业人员的压力。台塑的主管人员最怕"午餐汇报"。王永庆每天中午都在公司里吃一盒便饭，用餐后便在会议室里召见各事业单位的主管，先听他们的报告，然后会提出很多犀利而又细微的问题逼问他们。主管人员为应付这个"午餐汇报"，每周工作时间不少于 70 小时，他们必须对自己所管辖部门的大事小事了然于胸，对出现的问题做过真正的分析研究，才能够过关。由于压力过大，工作紧张，台塑的主管人员很多都患有胃病，医生们戏称是午餐汇报后的"台塑后遗症"。

王永庆每周的工作时间则在 100 小时以上。整个庞大的企业都在他的掌握之中，他对企业运作的每一个细节也都了如指掌。由于他每天坚持锻炼，年逾古稀身体状况仍然很好，精力十分充沛。

随着企业规模的扩大，人多事杂，单靠一个人的管理是不够的，必须依靠组织的力量来推动。台塑在 1968 年就成立了专业管理机构，具体包括总经理室及采购部、财政部、营建部、法律事务室、秘书室、电脑处。总经理室下设营业、生产、财务、人事、资材、工程、经营分析、电脑八个组。这犹如一个金刚石的分子结构，只要自顶端施加一种压力，自上而下的各个层次便都会产生压迫感。

自 1982 年起台塑又全面实施了电脑化作业，大大提高了经济效益。

合理的激励机制是，王永庆对员工施加巨大的压力，同时对部属的奖励也极为慷慨。台塑的激励方式有两类：一类是物质的，一类是精神的。台塑的金钱奖励以年终奖金与改善奖金最有名。王永庆私下发给干部的奖金称为"另一包"（因为是公开奖金之外的奖金)。"另一包"又分两种：一种是台塑内部通称的黑包，另一种是给特殊有功人员的杠上开包。1986年黑包发放的情况是：课长、专员级新台币10万～20万，处长、高专级20万～30万，经理级100万。同时给予特殊有功人员200万～400万的杠上开包。业绩突出的经理们每年薪水加红利可达四五百万元，少的也有七八十万元。此外还设有成果奖金。对于一般职员，则采取"创造利润，分享员工"的做法。员工们都知道自己的努力会有代价的，这极大地激发了他们工作的积极性。

除了以上两套管理方法，在人员选拔、使用上王永庆也自有一番心得。他认为人才往往就在你的身边，求才应从企业内部去寻找。他说："寻找人才是非常困难的，最主要的是，自己企业内部的管理工作先要做好；管理上了轨道，大家懂得做事，高层经理人才有了知人之明，有了伯乐，人才自然就被发掘出来了。自己企业内部先行健全起来，是一条最好的选拔人才之道。"王永庆分析指出，身为企业家，应该知道哪一个部门需要何种人才。例如，这个单位欠缺一个分析成本的会计人员，或是电脑的程序设计人员；究竟是哪一种成本分析，需要的是哪一部门的电脑专家，困难在哪里等。任用人才时应首先确定工作职位的性质与条件，再决定何种类型的人来担任最适宜，然后寻求担任此职位的人才。

王永庆说："就像苦苦地研究一样东西，到了紧要阶段，参观人家的制造，触类旁通，一点就会；如果不经苦苦地研究追求，参观人家的制造，仍然一无所得。要自己经过分析，知道追求的目的，才知道找怎样的人才，否则空言找人才，不是找不到，就是找到了也不懂得用。还有，人才找来了，因为自己的无知，三言两语便认为不行的也多得是；或者因为本身制度的不健全，好好的人才来了，不久就失望而去。"基于这个道理，台塑每当人员缺少时，并不是立即对外招聘，而是先看看本企业内部的其他部门有没有合适的人员可以调任，如果有的话，先在内部解决，填写"调任单"，两个单位互相协调调任即可。负责人事的台塑高级专员陈清标说："通过内部的甄选有两大优点，一方面可以改善人员闲置与人力不足的状况；另一方面则因人员已熟悉环境，训练时间可以节省下来。"这样就可发挥轮调的作用，将不适合现职的人，或对现职有倦怠的人另换一个工作，使其更能发挥所长，而且分工太细组织僵化等现象，也可以从调任中消除掉。

(资料来源：全球品牌网)

分析思考题

如何评价王永庆的领导魅力？

【实训】

校园模拟指挥

实训目标

(1) 培养现场指挥能力；
(2) 培养应变能力。

实训内容与要求

（1）设定一定的管理情景，由学生即时进行决策或指挥；

（2）管理情景：晚上11点多，男生宿舍三楼的卫生间的水管突然爆裂，此时楼门和校门已经关闭，人们都沉睡在梦中，只有邻近的几个宿舍学生惊醒。水不断地从卫生间顺着东西走廊涌出，情况非常紧急，假如你身处其中，如何利用你的指挥能力化险为夷。

成果与成绩考核

（1）进行分组讨论，然后各小组分别阐述应急方案，看看哪个小组的方案最好；

（2）由教师和学生对各组的方案进行评价。

模块六 沟 通

管理情景

ERA是一个日资企业中的日籍雇员，在制造部门担任经理。ERA一来中国，就对制造部门进行改造。ERA发现现场的数据很难及时反馈上来，于是决定从生产报表上开始改造。借鉴日本母公司的生产报表，设计了一份非常完美的生产报表，从报表中可以看出生产中的任何一个细节。每天早上，所有的生产数据都会及时地放在ERA的桌子上。ERA很高兴，认为他拿到了生产的第一手数据。没有过几天，出现了一次大的品质事故，但报表上根本就没有反映出来，ERA这才知道，报表的数据都是随意填写上去的。为了这件事情，ERA多次找工人开会强调，认真填写报表的重要性，但每次开会，在开始几天可以起到一定的效果。但过不了几天又返回了原来的状态。ERA怎么也想不通。

想一下，为什么会出现这样的问题？应该如何解决？

（资料来源：http://new.3158.cn/201107301/n679746061.html）

学习目标

知识目标

1. 掌握沟通的概念，理解沟通的目的及沟通对组织管理的重要性；
2. 了解沟通的过程；
3. 掌握沟通的类型及沟通的网络形式；
4. 掌握沟通的原理和方法；
5. 掌握沟通障碍类型及影响因素。

能力目标

1. 恰当选择沟通方法；
2. 熟练运用各种沟通技巧。

单元一 沟通概述

一、沟通的概念

沟通（Communication）是指信息从发送者到接受者的传递和理解的过程。首先，沟通包含着意义的传递。如果信息或想法没有被传送到，则意味着沟通没有发生。也就是说，说话者没有听众或写作者没有读者都不能构成沟通。其次，要使沟通成功，信息不仅需要被传递，还要被理解。例如，我收到一封来自美国的英文书信，如果我不懂英语，又无人翻译，那么沟通就无法顺利完成。所以根据上述定义，沟通有以下含义。

（1）沟通对象涉及沟通双方。沟通双方既可以是个人，也可以是群体或组织。

（2）沟通必须要有一定信息情报，也就是传递和交流的内容，即信息内容，并且这种信息内容不像有形物品一样由发送者直接传递给接受者。在沟通过程中，信息的传递是通过一些符号来实现的，例如语言、身体动作和表情等，这些符号经过传递，往往都附加了传送者和接受者一定的态度、思想和情感。

（3）沟通是一个传递和理解的过程。如果信息没有被传递到对方，则意味着沟通没有发生。而信息在被传递之后还应该被理解，一般来说，信息经过传递之后，接受者感知到的信息与发送者发出的信息完全一致时，才是一个有效的沟通过程。

（4）不同意见之间的争论也是一种有效的沟通方式。

秀才买柴

有一个秀才去买柴，他对卖柴的人说："荷薪者过来！"卖柴的人听不懂"荷薪者"（担柴的人）三个字，但是听得懂"过来"两个字，于是把柴担到秀才前面。秀才问他"其价如何？"卖柴的人听不太懂这句话，但是听得懂"价"这个字，于是就告诉秀才价钱。秀才接着说"外实而内虚，烟多而焰少，请损之（你的木柴外表是干的，里头却是湿的，燃烧起来，会浓烟多而火焰小，请减些价钱吧）。"卖柴的人因为听不懂秀才的话，于是担着柴就走了。

点评：沟通一定要有相应的信息内容，而且还要用对方听得懂的语言进行沟通，以确保信息能够被正确接收和理解。

（资料来源：http://baike.baidu.com/view/584233.htm）

二、沟通的功能

在群体或组织中，沟通有以下四种主要功能。

1. 控制

沟通可以通过多种方式来控制员工的行为。员工们必须遵守组织中的权力等级和正式指导。例如，他们要首先与直接上级主管交流工作方面的相关信息，要按照工作说明书工作，要遵守公司的规章制度等，通过沟通可以实现这种控制功能。

2. 激励

沟通通过下面的途径来激励员工：明确告诉员工做什么，如何来做，没有达到标准时应如何改进，具体目标的设置、实现目标过程中的持续反馈以及对理想行为的强化，这些过程都有激励作用，而这些过程又都需要沟通。

3. 情绪表达

对很多员工来说，工作群体是主要的社交场所，员工通过群体内的沟通来表达自己的挫折感和满足感。因此，沟通提供了一种释放情感的情绪表达机制，并满足了员工的社交需要。

4. 传递信息

沟通的最后一个功能与决策角色有关，它为个体和群体提供决策所需要的信息，使决策者能够确定并评估各种备选方案。

这四种功能无轻重之分。要使群体运转良好，就需要在一定程度上控制员工，激励员工，提供情绪表达的途径，并做出决策。组织中几乎每一次沟通都能实现这四种功能之中的一种或几种。

情感沟通

在某一商业企业，一个主管平时只去努力完成经理交代的任务，而对分内的其他事则表现不出热情；经理不在她就看看书，打几个私人电话，跟其他员工很少交流，久而久之，隔阂产生。其实，这个主管前段时间正经历了很艰难的人生变故，小孩刚刚一岁，却要遭逢离异的苦痛。她所承受的压力超出一般人的想象，公司内没有朋友可以一诉衷肠。在经过公司特意安排的一次敞开心扉的谈话后，这个平时比较孤立的主管，终于被人理解，激动地哭了，另外的人递递纸巾、拉拉手，通过一些细小的动作表示关怀。看起来坚不可摧的冰层，在不到1小时坦诚的双向沟通中就融化了，之后该主管工作也更加的努力，效率明显提高。

点评： 可见，通过沟通可以有效改善员工人际关系，同时可以满足员工的社交需要，并通过员工士气的提高达到提升工作效率的目的。

（资料来源：http://www.xici.net/d24056831.htm）

三、沟通的过程

沟通是信息从发送者到接受者的传递和理解的过程。沟通过程中，有一位发送者，他制作信息，传递给接受者。接受者收到信息后，立即将信息加以破解，然后再采取行动，如果他的行动符合信息发送者的原意，就可以说沟通成功了，如图6-1所示。

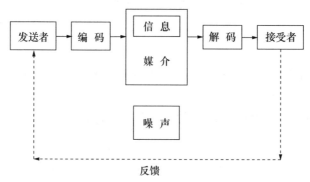

图6-1　沟通过程图

沟通应包括以下要素。

（1）发送者需要向接受者传送信息。这里所说的信息包括很广，如想法、观点、资料等。

（2）发送者需将信息做成接受者能够理解的一系列符号。为了有效的沟通，这些符号必须能够符合适当的媒体。例如，如果媒体是书面报告，符号的形式应选择文字、图表、照片等。

（3）将上述符号传递给接受者。由于选择的符号种类不同，传递的方式也不同。传递的方式可以是书面的，也可以的口头的，甚至还可以通过形体动作来表示。

（4）接受者接受这些信息。接受者根据这些符号传递的方式，选择相应的接受方式。

（5）接受者破译、理解信息的内容。但由于接受者接受和破译水平的差异，信息的内容和含义经常被曲解。

（6）接受者执行理解后的信息内容。

（7）通过反馈完成双向沟通，从而了解信息是否被准确无误地接受。

四、信息沟通的分类

（一）按信息沟通的方法分类

1. 口头沟通

人们之间最常见的交流方式是交谈，也就是口头沟通。形式主要包括面对面交谈、电话、开会、讲座、讨论等，口头沟通的优点是快速传递和快速反馈，能观察收讯者的反应，立刻得到回馈，有机会补充阐述及举例说明，可以用声音和姿势来加强，在很大程度上能确定沟通是否成功，也有助于改善人际关系。但是口头沟通经常口说无凭（除非录音），难以与太多人双向沟通，也可能因情绪而说错话，对拙于言辞者非常不利，同时如果只是简短的口头沟通容易造成信息缺失与扭曲。

2. 书面沟通

书面沟通包括备忘录、信件、组织内发行的期刊、布告栏及其他任何传递书面文字或符号的手段。为什么信息的发送者会选用书面沟通？因为它持久、有形、可以核实。一般情况下，发送者与接受者双方都拥有沟通记录，沟通的信息可以无限期地保存下去。如果对信息的内容有所疑问，过后的查询是完全可能的。对于复杂或长期的沟通来说，这尤其重要。所以书面沟通比口头沟通显得更为周密，逻辑性强，条理清楚。但是，书面沟通也有自己的缺陷。书面沟通的一个主要缺点是缺乏反馈。口头沟通能使接受者对其所听到的东西提出自己的看法，而书面沟通则不具备这种内在的反馈机制。同时书面沟通对信息发送者的文字表达能力也有较高的要求，经常出现由于信息发送者的语气、强调重点、表达特色，以及发文的目的被忽略而使理解有误。

补充阅读材料

在许多管理工作和生产工作实践中，一些人往往习惯于电话交谈之后就完事，或过分相信口头沟通的功能，结果往往耽误事情，造成损失，实为不该。2006年3月某日，总经理给新来的总经理助理曹小姐布置了一个任务，要求她向各个部门下发岗位职责空白表格，并要求各个部门在当天下午两点之前上交总经办。总经理问曹小姐是否明白意思？她说完全明白，于是就去执行。

结果到了下午，事情出来了：到了规定的时间，技术部没有按时上交。总经理问曹小姐：你向技术部怎么传达的？曹小姐说，完全按正确的意思传达的。总经理又问为什么技术部没上交？曹小姐说技术部就是没上交，不知道为什么。

总经理把曹小姐和技术部都召集到总经办会议室，问这个事情。技术部负责人回答说，当时他没有听到曹小姐传达关于上交时间的要求。而曹小姐说，自己确实传达了，为什么公司12个部门就技术部没听清楚？技术部负责人说，确实没有听到。

到底是曹小姐没传达，还是技术部没听到？没有书面的东西，说不清楚。办公人员在传达文件的时候，一定要严格按照ISO9001：2000的文件管理标准的要求，一定要有传达的书面函件，该签字的要求签字，该署名的要求署名。否则，出现上述情况，既耽误了工作，又难以说清责任，同时还反映了管理水平的落后和管理方式的不足。

（资料来源：http://www.themanage.cn/200903/104486.html）

3. 非语言沟通

一些沟通既非口头形式也非书面形式，而是通过非文字的信息加以传递的，美国传播学家艾伯特梅拉比安曾提出一个公式：信息的全部表达＝7%语调＋38%声音＋55%肢体语言。非语言沟通包括以下类型：身体动作（手指、面部表情、眼神、触觉接触、坐姿、站姿等)、形体特征(体态、体格、姿态、身体气味、呼吸气味、身高、体重、发型等)、语言特点(音质、音量、语速、音调、叹词、笑、叹息等)、生存空间(座位安排、谈话的距离、个人空间领地倾向等)、环境(建筑和房间设计风格、家居风格、饰品风格、清洁、光线等)、时间(早到、迟到、让人久等)。

4. 电子媒介沟通

我们现在依赖各种各样复杂的电子媒介来传递信息。除了常见的媒介(如电话、电报、邮政等)之外,我们还拥有闭路电视、计算机、传真机等一系列电子设备,将这些设备与言语和纸张结合起来就产生了更有效的沟通方式,其中发展最快的应该是互联网了,人们可以通过计算机网络快速传递书面及口头信息,如电子邮件迅速而廉价,并可以同时将一份信息传递给若干人。

(二) 按信息沟通渠道分类

1. 正式沟通

正式沟通是通过组织正式结构或层级系统运行,由组织内部明确的规章制度所规定的渠道进行的信息传递与交流。例如,组织与组织之间的信函来往,组织内部的文件传达、召开会议、上下级之间的定期情报交换以及组织正式颁布的法令、规章、公告等。正式沟通包括上行沟通、下行沟通、横向沟通和斜向沟通,如图6-2所示。

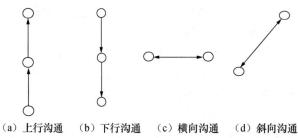

(a) 上行沟通　(b) 下行沟通　(c) 横向沟通　(d) 斜向沟通

图6-2　正式沟通渠道

(1) 上行沟通。这种沟通是一种自下而上的沟通,指的是信息从组织内部较低的组织级别、层次开始,按照组织的上下隶属关系和等级序列,向较高的组织级别层次传递的沟通过程。它通常表现为下级对上级信息的反馈和下层情况的反映。这种沟通往往带有非命令性、民主性、主动性和积极性,在下情上达、培养感情、确认信息等方面有着重要作用,是上级掌握基层动态和下级反映个人愿望的必要手段。

(2) 下行沟通。这种沟通是一种自上而下的沟通。指信息在组织内部从较高的组织级别、层次开始,按照组织的上下隶属关系和等级层次,向较低的组织级别、层次传递的沟通过程。这种沟通往往带有指令性、法定性、权威性和强迫性,容易引起重视,并严肃对待。沟通的主要目的是使组织成员了解组织的目标,改变组织成员的态度以形成与组织目标一致的观点并加以协调,从而消除组织成员的疑虑和不稳定心理。但这种沟通存在如传递路线过长,浪费时间,信息在传递过程中发生遗漏和曲解;上层的信息传到底层,因和底层情况不合而造成失误等问题。

(3) 横向沟通。这种沟通指的是发生在组织内部同级层次成员之间相互的信息沟通，以谋求相互之间的了解和工作上的协作配合。这种沟通往往带有非命令性、协商性和双向性。

（4）斜向沟通。这种沟通指的是发生在组织内部既不属于同一隶属序列，又不属于同一等级层次之间的信息沟通，这样做有时也是为了加快信息的交流，谋求相互之间必要的通报、合作和支持。这种沟通往往更带有协商性和主动性。

2006年12月，作为分管公司生产经营副总经理的主管，得知一较大工程项目即将进行招标，由于采取向总经理电话形式简单汇报未能得到明确答复，使该主管误以为被默认而在情急之下使组织业务小组投入相关时间和经费跟踪该项目，最终因准备不充分而成为泡影。事后，在总经理办公会上陈述有关情况时，总经理认为主管"汇报不详，擅自决策，组织资源运用不当"，并当着部门面给予严厉批评，主管反驳认为是"已经汇报、领导重视不够、故意刁难，是由于责任逃避所致"。由于双方信息传递、角色定位、有效沟通、团队配合、认知角度等存在意见分歧，致使企业内部人际关系紧张、工作被动，恶性循环，公司业务难以稳定发展。

想一想，为何会发生这种情况，又该怎样解决该问题？

（资料来源 http://wenku.baidu.com/view/2e02fb39580216fc700afd82.html）

2. 非正式沟通

非正式沟通是指在正式沟通渠道以外信息的自由传递与交流。这类沟通主要是通过个人之间的接触来进行的，非正式沟通不受组织监督，是由组织成员自行选择途径进行的，比较灵活方便。员工中的人情交流、生日聚会、工会组织的文娱活动、走访、议论某人某事、传播小道消息等都属于非正式沟通。非正式沟通中往往能表露人们的真实想法和动机，还能提供组织没有预料的或难以获得的信息。与正式沟通相比，非正式沟通有以下特点：

（1）信息交流速度较快。由于这些信息与职工的利益相关或者是他们比较感兴趣的问题，再加上没有正式沟通的那种程序，信息传播速度大大加快。

（2）非正式沟通的信息比较准确。据国外研究表明，它的准确率可高达95%。一般来说，非正式沟通中信息的失真主要来源于形式上的不完整，而不是提供无中生有的谣言，人们常把非正式沟通与谣言混为一谈，这是缺乏根据的。

（3）可以满足职工的需要。由于非正式沟通不是基于管理者的权威，而是出于职工的愿望和需要。因此，这种沟通常常是积极的、卓有成效的，并且可以满足职工们的安全的需要，社交的需要，尊重的需要。

（4）沟通效率较高。非正式沟通一般是有选择地、针对个人的兴趣传播信息，正式沟通则常常将信息传递给不需要它们的人。

（5）非正式沟通有一定的片面性。非正式沟通中的信息常常被夸大、曲解，因而需要慎重对待。

补充阅读材料

> 1931年，井植薰被松下任命为第八工厂厂长，这是一个电池厂，工人素质低，管理不善。工人们看到井植薰只有20来岁，白白净净，头发稀疏，就议论开了，其中一个说："怎么来了个白脸小和尚？"大家哄堂大笑。井植薰也不在意，在厂里转了一圈，心里便有了数。他认为厂里应该上流水线，但遭到工人们的反对，认为可能增加劳动强度。后来井植薰苦口婆心，总算说服了工人，为了顺利履行厂长职责，让工人们心服口服，井植薰通过喝酒来"降伏"工人。他知道这里的工人都爱喝酒，就经常对他们说："有什么事我们可以边喝边谈。"其实，井植薰也爱喝酒，而且酒量也不小。
>
> 有一天，井植薰对几个在工人中颇有威信的人说："今天咱们放开喝，谁最后一个醉，今后就听谁的。"工人们马上表示同意，论喝酒，他们谁也没有把这个小白脸放在眼里。喝酒，其中也有学问。井植薰知道，工人们干一天的活，空着肚子喝，没几口就可以叫他们倒下。井植薰的经验是，喝酒之前大量饮水，酒精随着水分很快就排出体外。那些工人那里顾得了这些，结果给井植薰灌得大醉。
>
> 井植薰赢了，但酒钱都由他包了下来。这些黑脸大汉被这位"白脸和尚"征服了，他们都成了井植薰的知心朋友。从此，井植薰在厂里说一是一，说二是二，厂里的生产势头也越来越好。三年以后，由于井植薰出色的成绩，他被任命为松下电器事业部部长。

（资料来源：http://bbs.hrsalon.org/thread-26215-1-1.html）

（三）按是否进行反馈分类

1. 单向沟通

信息沟通时，一方发出信息，另一方只接受信息，不反馈意见，这就是单向沟通。例如，上级发文件，作报告，组织向外单位发信函等，即属此类。单向沟通一般比较适合下列情况：

（1）沟通的内容简单，并要求迅速传递的信息；

（2）下属易于接受和理解解决问题的方案；

（3）下属没有了解问题的足够信息，反馈不仅无助于澄清事实反而容易出现沟通障碍；

（4）情况紧急而又必须坚决执行的工作和任务。

2. 双向沟通

信息沟通时，接收人接到信息后，再把自己的意见反馈给发送人，这就是双向沟通。双向沟通是发送者和接收者相互之间进行信息交流的过程。例如，讨论会、

面谈等。双向沟通较之于单向沟通，对促进人际关系和加强双方紧密合作方面有更重要的作用，能更加准确地传递消息，有助于提高接收者的理解能力，提高信息沟通的质量。双向沟通比较适应于下列情况：

（1）沟通时间充裕，沟通的内容复杂；

（2）下属对解决问题的方案的接受程度非常重要；

（3）上级希望下属能对管理中的问题提供有价值的信息和建议；

（4）除了前述的一些原因外，领导个人的素质对单向沟通和双向沟通的选择也有影响。例如，比较擅长于双向沟通，并能够有建设性地处理负面反馈意见的上级，可能在管理工作中会多选择双向沟通；而缺乏处理下属负面反馈意见的能力，并容易感情用事的上级，可能在管理工作中会多选择单向沟通。

五、组织中信息沟通的网络

（一）正式沟通网络

正式沟通网络是指通过正式信息沟通渠道建立起来的联系，它在组织中最为常见，在信息沟通中发挥主渠道作用。正式沟通网络包括链形、Y形、轮形、环形、网形。为了说明各种信息沟通网络，假定这一组织由五个成员组成，如图6-3所示。

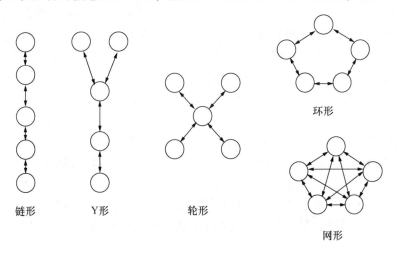

图6-3 正式沟通网络

1. 链形沟通网络

在链形信息沟通网络中，信息只能自上而下或自下而上，这表达的是典型的上下级权力关系，传递信息的速度最快，解决简单问题的时效最高，但容易出现信息失真，上级难以直接了解下级的真实意图。

2. Y形沟通网络

Y形信息网络，可看成是高层管理人员下面既有两个直接与他联系的参谋人员，又有一个直线人员直接与他联系，这是典型的直线—职能制权力关系，集中化程度高，较有组织性，信息传递和解决问题的速度较快，组织控制比较严格，但缺少直接的横向沟通，不能越级沟通，除节点外，全体成员的满意程度比较低，组织气氛大都不和谐。

3. 轮形沟通网络

轮形信息网络中，轮子代表四个下属与一个上司之间的沟通关系，在这样的网络中，所有信息都要通过管理者，集中化程度高，解决问题的速度快；解决问题的精确度高；对领导人物的预测能力要求很高，他是信息沟通的核心。但是沟通渠道少；其他成员之间互不通气，平行沟通不足，组织成员心理压力大，影响组织的工作效率，容易滋长专制型的交流网络。

4. 环形沟通网络

环形网络允许每一个成员与邻近的成员联系，但不能跨越这一层次与其他成员联系。它可以看成是三个层次间存在上下沟通，并在下层允许横向沟通的一种信息沟通模式，小组成员地位平等，组织内民主气氛较浓，横向沟通一般使团体士气高昂。但是组织的集中化程度和领导人的预测程度较低，沟通速度较慢，精确性不够高，信息易于分散，往往难以形成中心。

5. 网形沟通网络

网形信息网络允许组织中的每一个成员与其他成员自由沟通，包含了正式沟通所有的沟通形式。所有成员是平等的，人们能够自由地发表意见，提出解决问题的方案；各个沟通者之间全面开放，组织成员的平均满足程度很高，组织内士气高昂，合作气氛浓厚，充分发挥组织成员的创新精神，比环式沟通的沟通渠道开阔，弥补了环式沟通难于迅速集中各方面信息的缺陷。但是沟通渠道太多，易于造成混乱；对较大的组织不适用，沟通路线的数目会限制信息的接收和传出的能力；信息传递费时，影响工作。

作为管理者，应采用哪一种信息沟通网络呢？这主要取决于沟通目标的定位。从图6-3中可以明显地看出，没有一种模式在任何情况下都是最好的。环形和网形的沟通速度快，由于能获得大量的信息，在处理复杂问题时比其他类型的信息网络快且失误少；链形、Y形和轮形一般沟通准确性比较好，在处理简单的问题时速度快且失误少；轮形等有利于管理者控制各项活动，环形和网形则能较好地满足成员的社交需求。

（二）非正式沟通网络

"小道消息"是组织中信息的一个重要来源，是职工所关心的和与他们有关的信息。有调查发现，75%的员工是通过小道消息网络的传播而得到第一消息的。非正式沟通是指没有列入管理范围，不按照正规的组织程序、隶属关系、等级系列来进行的沟通。在一个组织中，除了正式设立的部门外，不同部门的人之间还存在着朋友关系、兴趣小组等，因此，非正式沟通的存在也就有它的必然性。

非正式沟通一方面可满足组织成员社会交往的需要，另一方面可弥补和改进正式沟通的不足。但非正式沟通由于不附有正式沟通所具有的责任感和不必遵循一定的程序，因此，其随意性较强、信息失真的可能性也较大，有时也会给组织带来一定的危害。组织中的非正式沟通网络包括单线型、流言型、偶然型、集束型，如图6-4所示。

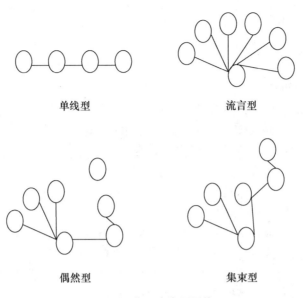

图 6-4　非正式沟通网络

1. 单线型网络

单线型网络是指一个人传递给另一个人，通过一长串的人际关系来传递信息，而这一长串的人之间并不一定存在着正规的组织关系。

2. 偶然型网络

偶然型（概率型）网络是指每一个人都是随机地传递给其他人。信息通过一种随机的方式传播。道听途说就是其中的一种形式。

3. 流言型网络

流言型网络是指信息发送者主动寻找机会，通过闲聊等方式向其他人散布信息。

4. 集束型网络

集束型网络是指信息发送者有选择地寻找一批对象传播信息，这些对象大多是一些与其亲近的人，而这些对象在获得信息后又传递给自己的亲近者。

非正式沟通的特点有：交流速度较快；信息比较准确；沟通效率较高；满足职工需要；存在一定片面性；失真主要来自于形式上的不完整，而非无中生有。

非正式沟通的管理方法为：认识它的存在，否认、消灭、阻止、打击都是不可取的；利用它为己服务；通过非正式渠道更正错误信息。

单元二　沟通障碍的产生和消除

在沟通过程中，由于存在内外噪声，信息容易失真，使信息的传递不能发挥正常的作用，即组织的沟通存在沟通障碍。要实现有效沟通，就必须分析影响沟通的因素并找出解决办法。

一、信息沟通的障碍

(一) 常见沟通障碍

在企业日常的管理中，经常发生信息沟通障碍，具体表现主要有以下几点。

(1) 距离。物理距离使得上级与下级之间的误解不易澄清。

(2) 曲解。当一个人分不清实际情况和自己的观点、感受、情绪的界限时，就容易发生曲解。很多时候，我们不仅在工作层面上进行交流，也在情感层面上进行沟通，但有时上级和下级都倾向于根据自己的观点、价值观念、意见和背景来解释信息，而不是对它做客观的解释。

(3) 语义。这涉及沟通语言、文字、图像、身体语言等。因为几乎所有的信息沟通都利用符号来表达一定的含义。而符号通常有多种含义，人们必须从中选择一种。有时选错了，就会出现语义障碍。例如，词语这一符号，会从词的多重含义、专业术语、词语的下意识联想等方面引起沟通障碍。

歧　义

　　有一个笑话说，主人请客吃饭，眼看约定的时间已过，只来了几个人，不禁焦急地说："该来的没有来"，已到的几位客人一听，扭头就走了两位。主人意识到他们误解了他的话，又难过地说："不该走的走了"，结果剩下的客人也都气呼呼地走了。
　　点评：所谓"说者无意，听者有心"。在沟通过程中，尽量避免使用易导致歧义的语句，有助于沟通顺畅。

(资料来源：http://baike.baidu.com/view/3239926.htm)

(4) 缺乏信任。这种障碍与上下级相处的经历有关。在以往经历的基础上，如果下级觉得把坏消息报告给上级于己无益，他就会隐瞒这些消息。

(5) 不可接近性。这种难以接近上级的情形会导致沟通的失败。它会挫伤下级从上级那里寻求适当指导的积极性。不可接近并不一定非得是实体上的，它也可以是心理上的。由于上级采取严厉的态度，下级们要弄懂他的观点，也许并不容易。

(6) 职责不明确。当一个下级的职责不明确时，他们就会找替罪羊或者捏造理由。职责不明会导致职务和作用的含糊，这恰恰意味着下级对其所处的职位以及所履行的职责感到模糊。

(7) 个性不相容。上下级的个性不相容，常常发生冲突，并因此而产生沟通障碍。

(8) 拒绝倾听。一些管理人员，或是自高自大，或是漫不经心，拒绝倾听上级或下级的意见。这种态度阻碍了有效的沟通。拒绝倾听有两种类型：源于"我知道所有事情"的优越情绪，或者源于"我一无是处"的自卑情结。

（9）没有利用恰当的媒介。沟通的有效性依赖于管理人员如何根据自己的情况选择恰当的媒介。例如，有些管理者以给下级发送充满行话的便条为自豪，却不顾下级缺乏阅读和理解的技巧。

（10）沟通缺口。这指的是正式的沟通网络中所存在的缺陷与漏洞。过分依赖于正式沟通而不利用其他来源和方法，导致沟通系统产生缺口。

（11）方向迷失。信息内容缺乏导向可能会导致沟通障碍。有些信息分两部分内容：外显的或明显的意义，潜在的或真正的含义。在有些情况下，消息的外显意义被弄得过分吸引人，从而导致真正意义的丢失。

（12）负载过重。当人们负载的信息过度时，他们就倾向于业绩完成不佳，其绩效比接受信息不足的员工的绩效更低。

（二）沟通障碍产生的原因

一般来讲，沟通中障碍的产生主要是由于以下三个方面的原因。

1. 组织结构不合理

在管理中，合理的组织结构有利于信息沟通。但是，如果组织结构过于庞大，中间层次太多，那么，信息从最高决策传递到下属单位不仅容易产生信息的失真，而且还会浪费大量时间，影响信息的及时性。同时，自下而上的信息沟通，如果中间层次过多，同样也浪费时间，影响效率。有学者统计，如果一个信息在高层管理者那里的正确性是100%，到了信息的接受者手里可能只剩下20%的正确性。这是因为，在进行这种信息沟通时，各级主管部门都会花时间把接受到的信息自己甄别，一层一层地过滤，然后有可能将断章取义的信息上报。

此外，在甄选过程中，还掺杂了大量的主观因素，尤其是当发送的信息涉及传递者本身时，往往会由于心理方面的原因，造成信息失真。这种情况也会使信息的提供者畏而却步，不愿提供关键的信息。因此，如果组织结构臃肿，结构设置不合理，各部门之间职责不清、分工不明、形成多头领导，或因人设事、人浮于事，都会给沟通双方造成一定的心理压力，影响沟通的进行。

2. 沟通主体沟通能力不足

（1）个性因素所引起的障碍。信息沟通在很大程度上受个人心理因素的制约，个体的性格、气质、态度、情绪、见解等差别，都会成为信息沟通的障碍。

（2）知识、经验水平的差距所导致的障碍。在信息沟通中，如果双方经验水平和知识水平差距过大，就会产生沟通障碍。此外，个体经验差异对信息沟通也有影响。在现实生活中，人们往往会凭经验办事。一个经验丰富的人往往会对信息沟通做通盘考虑，谨慎细心；而一个初出茅庐者往往会不知所措。信息沟通的双方往往依据经验上的大体理解去处理信息，使彼此理解的差距拉大，形成沟通的障碍。

（3）对信息的态度不同所造成的障碍。这又可分为不同的层次来考虑。一是认识差异。在管理活动中，不少员工和管理者忽视信息的作用的现象还很普遍，这就为正常的信息沟通造成了很大的障碍。二是利益观念。在团体中，不同的成员对信息有不同的看法，所选择的侧重点也不相同。很多员工只关心与他们的物质利益有关的信息，而不关心组织目标、管理决策等方面的信息，这也成了信息沟通的障碍。

（4）相互不信任所产生的障碍。有效的信息沟通要以相互信任为前提，这样，才能使向上反映的情况得到重视，向下传达的决策迅速实施。管理者在进行信息沟通时，应该不带成见地听取意见，鼓励下级充分阐明自己的见解，这样才能做到思想和感情上的真正沟通，才能接收到全面可靠的情报，才能做出明智的判断与决策。

（5）沟通者的畏惧感以及个人心理品质也会造成沟通障碍。在管理实践中，信息沟通的成败主要取决于上级与上级、领导与员工之间的全面有效的合作。但在很多情况下，这些合作往往会因下属的恐惧心理以及沟通双方的个人心理品质而形成障碍。一方面，如果主管过分威严，给人造成难以接近的印象，或者管理人员缺乏必要的同情心，不愿体恤下情，都容易造成下级人员的恐惧心理，影响信息沟通的正常进行。另一方面，不良的心理品质也是造成沟通障碍的因素。

（6）直觉选择偏差所造成的障碍。接收和发送信息也是一种知觉形式。但是，由于种种原因，人们总是习惯接收部分信息，而摒弃另一部分信息，这就是知觉的选择性。知觉选择性所造成的障碍既有客观方面的因素，又有主观方面的因素。客观因素如组成信息的各个部分的强度不同，对受讯人的价值大小不同等，都会致使一部分信息容易引人注意而为人接受，另一部分则被忽视。主观因素也与知觉选择时的个人心理品质有关。在接受或转述一个信息时，符合自己需要的、与自己有切身利害关系的，很容易听进去，而对自己不利的、有可能损害自身利益的，则不容易听进去。凡此种种，都会导致信息歪曲，影响信息沟通的顺利进行。

3. 沟通方式选择不当

沟通方式选择不当，原则、方法使用不活所造成的障碍。沟通的形态网络多种多样，且它们都有各自的优缺点。如果不根据实际情况灵活选择，则沟通不能畅通进行。沟通通道的问题也会影响到沟通的效果，沟通通道障碍主要有以下几个方面。

（1）选择沟通媒介不当。

（2）几种媒介相互冲突。

（3）沟通渠道过长。组织结构庞大，内部层次多，从最高层传递信息到最低层，从低层汇总情况到最高层，中间环节太多，容易使信息损失较大。

（4）外部干扰。信息沟通过程中经常会受到自然界各种物理噪声、机器故障的影响或被另外事物干扰所打扰，也会因双方距离太远而沟通不便，影响沟通效果。

在管理工作中，存在着信息的沟通，也就必然存在沟通障碍。管理者的任务在于正视这些障碍，采取一切可能的方法来消除这些障碍，为有效的信息沟通创造条件。

二、改善沟通效果的方法

（一）强调有效沟通的重要性

首先，要加强组织中管理者与被管理者对沟通重要性的认识。通常人们认为沟通是件非常简单的事，并不重视沟通的重要性，同时又在某种程度上对沟通存在着误解。例如，人们常常以为向对方讲述一件事后，沟通就完成了，没有考虑"语言"本身并不代表"意思"，其中还存在一个破译转化的过程。沟通虽然非常普遍，看起来非常容易,但是有效沟通却常常是一项困难和复杂的行为。

其次,管理者和被管理者还要了解组织沟通过程的一些规律。例如,在组织中建立重视沟通的氛围,创造一个相互信任的沟通环境,不仅在各项管理职能中有效地运用沟通手段,还要重视非正式沟通中"小道消息"对组织管理的重要性等。

(二)提高人际沟通技能

信息发送者和信息接受者都要努力增强自己的人际沟通技能,提高有效沟通水平。

1. 改进沟通态度

信息沟通不仅仅是信息符号的传递,它包含着更多的情感因素,所以在沟通过程中,沟通双方采取的态度对于沟通的效果有很大的影响。只有双方坦诚相待时,才能消除彼此间的隔阂,从而求得对方的合作。另外,在信息沟通过程中还要以积极的、开放的心态对待沟通,要愿意并且有勇气用恰当的方法展示自己的真实想法,在沟通过程中顾虑重重,会导致很多误解。

2. 提高自己的语言表达能力

语言是信息的载体,是提高沟通效率要解决的首要问题。掌握语言表达艺术的前提是通过学习和训练,使自己运用语言的能力达到熟练自如、得心应手的水平。一般规律是沟通中要与沟通对象、沟通环境、沟通内容结合起来考虑怎么使用语言。也就是说,无论是口头交谈还是采用书面交流的形式,都要力求准确地表达自己的意思。同时,还要双方相互了解对方的接受能力,根据对方的具体情况来确定自己表达的方式和用语等;选择正确的词汇、语调、标点符号;注意逻辑性和条理性,对重要的地方要加上强调性的说明;借助于体态语言来表达完整的思想和感情的沟通,加深双方的理解。

补充阅读材料

公司为了奖励市场部的员工,制订了一项海南旅游计划,名额限定为10人。可是13名员工都想去,部门经理需要再向上级领导申请3个名额,如果你是部门经理,你会如何与上级领导沟通呢?部门经理向上级领导说:"朱总,我们部门13个人都想去海南,可只有10个名额,剩余的3个人会有意见,能不能再给3个名额?"朱总说:"筛选一下不就完了吗?公司能拿出10个名额就花费不少了,你们怎么不多为公司考虑?你们呀,就是得寸进尺,不让你们去旅游就好了,谁也没意见。我看这样吧,你们3个做部门经理的,姿态高一点,明年再去,这不就解决了吗?"

迷路原因:
1. 只顾表达自己的意志和愿望,忽视对方的表象及心理反应;
2. 切不可以自我为中心,更忌讳出言不逊,不尊重对方。

沟通"达标"案例:

同样的情况下,去找朱总之前用异位思考法,树立一个沟通低姿态,站在公司的角度上考虑一下公司的缘由,遵守沟通规则,做好与朱总平等对话,为公司解决此问题的心理准备。

部门经理:"朱总,大家今天听说去旅游,非常高兴,非常感兴趣。觉得公司越来越重视员工了。领导不忘员工,真是让员工感动。朱总,这事是领导们突然给大家的惊喜,不知当时你们如何想出此妙意的?"

朱总:"真的是想给大家一个惊喜,这一年公司效益不错,是大家的功劳,考虑到大家辛苦一年,第一,是该轻松轻松了;第二,放松后,才能更好地工作;第三,是增加公司的凝聚力。大家要高兴,我们的目的就达到了,就是让大家高兴的。"

部门经理:"也许是计划太好了,大家都在争这10个名额。"

朱总:"当时决定10个名额是因为觉得你们部门有几个人工作不够积极。你们评选一下,不够格的就不安排了,就算是对他们的一个提醒吧。"

部门经理:"其实我也同意领导的想法,有几个人的态度与其他人比起来是不够积极,不过他们可能有一些生活中的原因,这与我们部门经理对他们缺乏了解,没有及时调整都有关系。责任在我,如果不让他们去,对他们打击会不会太大?如果这种消极因素传播开来,影响不好吧。公司花了这么多钱,要是因为这3个名额降低了效果太可惜了。我知道公司每一笔开支都要精打细算。如果公司能拿出3个名额的费用,让他们有所感悟,促进他们来年改进。那么他们多给公司带来的利益要远远大于这部分支出的费用,不知道我说的有没有道理,公司如果能再考虑一下,让他们去,我会尽力与其他两位部门经理沟通好,在这次旅途中每个人带一个,帮助他们放下包袱,树立有益公司的积极工作态度,朱总您能不能考虑一下我的建议。"

(资料来源:http://home.51.com/tengfeismp)

3. 培养倾听的艺术

有时不成功的沟通,责任不在信息发送者,而恰恰是信息接收者没有仔细地倾听。事实上,没有听就很难接受到有用的信息。而倾听则区别于一般的听,它是一种通过积极的听来完整地获取信息的方法。主要包括了注意听、听清、理解、记忆和反馈五层内容。

倾听时应注意的问题如表6-1所示。

表6-1 倾 听

要:	不要:
表现出兴趣	争辩
全神贯注	打断
该沉默时必须沉默	从事与谈话无关的活动
选择安静的地方	过快或提前做出判断
留出适当的时间用于辩论	草率地给出结论
注意非语言暗示	让别人的情绪直接影响你
当你没听清楚时,要以疑问的方式重复	
当你发现遗漏时,直截了当地问	

管理小故事

听的艺术

美国知名主持人林克莱特一天访问一名小朋友，问他说："你长大后想要当什么呀？"小朋友天真地回答："嗯……我要当飞机的驾驶员！"林克莱特接着问："如果有一天，你的飞机飞到太平洋上空所有引擎都熄火了，你会怎么办？"小朋友想了想："我会先告诉坐在飞机上的人绑好安全带，然后我挂上我的降落伞跳出去。"当在现场的观众笑得东倒西歪时，林克莱特继续注视着这孩子，想看他是不是自作聪明的家伙。没想到，接着孩子的两行热泪夺眶而出，这才使得林克莱特发觉这孩子的悲悯之情远非笔墨所能形容。于是林克莱特问他说："为什么要这么做？"小孩的答案透露出一个孩子真挚的想法："我要去拿燃料，我还要回来！"

点评：你听到别人说话时，你真的听懂他说的意思吗？如果不懂，就请听别人说完吧，这就是"听的艺术"。听话不要听一半；不要把自己的意思，投射到别人所说的话上。

（资料来源：http://club.jledu.gov.cn/?5727/viewspace-74314）

(4) 采用恰当的沟通方式

选用恰当的沟通方式对增强组织沟通的有效性也十分重要，因为组织沟通的内容千差万别，针对不同的沟通需要，应该采取不同的沟通方式。从沟通的速度方面考虑，利用口头和非正式的沟通方法，就比书面的和正式的沟通速度快。从反馈性能来看，面对面交谈，可以获得立即的反应，而书面沟通，则有时得不到反馈。从可控性来看，在公开场合宣布某一消息，对于其沟通范围及接受对象毫无控制；反之，选择少数可以信赖的人，利用口头传达某种信息则能有效地控制信息。从接受效果来看，同样的信息，可能由于渠道的不同，被接受的效果也不同。以正式书面通知，可能使接受者十分重视，反之，在社交场合所提出的意见，却被对方认为讲过就算了，并不加以重视。因此，要根据沟通渠道的不同性质，采用不同的沟通方式，这样沟通效果才会更好。

(5) 改进组织沟通的各种技术

在组织的管理中采用一些积极有效的管理技术和方法会增强组织沟通的有效性。一般有三种方法：一是采取信息沟通检查制，二是设立建议箱和查询制度，三是进行员工调查和反馈。

为实现有效的组织沟通，管理者应在注重人际沟通的基础上，进一步考虑组织的行业特点和环境因素，结合正式沟通渠道和非正式沟通渠道的优缺点，通过对组织结构的调整，设计一套包含正式和非正式沟通的沟通渠道，同时缩短信息传递的链条，以便使组织的信息沟通更加迅速、及时、有效。

三、冲突与谈判

(一) 冲突的原因

冲突是指由于某种差异而引起的抵触、争执或争斗的对立状态。人与人之间在利益、观点、掌握的信息或对事件的理解上都可能存在差异，有差异就可能引起冲

突。显然，沟通不足或没有沟通，都可以导致冲突。所以，要了解冲突，前提是了解出现差异的原因及其表现形式。

这些原因大体上可以归纳为以下三种类型。

1. 沟通差异

由于文化和历史背景不同、语义困难、误解及沟通过程中的噪声的干扰，都可能造成人们之间意见不一致。沟通不良是产生这种冲突的重要原因，但不是主要的。

2. 结构差异

观察管理中经常发生的冲突，绝大多数是由组织结构的差异引起的。

3. 个体差异

每个人的社会背景、教育程度、阅历、修养，塑造了每个人各不相同的性格、价值观和作风。人们之间这种个体差异造成的合作和沟通的困难往往也容易导致某些冲突的发生。

这说明，由于沟通差异、结构差异和个体差异的客观存在，冲突也就不可避免地存在于一切组织中，从而，管理冲突的必要性突出出来。

（二）冲突的管理

1. 谨慎地选择你想处理的冲突

管理者可能面临许多冲突。其中，有些冲突非常琐碎，不值得花很多时间去处理；有些冲突虽然很重要，但不是自己力所能及的，不宜插手；有些冲突难度很大，要花很多时间和精力，未必有好的回报，不要轻易介入。管理者应当选择那些员工关心、影响面大，对推进工作、打开局面、增强凝聚力、建设组织文化有意义、有价值的事件，亲自抓，一抓到底。对冲突事必躬亲的管理者并不是真正的优秀管理者。

2. 仔细研究冲突双方的代表人物

是哪些人卷入了冲突？冲突双方的观点是什么？差异在哪里？双方真正感兴趣的是什么？代表人物的人格特点、价值观、经历和资源因素如何？

3. 深入了解冲突的根源

不仅了解公开的表层的冲突原因，还要深入了解深层的、没有说出来的原因。冲突可能是多种原因交叉作用的结果，如果是这样，还要进一步分析各种原因作用的强度。

4. 妥善地选择处理办法

通常的处理办法有五种：回避、迁就、强制、妥协、合作。当冲突无关紧要时，或当冲突双方情绪极为激动、需要时间恢复平静时，可采用回避策略；当维持和谐关系十分重要时，可采用迁就策略；当必须对重大事件或紧急事件进行迅速处理时，可采用强制策略，用行政命令方式牺牲某一方利益处理后，再慢慢做安抚工作；当冲突双方势均力敌、争执不下需要采取权宜之计时，只好双方都做出一些让步，实现妥协；当事件十分重大，双方不可能妥协，就经过开诚布公的谈判，采用对双方均有利的合作，或双赢的解决方式。

(三) 有效谈判的实现

谈判是双方或多方为实现某种目标就有关条件达成协议的过程，包括两种基本方法：零和谈判和双赢谈判。

优秀的管理者实现有效的谈判，一般有以下几个原则。

（1）理性分析谈判的事件。抛弃历史和感情上的纠葛，理性地判别信息、依据的真伪，分析事件的是非曲直，分析双方未来的得失。

（2）理解你的谈判对手。他的制约因素是什么？他的真实意图是什么？他的战略是什么？他的兴奋点和抑制点在哪里？

（3）抱着诚意开始谈判。态度不卑不亢，条件合情合理，提法易于接受，必要时可主动让步（也许只是一个小小的让步），尽可能寻找双赢的方案。

（4）坚定与灵活相结合。对自己目标的基本要求要坚持，对双方最初的意见不必太在意，那多半只是一种试探，有极大的伸缩余地。当陷入僵局时，应采取暂停、冷处理后再谈，或争取第三方调停，尽可能避免破裂。

单元三　沟通实施

沟通在管理过程中是非常重要的，他将会使上级的命令非常好地传递到下级，也会使下级的一些个人建议和想法很好地传递给上级，它也将会使平级的协作非常好。而与客户的良好沟通则可以取得理想的业绩，使公司进一步发展壮大。

一、公司内部沟通

(一) 与上级沟通

上级是管理的主题，决定着管理的方向，任何一个管理者如果想在管理领域成功，他必须有一个非常强的与上级沟通的意识，还应该有一个非常好的和上级沟通的原则。要关心领导的工作方式，以领导习惯的工作方式进行沟通，因为他是主导者，与领导工作的沟通的原则有以下三点：

（1）相信上级正确，在不了解信息的情况下，要相信上级是正确的；

（2）关心绩效；

（3）了解上级的需求。

职业经理人和领导沟通的技巧：理解需求、配合工作模式、坚决执行命令、认清自己的职责。一个关键的问题是接受领导的命令，接受一个重要的命令的时候要把握哪些要素？接受命令的要点：第一做什么及结果标准；第二怎么做；第三完成时间。领导最关注何时完成，下级最关注做什么即结果标准。如果做什么都没弄清楚的话，可能会出现执行错误，会带来组织资源的浪费，浪费资源耽搁时间，影响组织的业绩。

还有一件非常重要的工作，工作没有按时完成怎么办？到规范的时间内，没有完成领导交办的任务。要汇报什么呢？汇报三点：未完成的原因、改进的方法和完成的日期。另外，在与上级沟通时要遵守四条复命原则：当日工作当日回报，一日以上每天报进度并汇报总的结果，一般书面汇报，及时报告坏消息。

（二）与下级沟通

在与下级沟通的过程中，上级领导者要注意两点：谁适合执行这个命令；我怎样将这个命令发布给他，让他理解。为了使沟通能够顺利进行，通常上级领导者需要完成以下工作：

（1）要解释一下为什么要执行这个命令。

（2）命令要简洁，要把一个命令分解成若干个合乎逻辑的步骤，并试问员工是否理解这个命令。

（3）确认命令、检查工作和执行好坏。下级是否能在沟通的第一时间理解，这源于发布命令的好坏，也源于受众的理解能力。

（4）发布命令是否需要示范。这个命令包含一个教和练的过程，不是所有的命令都需要示范的。检查遗漏，检查接口，这样就能保证令行禁止。

（5）明确六个重要信息：工作任务可以达到什么结果，目前现状是什么；目标是否可以实现；哪些事情没做好，薄弱环节在哪；我们怎样进行改进，改进会遇到什么问题；采用何种措施提高业绩；如何防止潜在问题的出现。

（6）建立良好的沟通机制。良好的机制能够解决获得信息的问题，这个机制如何建立呢？第一，建立部门定期沟通制度；第二，布置任务的时候，要告诉下级工作结果、工作进度的要求，以便下级能够在完成工作的过程当中，随时汇报；第三，可以制作看板，来解决沟通的不足问题；第四，不要斥责带来坏消息的员工，带来坏消息是非常重要的；第五，视问题为资源，问题不是包袱，每解决一个问题，就能前进一步。

（7）注重强化。不间断地强化，让下级感觉到沟通是有效的。上级领导不间断地使用下级的信息进行沟通，就能起到强化结果的作用，下级因此就会产生更加积极的行为。

（三）与平级沟通

在组织中，平级沟通是非常重要的。因为大生产最大的特征，离不开其他部门的协调，平级之间沟通畅通了，就会发现一个组织，流程运作是非常好的，平级之间沟通时要注意以下原则。

（1）了解其他部门经理的工作目标，以及其他部门经理在管理当中的重要性。如果有了这样基本的认知，就会清楚应该怎样和他去配合，还应该了解本部门对其他部门的影响。

（2）了解其他部门运作对本部门的影响，这样可以在沟通过程中寻求大家对本部门的帮助。

（3）了解其他部门对本部门的期待，本部门怎样配合，其他部门才能满意。

（4）相互学习。为建立良好关系，可以做出一些努力，了解其他部门为什么成功,从对方的成功当中学习自身的经验,不要嫉妒。

(5) 不要在高级管理者的面前说同级的坏话。这是维系人际关系的非常重要的一个方面,协助问题不要求助高级管理层,自己处理。

和平级沟通要善于盘点自己的资源。因为自己的资源,在制约着别的部门的业绩,如果清晰了,就能够在对方需要这些资源的时候,给对方一个良好的支持。另外,清楚自己对对方的需要,自己需要哪些信息,需要哪些支持,以便能够在需要的时候,清晰地向对方提出来。最后注意,积极处理问题,不要埋怨,以一个积极的心态,来看待这个世界。和平级之间沟通要注意不能越权管理。

(四) 沟通实例

王岚是一个典型的北方姑娘,在她身上可以明显地感受到北方人的热情和直率,她喜欢坦诚,有什么说什么,总是愿意把自己的想法说出来和大家一起讨论,正是因为这个特点她在上学期间很受老师和同学的欢迎。今年,王岚从西安某大学的人力资源管理专业毕业,她认为,经过四年的学习自己不但掌握了扎实的人力资源管理专业知识,而且具备了较强的人际沟通技能,因此她对自己的未来期望很高。为了实现自己的梦想,她毅然只身去广州求职。

经过将近一个月的反复投简历和面试,在权衡了多种因素的情况下,王岚最终选定了东莞市的一家研究生产食品添加剂的公司。她之所以选择这家公司是因为该公司规模适中,发展速度很快,最重要的是该公司的人力资源管理工作还处于尝试阶段,如果王岚加入,她将是人力资源部的第一个人,因此她认为自己施展能力的空间很大。

但是到公司实习不到一个星期,王岚就陷入了困境。原来该公司是一个典型的小型家族企业,企业中的关键职位基本上都由老板的亲属担任,其中充满了各种裙带关系。尤其是老板给王岚安排了他的大儿子做王岚的临时上级,而这个人主要负责公司研发工作,根本没有管理理念更不用说人力资源管理理念,在他的眼里,只有技术。最重要的是,公司只要能赚钱其他的一切都无所谓。但是王岚认为越是这样就越有自己发挥能力的空间,因此,在到公司的第五天王岚拿着自己的建议书走向了直接上级的办公室。

"王经理,我到公司已经快一个星期了,我有一些想法想和您谈谈,您有时间吗?"王岚走到经理办公桌前说。"来来来,小王,本来早就应该和你谈谈了,只是最近一直扎在实验室里就把这件事忘了。"

"王经理,对于一个企业尤其是处于上升阶段的企业来说,要持续企业的发展必须在管理上狠下工夫。我来公司已经快一个星期了,据我目前对公司的了解,我认为公司主要的问题在于职责界定不清;雇员的自主权力太小致使员工觉得公司对他们缺乏信任;员工薪酬结构和水平的制定随意性较强,缺乏科学合理的基础,因此薪酬的公平性和激励性都较低。"王岚按照自己事先所列的提纲开始逐条向王经理叙述。

王经理微微皱了一下眉头说:"你说的这些问题我们公司也确实存在,但是你必须承认一个事实——我们公司在赢利,这就说明我们公司目前实行的体制有它的合理性。"

"可是,眼前的发展并不等于将来也可以发展,许多家族企业都是败在管理上。"

"好了,那你有具体方案吗?"

"目前还没有,这些还只是我的一点想法而已,但是如果得到了您的支持,我想方案只是时间问题。"

"那你先回去做方案,把你的材料放这儿,我先看看然后给你答复。"说完王经理的注意力又回到了研究报告上。

王岚此时真切地感受到了不被认可的失落,她似乎已经预测到了自己第一次提建议的结局。果然,王岚的建议书石沉大海,王经理好像完全不记得建议书的事。王岚陷入了困惑之中,她不知道自己是应该继续和上级沟通还是干脆放弃这份工作,另找一个发展空间。①

案例分析

随着企业对人才价值的认识的不断深化,越来越多的企业都把企业拥有高素质人才的多少作为企业未来能否成功的一块砝码。因此,企业必须设计出良好的用人机制以留住企业的核心人才,良好的沟通机制和新员工的导入机制发挥着巨大的作用,尤其是新进入员工与其直接上级之间的沟通将直接影响着他们的去留以及未来的工作态度。

刚毕业的大学生、研究生是企业人才招聘的主要来源之一。这部分人群的主要特点是成就动机较强,期待别人的认可;急于把自己的所学运用到实践中去,因此渴望受到较少的限制拥有更大的自由发展空间;具有很强烈的挑战和创新精神,不甘于维持现状;理论水平高但缺乏实践经验,对现实的看法比较理想化;做事急躁,更渴望看到结果而忽略过程等。这对企业来说,如果导入正确就可以给企业注入新的活力,增强企业的竞争力;如果导入失败企业不但损失招聘成本而且影响了企业的社会美誉度。因此,企业必须针对这类人群的特点制定合理的新员工导入机制,使这些新员工在认识和接受现实冲击的同时继续保持积极创新的心态和富于挑战的精神。

本案例就是一个典型的由于管理者缺乏新员工导入机制理念而导致上下级沟通失败,最终使新员工的积极性受挫的案例。王岚满腔热情想把自己的所学应用到实践中去,从而获得成就感。可是他的直接上级却没有认识到王岚的特点和需求,过分强调王岚缺乏实践经验的一面对王岚的行为做出了消极的反馈,致使王岚的积极性受到挫伤。

1. 沟通失败的原因

沟通是一个信息交流过程,有效的人际沟通可以实现信息的准确传递达到与其他人建立良好的人际关系,借助外界的力量和信息解决问题的目的。但是由于沟通主客体和外部环境等因素,沟通过程中会出现各种各样的沟通障碍,如倾听障碍、

---

① 资料来源:http://www.niwota.com/submsg/4657878/

情绪噪声、信息超载等。因此，为了达到沟通的目的我们必须首先认识到沟通中可能存在的障碍，然后采取适当的措施以避免障碍，从而实现建设性的沟通。

所谓建设性沟通是指在不损害或改变人际关系的前提下进行确切的、诚实的沟通。它具有三个特征：① 实现信息的准确传递；② 人际关系至少不受损害；③ 不是为了他人喜欢，而是为了解决问题。大量的理论和实践研究表明，建设性沟通是可以获得的，但是必须遵守一些沟通原则，掌握建设性沟通的技能，如信息组织原则、正确定位原则、尊重他人原则、倾听技巧、传递正确的非言语信息等。但是最关键之处在于沟通双方在沟通中是否能够换位思考，即是否能站在他人角度考虑问题。

2. 改善沟通效果的建议

下面将从沟通的目标、原则、策略等角度分析本案例中沟通失败的原因，并在此基础上提出了以下几点沟通建议。

（1）缺乏明确的沟通目标

任何沟通都是有目的的，沟通双方都希望通过沟通满足自己某方面的需要。如果沟通双方在沟通中能够清楚地了解对方的沟通目标，在沟通中站在对方的角度在不损害自身利益的前提下提供对方期待得到的东西，那么沟通就会实现双赢。

在本案例中根据王岚的个性和心理等特点，王岚在本次沟通中可能的目标有：从公司利益出发，提出自己的建议希望能解决公司的管理问题；一个刚毕业的大学生的成就动机需要，仅仅是通过向上级表达自己的观点证明自己是一个能干的人，因此希望获得上级的肯定和认同；从王岚的性格来看，她可能只是想找一个人来探讨交流自己的观点，希望对方能和自己一起讨论完善自己的观点。

而王经理是公司可能的未来一把手，他更关心公司的赢利状况和自己在公司中的地位和影响力。而且他又是主要负责研发工作的，在思维逻辑和处世方法上就会更注重实证的、数据性的东西，追求理性和准确明晰。因此，他在本次沟通中的目标可能有：借机会向新员工介绍企业的现实状况，希望新员工能更快地了解组织情况以融入组织，尽快进入工作状态；希望王岚在不影响自己在公司中地位和权限的情况下拿出解决公司管理问题的方案；向王岚传递这样一个信息：我们公司是一个家族企业，有许多东西是无法改变的，尤其是在权力分配方面，因此，你不要试图改变公司的权力结构，打破公司的现状；希望通过沟通，再争取一个支持者和助手，以帮助自己巩固和增强自己在公司中的权利和地位；希望和第三者交流自己作为家族企业中的一员所要面对的各种裙带关系和权力纷争，获得对方的理解和共鸣。

在本次沟通中王岚可能更倾向于通过沟通满足自己的成就和自我实现需要，因此更希望获得王经理的及时反馈，即使王经理不同意自己的观点也应该说明理由并肯定自己的做法和精神。而王经理则可能更希望王岚在了解公司实际情况后，在不触及家族成员间利益关系的前提下针对公司的管理问题提出具体可行的解决方案，而且这种方案有助于巩固提高自己的地位或者至少不受损害。由此可以看出，本次沟通失败的原因之一在于没有明确对方的沟通目标，从而向对方传递了不合适的信息。例如，王岚提出的"管理对家族企业的发展很重要，公司中职责权限不清"等建议就与王经理的期望不符，而王经理则忽视了王岚期望获得及时反馈和认可的需求，不但没有对王岚的建议给予评价反而表现出很大的不满，并且强制性地很快中断了谈话，以后也没有做出任何反馈。

(2) 没有遵循相关沟通原则

前面说过实现建设性沟通应该遵循一些原则。在本案例中沟通失败的另一个原因就是沟通双方没有很好地掌握和运用这些原则。

① 王岚忽略了信息组织原则。所谓信息组织原则就是沟通双方在沟通之前应该尽可能地掌握相关的信息，在向对方传递这些信息时应尽可能地简明、清晰、具体。在本案例中王岚仅仅是到公司才不到一个星期的新员工，以前也没有任何工作经验。因此，在提建议时很容易给同事或上级一种"异想天开、脱离实际、年轻气盛"的感觉。降低或消除这种感觉最好的办法就是尽可能充分地准备，使自己的建议建立在事实基础之上从而具有说服力和可执行力。但是本案例中王岚却仅仅凭借自己的观察和主观判断就提出了问题，而且没有针对问题设计出解决问题的方案。

② 王岚忽视了正确定位原则。沟通中的定位包括：问题导向、责任导向、事实导向定位等。本案例主要是下级向上级提建议希望上级给予认可和支持。因此，最好的做法是以事实为导向，先描述公司中存在的事实和问题使上级认识到问题的存在和解决的必要性，然后适时地提出自己的建议。但是案例中的王岚却没有仔细描述事实，而只是给出了自己对公司管理的主观评价，而且没有拿出初步可行的方案只是做了许诺，这使王经理觉得很没有说服力而且认为王岚提出这些建议只是一时冲动而已。

③ 沟通双方缺乏某些沟通技能。沟通是一门艺术，说话有说话的艺术，听也有听的艺术。说话的人要引起对方的兴趣而听话的人也要及时地做出反馈鼓励对方透漏更多的信息，只有双方在信息交换的基础上了解了彼此的需要和意图，才能找到最佳的平衡点实现有效的沟通。在本例中王岚在没有任何铺垫的情况下，就亮出了自己的观点——列出公司的管理问题，在某种程度上使王经理觉得这更像是一次抱怨的发泄而非建议。而王经理呢，在刚听了没几句之后就"微皱眉头"表现出不耐烦的样子最终以要方案为名打断了谈话。也就是说王经理根本没有给王岚表达观点的机会，从这一点上说王经理不是一个好的倾听者。

3. 沟通策略失误

沟通讲究策略。根据沟通客体、沟通内容、沟通情境的不同应该选择合适的沟通策略。在本案例中双方在沟通中由于观点的不同产生了冲突，这种冲突属于简单冲突。在面对冲突时双方选择了各自的策略。王经理利用他的地位和权利驳回了王岚的建议也即采取了权力支持型的策略。而王岚面对王经理的回绝和权力地位的压力之下对冲突采取暂时回避的态度。也就是说双方在选择沟通策略的时候都没有做出继续沟通的努力，因此，也就没有给达成一致留下余地，沟通失败在所难免。

二、与客户沟通

在企业与客户的沟通总是必不可少的，但是沟通效果总不理想。例如，有一名电话销售代表是从事电话销售技巧培训课程的销售代表，他要打电话给这个客户，希望跟这个客户建立起某种关系，然后找机会跟客户探讨自己的培训课程。电话销售代表打电话找到了客户，但是很不幸，客户借口因为太忙而挂掉了他的电话，销售代表的错误在于太急于说出自己的目的，而没有具体的探寻客户的潜在需求。同时，他对于自己的公司也没有做适当的介绍，使客户很难对他能抱什么充分的信任。通过以下案例来看如何改善和提高与客户的沟通效果？

案例①

销售：喂，王经理您好。我是天海培训公司的王慧，我们公司是致力于电话销售培训的研究，前一段时间我和您的一位朋友刘经理做过一次谈话，他给我介绍说您在电话培训这方面很有经验，而且贵公司也是中国这方面的领头羊，现在他介绍我来跟您探讨一下，有关电话销售培训的一些问题，我想请教您几个问题。

客户：哦，您说吧。

销售：首先是您对电话销售这个行业有什么样的看法。

客户：哦，这个啊，我觉得无论从我个人对这个行业的预期，还是西方那些发达国家的实际的操作，我觉得电话销售都是一个很有发展前景的销售渠道。

销售：哦，您认为它非常有发展前景。

客户：嗯，我觉得很有发展前景。

销售：是的，我们公司也是这样认为的。那您能不能谈一谈，您在培训您的电话销售队伍时有过哪些经验，成功的或是不成功的，您简单地给我介绍一下好吗？

客户：我先从我们公司面临的一些问题跟你说一下吧，可能这也是行业里边普遍存在的，我觉得员工普遍的素质太低，这个素质主要包括专业素质，还有就是心理承受能力，就是心理素质这两个方面吧。专业素质方面，比如说沟通能力有点欠缺，比如说我们公司是做销售电脑的，员工对于专业方面的知识比较差一点儿。还有心理素质，可能现在的年轻人都是独生子女，心理承受能力比较差，而且像咱们这个电话销售行业，被拒访的概率比较大，所以他们有一种挫折感。针对这两个问题，我们在培训时主要是加强他们的专业知识，比如对某个型号的笔记本电脑或台式电脑，让我们的工程师针对电脑的功能和用途给他们做一个比较详细的介绍。

沟通方面我们会请一些相关的专家过来，给他们做一个培训，还有心理方面就是激励，这个包括工资、待遇这方面的激励，同时也包括一些软激励，比如让你感觉到你有一种成就感啊，简单来讲就这样吧。

销售：啊，那看来您的成功是很有原因的，我听您说了这么多方面的培训的经验，也觉得非常的对，那我想再请问您一下，您在做培训的过程中有没有遇到比较大的坎坷，就是说比较难培训的一些方面，您能简单谈一下吗？

客户：比较难培训的，这个总体而言就是我觉得管理的效率太低，比如我们公司有20名员工，每天的呼叫数量太少，而且成功率比较低。

其次我觉得还是心理方面，心理素质这方面比较难培训，因为我觉得这个跟人的天生的一些东西有关系，这个方面还是比较难培训的。

销售：哦，是这样，有这样一些问题。正好我们公司就是做电话营销的专业培训的。首先我想跟您介绍一下我们公司的特征，首先我们公司是由张煊搏教授主讲的，您应该对他很了解了，他是广州 BtoB 销售机构研究的创始人，同时也是"科特

---

① 资料来源：http://apps.hi.baidu.com/share/detail/953326

勒"营销集团的高级营销顾问,他在这方面十分有经验,也做过不少成功的案例,那么针对您公司出现的这些问题,正好我们这有一个专业的项目培训,那您看咱们有没有这种合作的可能性呢?

客户:嗯,我觉这会儿要给我一个方案过来也不太现实,要不这样,您针对我们公司的这两个问题,主要是管理效率低,还有一个心理素质这方面难培训的这两个问题,您给我们公司量身定做一个方案,然后给我发一个传真过来。

案例分析

1. 客户愿意交流的原因

在案例中销售代表终于跟客户通上了电话,下面分析为什么客户愿意跟她在电话里交流?

(1)对客户的需求有一个清楚、完整、准确的理解

通过两个问题:请问您在培训中遇到什么样的问题?您在培训当中一定遇到不少坎坷?销售代表对客户的需求有一个清楚、完整、准确的理解。

(2)赞美客户

比如说:您是这个行业的领头羊,刘先生介绍我和你一块探讨一下这方面的问题。适当的赞美客户,让客户在心理上有一些满足感,让客户觉得你对他特别的尊重,所以相应地也就比较容易继续以后的通话。

(3)关注客户

销售人员在谈话中询问客户对培训行业的看法,这一点既表现出对客户的尊重又表现出对客户的关注,使客户愿意继续与销售代表交流。

2. 交流中存在的问题

销售人员在与客户交流的过程中,存在以下几方面的问题。

(1)提问问题过于唐突

销售人员欠缺的地方表现在她很直接地问:请问咱们有没有这种合作的可能性呢?这个问题太唐突,太生硬。

(2)没有回馈

当客户讲述现在在销售这方面面临的一些主要问题时,客户谈了一分钟,整个过程中销售人员没有一句回应的话,所以要注意,在倾听过程中要不断地确认、澄清,给客户以回馈,这样客户才会觉得你很关注他。

(3)应进一步引导客户

例如,管理效率低,管理效率低是有很多原因所造成的,它不是单纯的一个培训就能够解决的。如果说你对自己的培训有一个非常清楚的了解,你应进一步去引导客户:"您觉得管理效率低的主要原因在哪里呢?"客户会告诉你主要原因在哪里,根本不是靠培训能解决的,所以这时你可以承诺给客户发传真,提出自己的解决方案。

本章小结

沟通是指信息从发送者到接受者的传递和理解的过程。

沟通有四种主要功能：控制、激励、情绪表达和传递信息。

沟通按信息沟通的方法分为口头沟通、书面沟通、非语言沟通、电子媒介沟通；按信息渠道分为正式沟通和非正式沟通；按是否存在反馈分为单向沟通和双向沟通。

组织中信息沟通网络包括正式沟通网络和非正式沟通网络。

常见的沟通障碍有距离、曲解、语义、缺乏信任、不可接近、职责不明确、个性不相容、拒绝倾听、没有利用恰当媒介、管理缺口、方向迷失、负载过重。

沟通障碍产生的原因：组织结构不合理、沟通主体沟通能力不足、沟通方式选择不当。

改善沟通效果的方法：强调沟通的重要性、提高人际沟通技能、培养倾听的艺术、采用恰当的沟通方式。改进组织沟通的各种技术。

冲突产生的原因、管理、有效谈判的实现。

思考与应用

【知识题】

一、单项选择题

1. 下列不属于积极倾听的是（　　）。
   A. 在别人说话时注视对方
   B. 用自己的话复述对方的话
   C. 通过提问以保证理解
   D. 不时打断对方的发言，以便及时表达自己的观点，形成沟通

2. 如果发现一个组织中小道消息很多，而正式渠道的消息很少，这是否意味着该组织（　　）。
   A. 非正式沟通渠道中信息传递很通畅，运作良好
   B. 正式沟通渠道中消息传递存在问题，需要调整
   C. 其中有部分人喜欢特别喜欢在背后乱发议论，传递小道消息
   D. 充分运用了非正式沟通渠道的作用，促进了信息的传递

3. 课堂上有不遵守纪律、不认真听讲的同学，老师用严厉的目光盯着他看以示警告，这属于（　　）。
   A. 书面沟通　　　　　　　B. 口头沟通
   C. 非语言沟通　　　　　　D. 下行沟通

4. 组织规定的汇报制度，定期或不定期的会议制度，上级指示按组织系统逐级下达或下情逐级上报属于（　　）。
   A. 正式沟通　　　　　　　B. 非正式沟通
   C. 单向沟通　　　　　　　D. 上行沟通

5. 当必须对重大事件或紧急事件进行迅速处理时，可采用（　　）策略。
   A. 回避　　B. 迁就　　C. 强制　　D. 妥协　　E. 合作

二、简答题

1. 什么是沟通？为什么要沟通？
2. 沟通的基本步骤有哪些？
3. 区分沟通的类别，解释企业中的沟通网络。
4. 非正式沟通有何特点？
5. 管理者应该如何对待组织中的非正式沟通？

【案例分析题】

马陆今年 34 岁，在一家保险公司工作，由于工作出色，不久前，他被公司任命为索赔部经理，那是一个受到高度重视的部门。走马上任后，马陆了解到在自己谋求索赔部经理这一职位的同时，另外还有两名业务能力很强的同事（吴豪和苏丽）也曾申请过这个职位，他确信公司之所以任命他到这个位置部分原因也是为了避免在两个有同等能力的员工中做出选择。

马陆在索赔部的第一个月的业绩很不错，他因此而对部门员工的素质及能力感到十分满意。即使是吴豪和苏丽也表现得很合作。于是马陆信心百倍地决定用培训员工及安装新计算机系统的计划来推动部门快速发展。

然而当马陆提出实施这一计划时，苏丽却埋怨说他在还没有完全了解部门运作程序前就这样干，显然有些操之过急。马陆认为苏丽可能还没有完全地接受他得到她想要的职位的事实，当吴豪来找马陆的时候这一点似乎得到了证实。吴豪说，在面对所有即将到来的变革时要关注一下员工的士气，他甚至对马陆暗示说某些人正考虑要提出调任。尽管吴豪没有指名道姓，马陆确信苏丽是问题的根源。

因此，马陆一方面谨慎地推出新计划，另一方面对苏丽的言行保持一定的警觉。在日后的工作中，苏丽隐约地觉察到这位新上任的马经理正在与她疏远，这使她陷入苦恼之中。

（资料来源：http://zhidao.baidu.com/question/210734915.html）

分析思考问题

（1）马陆和苏丽的冲突在哪里？
（2）这是员工问题还是纯业务问题？
（3）马陆的到来是争论点吗？
（4）吴豪是如何卷进去的？
（5）如果你是马陆或是苏丽或是吴豪，你将如何做？
（6）作为一个索赔部门的经理，他需要了解些什么呢？

【实训】

班长与同学的沟通

实训目标

（1）体会沟通存在的障碍；

(2) 有效运用相关沟通技巧；

(3) 提高个人沟通能力。

实训内容与要求

最近某高校学生旷课情况非常严重，学生厌学情绪十分明显，假定你受班主任委托来了解学生厌学的原因，并通过与他们沟通来扭转这一情况，怎样做？

成果与成绩考核

(1) 以小组为单位提交方案；

(2) 课堂报告：各组陈述，交流体会；

(3) 由教师根据报告及陈述表现综合评分。

模块七 激 励

 管理情景

公平不公平？

小王去年进入当地一家小有名气的外资企业。这家公司实行工资保密制度，一般情况下，员工之间都不知道彼此的收入。但小王对这份工作还是很满意的，一方面公司人际关系和谐，气氛轻松，工作虽累却挺舒心；另一方面就是薪水也不错，底薪每月3 000元，还有不固定的奖金。

小王一门心思扑到了工作上，经常加班加点，有时还把工作带回家做，而且也确实取得了显著的成效。比如说，上次外地的一个设备安装项目，在小王的努力下只用了1/3的时间就完成了，为公司节约了大量成本。项目负责人为此还专门写了一份报告表扬小王。同事们都很佩服他，主管也很赏识他。

年终考核，人力资源主管对小王的工作予以了高度评价，并告诉小王公司将给他加薪15%。听到这个消息，小王高兴极了。这不仅是钱的问题，也是公司对他的业绩的肯定。

同年进入公司的小陈却开心不起来，因为他今年的业绩并不好。午饭时两人聊了起来，小陈唉声叹气的说："你今年可真不错，不像我这么倒霉，薪水都加不了，干来干去还是3 900元，什么时候才有希望啊。"猛然间小王意识到，原来小陈的底薪比他高900元。他对小陈并没有意见，可是他想不通，即使不考虑业绩，他们俩同样的职务，小陈的学历、能力都不比他强，为什么底薪却比他高这么多呢？他不仅感到不公平，而且有一种上当的感觉：我一直还以为自己的工资不低了，应该好好干，原来别人的工资都比我高。他马上就往人力资源部跑去……

你能预测小王到人力资源部都会说些什么吗？如果这个问题得不到解决，他以后的工作表现将会怎样？

 学习目标

知识目标

1 理解激励的过程；

② 理解内容激励理论；
③ 理解过程激励理论；
④ 了解行为改造激励理论；
⑤ 了解激励的表现形式。

能力目标

① 有效运用激励方式；
② 激励模式的使用。

单元一　激励的概述

一、激励及其特点

(一) 激励

从心理学角度讲，激励是指激发人的行动动机的心理过程，是一个不断朝着期望的目标前进的循环的动态过程。简言之，就是在工作中调动人的积极性的过程。

激励是对人的一种刺激，是促进和改变人的行为的一种有效的手段。激励的过程就是管理者引导并促进工作群体或个人产生有利于管理目标行为的过程。每一个人都需要激励，在一般情况下，激励表现为外界所施加的推动力或吸引力，转化为自身的动力，使得组织的目标变为个人的行为目标。

管理小故事

驴子与狗

驴子与狗一起外出赶路，发现地上有一封密封好的信。驴子捡起来，撕开封印，展开信纸大声朗读。信里谈到饲料、干草、大麦以及糠麸。狗听到驴子读的这些，很不舒服，不耐烦地对驴说："好朋友，快读下去，看有没有提到肉和骨头。"

驴子将信全部读完后，仍没有发现信中提到狗所想要的东西，狗就说："把它扔了吧，朋友，都是些没有什么趣味的东西。"

狗让驴子把信扔掉，除了说明它以自己的意愿代替驴子的意愿外，更重要的在于信没有对狗起到激励作用，对狗所感兴趣的东西没有涉及。

点评： 管理者应该经常采用激励措施，以此来激发员工的积极性。在采取激励措施之前，首先你要明确激励有哪些类型，针对你的员工你选择哪种或哪几种类型的激励，因为对于不同的人采取的激励方式是不一样的。

(资料来源：http://finance.sina.com.cn/leadership/mglgs/20060222/23112364666.shtml)

(二) 激励的特点

1. 过程性

人的很多行为都是在某种动机的推动下完成的。对人的行为的激励，实质上就是通过采用能满足人需要的诱因条件，引起行为动机，从而推动人采取相应的行为，以实现目标，然后再根据人们新的需要设置诱因，如此循环往复。

2. 条件性

各种管理措施，应与被激励者的需要、理想、价值观和责任感等内在的条件相吻合，才能产生较强的合力，从而激发和强化工作动机，否则不会产生激励作用。

3. 时效性

每一种激励手段的作用都有一定的时间限度，超过时限就会失效。因此，激励不能一劳永逸，需要持续进行。

二、激励的过程

激励是一个非常复杂的过程，它从个人的需要出发，引起欲望并使内心紧张（未得到满足的欲求），然后引起实现目标的行为，最后在通过努力后使欲望达到满足。激励过程如图7-1所示。

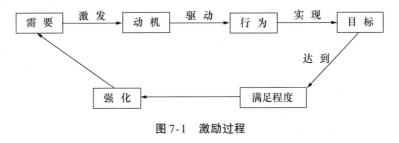

图 7-1　激励过程

1. 需要

激励的实质就是通过影响人的需要或动机达到引导人的行为的目的，它实际上是一种对人的行为的强化过程。研究激励，先要了解人的需要。需要是指有机体由于某种生理因素或心理因素而产生的与周围环境的某种不平衡状态，也就是有机体对延续和发展其生命所必需的客观条件的需求的反映，简言之，需要就是人类对某种目标的渴望与欲望。

需要主要表现在衣、食、住、行、性、工作、学习、社交等方面，需要是人的行为动力，需要越强烈，行为就越主动、积极，此外，需要与环境是相互作用的。

2. 动机

动机是建立在需要的基础之上。当人们有了某种需要而又未能满足时，心理上便会产生一种紧张和不安，这种紧张和不安就成为一种内在的驱动力，促使个体采取某种行动。从某种意义上说，需要和动机没有严格的区别。需要体现一种主观感受，动机则是内心活动。实际上一个人会同时具有许多种动机，动机之间不仅有强弱之分，而且会有矛盾，一般来说，只有最强烈的动机才可以引发行为，这种动机称为优势动机。

3. 行为

行为是指有机体在环境影响下所引起的内在生理或心理变化的外在反应，也可以说，行为就是人类在日常生活中所表现出来的一切动作的统称。

德国心理学家勒温提出的行为公式：

$$B = f(P \cdot E) \tag{7-1}$$

式中：B——行为；
　　　P——内在因素；
　　　E——外在因素。

勒温认为，人的行为是人的内在因素和外在因素相互作用的函数。在一般情况下，内在因素是根本，起决定作用，外在因素是条件，起导火线作用。

4. 需要、动机、行为和激励的关系

通过分析我们知道，人的任何动机和行为都是在需要的基础上建立起来的，没有需要，就没有动机和行为。人们产生某种需要后，只当这种需要具有某种特定的目标时，需要才会产生动机，动机才会成为引起人们行为的直接原因。但并不是每个动机都必然会引起行为，在多种动机下，只有优势动机才会引发行为。员工之所以产生组织所期望的行为，是组织根据员工的需要来设置某些目标，并通过目标导向使员工出现有利于组织目标的优势动机，同时按照组织所需要的方式行动。管理者实施激励，即是想方设法做好需要引导和目标引导，强化员工动机，刺激员工的行为，从而实现组织目标。

三、激励的作用

1. 通过激励可以提高知名度，吸引人才

企业可以通过提供有竞争性优势的薪酬制度等方法，把急需的、有才能的人吸引过来，并长期为组织工作。

2. 通过激励可以提高人们工作的主动性、积极性和创造性

要提高自觉性，主要应解决人们对工作价值的认识问题，认识所从事工作的必要性、重要性和迫切性。人的行为常常带有个人利益的动机，承认和尊重个人利益，让人们看到在实现组织大目标的过程当中，也能实现个人利益和个人目标。个人目标与组织目标的统一程度越高，职工的自觉性乃至主动性、创造性就越能得到充分的发挥。反之便会出现消极怠工，甚至产生抵触情绪。创造性是取得突破性进展的重要保证，是工作积极性得到发挥的体现，它能够大大地提高工作绩效。

3. 通过激励可以激发人们的热情和兴趣

激励不仅可以提高人们对自身工作的认识，还能激发人们的工作热情和兴趣，解决工作态度和认识倾向问题。通过激励，使之对本职工作产生强烈、深刻、积极的情感，并以此为动力，将自己的全部精力投入到实现预定目标中。兴趣是影响动机形成的重要因素，通过激励使人对工作产生稳定而浓厚的兴趣，使人对工作产生高度的注意力、敏感性、责任感，形成对自身职业的偏爱。个人的知识、技术和能力，一般也是在浓厚的职业兴趣的基础上发展起来的。因此，强烈而稳定的职业兴趣，不仅能使人们提高技能，而且也是保证技术、知识、能力充分发挥的心理条件。

单元二　激励理论

一、内容激励理论

1. 马斯洛需求层次理论

关于人类需要的讨论至今众说纷纭，其中最为广泛引用和讨论的激励理论当属美国心理学家马斯洛（Abraham Maslow）的需求层次理论。

马斯洛认为，人类有五种基本需要，即生理需要、安全需要、社会需要、尊重需要和自我实现需要。这五种需要按照先后次序由低到高排列成层次，如图7-2所示。

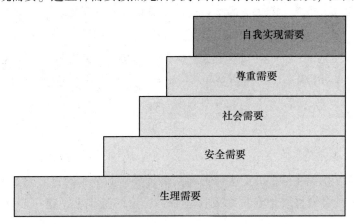

图 7-2　马斯洛需求层次

马斯洛认为，一般情况下，人们按照上述层次逐级追求自身需要的满足，并从中受到激励。但已经得到满足的需要不再具有激励行为的作用。同时，占主导地位的优势需要会随着人们经济状况的变化而改变。

马斯洛需求层次理论的要点归纳起来有以下几个方面。

（1）人是有需要的。

（2）基本生理需要置于需要层次结构的最低层，生理需要的满足是其他需求发展的基础。

（3）需要可以按顺序分为不同的层次，在不同时期各种需要对行为的支配力量不同。当最重要的需要得到满足后，这个需要便不再是激励因素，失去了对行为的刺激作用，人们会转而追求其下一个更重要的需要。

（4）层次越高，可塑性、变异性越大，越长久。

（5）需要的具体表现形式更丰富，与他人和社会的关系更密切。

需求层次理论的应用价值在于领导者可以根据五种基本需要对下属的多种需要加以归类和确认；然后针对未满足的、或正在追求的需要提供诱因，进行激励；同时更加注重高层次需要的激励作用。

徽州渔翁

清江渔舟是徽州一道明丽的风景线。岸边三户渔家各有一只小舟、数只鱼鹰。商界旅游团前去参观。导游介绍，这三家中一家致富；一家亏损；另一家最惨，鱼鹰都死了，只能停业。商界来客细问原由，导游说："原因就出于扎在鱼鹰脖子上的细铁丝上。致富的渔翁给鱼鹰捆的铁丝圈不紧不松，不大不小，鱼鹰小鱼吞下，大鱼吐出；亏本的那家的圈捆得过松过大，本可卖钱的鱼也让鱼鹰私吞了；而最惨的渔家自以为精明，把鱼鹰的脖子扎得又紧又小，结果事与愿违，饿死鱼鹰，血本无归！"商界人士听罢，感叹不已："到底是徽商故乡，处处可闻商道。"

用铁丝圈捆鱼鹰的脖子也是门学问，捆得太紧，把鱼鹰勒死了，就无法捕鱼了；捆得太松，大鱼、小鱼全都被鱼鹰吃掉了，渔翁什么都没得着；只有捆得不松不紧，才能有双赢的结果，这其中就要讲究个"度"。

点评：员工是企业的第一生产力，是为企业创造价值的元素，如果把企业比作小船，那么，员工就是载舟之水。采用什么样的方式来激励员工，是企业管理者的一门必修课。

（资料来源：http://www.chinahrd.net/manage/info/96641）

2. 成就需要理论

麦克利兰（D. McClelland）认为，马斯洛过分强调个人的自我意识和内在价值，而忽视了人的社会属性。他在批判吸收马斯洛理论的基础上，进一步从管理的社会性特征角度提出自己的需要理论。

麦克利兰认为，在人的生存需要基本得到满足的前提下，成就需要、权利需要和合群需要是人的最主要的三种需要。

（1）成就需要。一种总是力求把每一件事情做得更完美、取得超越他人的成就，不断获得新的成功的强烈内驱力。事业心强烈的人，喜欢那些能发挥其独立解决问题能力的环境。在管理中，只要对他提供合适的环境，它就会充分发挥自己的能力。

（2）权利需要。一种发挥影响力和控制他人的愿望。研究者们发现，具有高度权力需要的人，往往会追求组织中的高层职位，他们大多能言善辩、性格刚强、头脑冷静，总是希望他人服从自己的意志并证明自己是正确的。具有高权力需要的人喜欢承担责任，努力影响其他人，喜欢处于竞争性和重视地位的环境。与有效的绩效相比，他们更关心威望和获得对其他人的影响力。

（3）合群需要。一种寻求被他人喜爱和接纳，力图建立友好亲密的人际关系的愿望与要求。具有高合群需要的人往往热心快肠，乐于帮助别人，努力寻求友爱，喜欢合作性的而非竞争性的环境，渴望有高度相互理解的关系。管理者对这种需要的关注最少。

3. 赫茨伯格双因素理论

弗雷德里克·赫茨伯格（Frederick Herzberg），美国心理学家，1959年通过对美国匹兹堡地区200多名工程技术人员和会计人员的访问调查，而在《工作中的激励因素》一书中提出的双因素理论。

他在调查中发现，使职工感到满意的因素与使职工感到不满意的因素是大不相同的。使职工感到不满意的因素往往是由外界环境或工作关系方面的东西引起的；使职工感到满意的因素通常是由工作本身产生的。

赫茨伯格发现造成职工非常不满的原因有：公司政策、行为管理和监督方式、工作条件、人际关系、地位、安全和生活条件。而这些因素的改善，只能消除职工的不满、怠工与对抗，也不能激发他们工作的积极性，促使生产增效。赫茨伯格把这一类因素称为保健因素，即就像卫生保健对身体的作用一样，只能防止疾病，治疗创伤，但不能提高体质。所以保健因素可以使满足保持在合理的水平上。

而使职工感到满意的原因有：工作富有成就感、工作成绩能得到认可、工作本身具有挑战性、负有较大的责任、在职业上能得到发展等。这类因素的改善，能够激励职工的工作热情，从而提高生产率。他把这类因素称为激励因素。

同时，赫茨伯格认为，传统的满意与不满意的观点是不正确的。满意的对立面应当是没有满意，不满意的对立面应该是没有不满意。当保健因素低于职工可以接受的限度时，就会引起职工的不满，当改善时，职工的不满情绪就会消除，但不会导致积极的后果，即不满意的对立面是没有不满意，而不是满意。只有激励因素才能产生使职工满意的积极效果，即起到激励的作用。而如果这些因素没有处理好，只是起不到激励的作用，即不会产生使职工满意的效果，而不是不满意。

另外一个重要发现是，当雇员受到很大的激励时，他们对外部因素引起的不满足感有很大的耐性。然而，反之是不可能的。因此，他认为，作为管理者，首先必须保证职工在保健因素方面得到满足。要给职工提供适当的工资和安全，要改善他们的各种环境和条件；对职工的监督要能为他们所接受，否则就会引起职工的不满。但是即使满足了上述条件，并不能产生激励的效果。因此，管理者必须充分利用激励因素，为职工创造做出贡献与成绩的工作条件和机会，丰富工作内容，加强职工的责任心，使其不断地在工作中取得成就，得到上级和人们的赏识。这样才能使其不断进步和发展。

二、过程激励理论

过程激励理论侧重于从行为科学的角度研究人的行为受到哪些因素的影响，如何引导与改变人的行为方向等问题,注重动机与行为之间的心理过程。主要包括期望理论和公平理论等。

1. 期望理论

激励的期望理论是美国著名心理学家和心理科学家维克多·弗鲁姆（Victor Vroom）提出的,他认为,当人们预期到某一行为能为个人带来既定结果,且这种结果对个体具有吸引力时,个人才会采取这一特定行为。

激励是评价选择的过程,人们采取某项行动的动力或激励取决于他对行动结果的价值评价和预期实现目标可能性的估计。换言之,激励力的大小取决于效价与期望值的乘积。用公式表述即:

$$M = V \times E \tag{7-2}$$

式中：M——激励力；

V——效价；

E——期望值。

效价是指一个人对某项工作及其结果（可实现的目标）能够给自己带来满足程度的评价,即对工作目标有用性（价值）的评价,效价反映个人对某一成果或奖酬的重视与渴望程度。在现实生活中,对同一个目标,由于各人感受到的需要不同,所处的环境有异,从而对其有用性的评价也往往不一样。例如,有人希望通过努力工作得到职务晋升的机会,其升迁欲望高,于是晋升的可能性就会对他具有很高的效价；如果一个人对职务晋升毫不关心,没有升迁的要求,那么"担任更高的职务"对他没有任何吸引力,晋升的效价很低,甚至为零；相反,另一些人可能不仅不希望职务提升,甚至害怕提升,担心因此而担负更多的工作和责任,失去更多的家庭生活的时间,因而晋升的效价甚至是负值。

期望值是指人们对自己能够顺利完成这项工作可能性的估计,即对工作目标能够实现概率的估计,也称期望概率。在日常生活中,人们往往根据过去的经验来判断一定行为能够导致某种结果或满足某种需要的概率。如果行为主体估计目标实现的可能性极大,这时期望概率接近于1；反之,如果考虑到主观能力的制约和客观竞争程度的激烈,估计目标实现的可能性极小,则期望概率趋近于零。

激励力则是直接推动或使人们采取某一行动的内驱力。

效价和期望值的不同结合,会产生不同的激发力量,一般存在几种情况如表7-1所示。

表7-1 效价与期望值组合

项 目	不同组合（$V \times E$）				
效价（E）	高	中	低	高	低
期望值（V）	高	中	低	低	高
结 果					
激励力（M）	高	中	低	低	低

上述分析表明,要收到预期的激励效果,不仅要使激励手段的效价（能使激励对象带来的满足）足够高,而且要使激励对象有足够的信心去获得这种满足。只要

效价和期望概率中有一项的值较低，就难以使激励对象在工作中表现出足够的积极性。所以，在进行时要处理好三方面的关系，这三个关系也是调动人们工作积极性的三个条件。

第一，努力与绩效的关系。人总是希望通过一定的努力能够达到预期的目标，如果个人主观认为通过自己的努力达到预期目标的概率较高，就会有信心，就可能激发出很强的工作力量。但是如果他认为目标太高，通过努力也不会有很好的绩效时，就失去了内在的动力，导致工作消极。

第二，绩效与奖励的关系。人总是希望取得成绩后能够得到奖励。如果他认为取得绩效后能够获得合理的奖励，就有可能产生工作热情，否则就可能没有积极性。

第三，奖励与满足个人需要的关系。人总是希望自己所获得的奖励能满足自己某方面的需要。然而由于人们在年龄、性别、资历、社会地位和经济条件等方面都存在着差异，他们对各种需要要求得到满足的程度就不同。因而对于不同的人，采用同一种办法给予奖励能满足的需要程度不同，能激发出来的工作动力也就不同。

下面我们举个简单的例子来说明三者之间的关系。

某企业为了激励员工更好地工作，董事会颁布了一项奖励措施，年终绩效评估在前两位的员工可以得到去美国旅游的机会，旅游所有费用由公司提供。这项措施在王先生、方小姐和张先生身上产生了不同的反应。

王先生从没去过美国，听到这项措施非常高兴，"去美国！太棒了，我还从没出过国呢，我一定好好努力争取这个机会！"如果王先生的效价满分为1，凭王先生的能力，他在三个人中成功的概率为0.5，则 $M = 1 \times 0.5 = 0.5$。

方小姐能力很强，并于去年获得绩效奖。她是毕业于美国大学的博士，并在美国生活了10年，听到这项措施觉得没有什么吸引力，"美国？对我没什么价值。"对方小姐来说效价为0，则 $M = 0 \times 1 = 0$。

张先生去年公干的时候去过美国，但是他老婆没有去过，"老婆天天要我带她出国，这次看有没机会带她出去了。"因此张先生效价为0.8，凭张先生的能力，在三个人中成功的概率为0.8，则 $M = 0.8 \times 0.8 = 0.64$。

由此可见，同样的政策在不同的员工身上产生的作用是不同的，为了达到最佳的激励效应，企业管理者应制定一些激励措施，以调动全体员工的积极性。

2. 公平理论

公平理论又称社会比较理论，它是美国行为科学家亚当斯（J. S. Adams）在《工人关于工资不公平的内心冲突同其生产率的关系》（1962，与罗森合写）、《工资不公平对工作质量的影响》（1964，与雅各布森合写）、《社会交换中的不公平》（1965）等著作中提出来的一种激励理论。该理论侧重于研究工资报酬分配的合理性、公平性及其对职工生产积极性的影响。

公平理论的基本观点是：当一个人做出了成绩并取得了报酬以后，他会把他的付出（包括所作努力、用于工作的时间和精力、教育程度、经验、资历、地位）与获得（薪水、福利、赞美、肯定、升迁、被提升的地位等）与相应的参照对象进行比较，从而判断自己所获报酬的公平性，并进一步做出相对应的反应。

该理论把工作情景的公平性比较过程描述为不同方式，如表7-2所示。

表 7-2　公平理论

觉察到的比较结果	评价结果
$Q_p/I_p < Q_x/I_x$	不公平（报酬偏低）
$Q_p/I_p = Q_x/I_x$	公平
$Q_p/I_p > Q_x/I_x$	不公平（报酬偏高）

表 7-2 中，Q 为收入，I 为付出，p 代表本人，x 代表参照对象。在公平理论中，参照对象 x 是个重要的变量，一般将其划分为三种类型："他人"、"自我"和"规则"。

"他人"包括同事、朋友、邻居、同行等，人们大多选择那些与自己年龄、能力、受教育水平相近的人来比较。

"自我"是指自己过去的情况，也就是将自己目前的收入与付出同过去的收入及工作相比较。

"规则"是指组织中的付酬制度以及虽未明文规定，却在实际中执行的利益分配惯例，人们会分析规则本身的公平性并将自己的状况与之比较。

人们是通过将自己所获得的收入与相应付出的比率同相关参照对象进行比较来做出判断的。当二者相等时，则为公平状态；如果二者的比率不同，就会产生不公平感。当他们认为自己的收入偏低或偏高时，便会调整自己的行为来保持公平感。

如果比较的结果是 $Q_p/I_p < Q_x/I_x$，员工会感到不公平，从而要求增加报酬，或者自动地减少投入以便达到心理上的平衡，对工作采取消极态度乃至去寻找其他的就业机会。

如果比较结果是 $Q_p/I_p = Q_x/I_x$，员工认为自己是公平的。所以他既不希望改变收入，又不希望改变付出，还是按以往的努力程度去工作。

如果比较的结果是 $Q_p/I_p > Q_x/I_x$，员工会感到自己的付出有高于一般比率的回报，多半会更加努力工作，珍惜自己的岗位。但其积极性不一定会持久，他可能会因重新过高估计自己的投入而获得公平感，对高报酬心安理得，于是其产出又会恢复到原先的水平。

公平理论对管理人员具有以下几点启示。

（1）影响激励效果的不仅有报酬的绝对值，还有报酬的相对值。

（2）激励时应力求公正，使等式在客观上成立，尽管有主观判断的误差，也不致造成严重的不公平感。

（3）在激励过程中应注意对被激励者公平心理的疏导，引导其树立正确的公平观：使大家认识到绝对的公平是没有的；不要盲目攀比，多听听别人的看法，也许会客观一些。

（4）不要按酬付劳，按酬付劳是在公平问题上造成恶性循环的主要杀手。

公平理论的主要贡献在于提出了人们对于公平与否的感受并不只是取决于绝对收入的多少，而是取决于自己的收入与付出的比率与参照对象比较的结果。就一个组织内部来说，不考虑贡献大小，简单化地普遍增加薪金报酬，其激励作用很有限。

三、行为改造激励理论

1. 强化理论

强化理论是由美国行为科学家斯金纳（B. F. Skinner）提出来的。该理论认为人的行为是对其所获刺激的函数。如果这种刺激对他有利，则这种行为就会重复出现；若对他不利，则这种行为就会减弱直至消失。因此管理者要善于采取各种强化方式，以使人们的行为符合组织目标。根据强化的性质和目的，强化可以分为正强化、负强化和消退三大类型。

（1）正强化

正强化就是奖励那些符合组织目标或为达到组织目标做出贡献的行为，以便使这些行为得到进一步加强。正强化的刺激物不仅仅包含奖金等物质奖励，还包含表扬、提升、改善工作关系等精神奖励。为了使强化能达到预期的效果，还必须注意实施不同的强化方式。有的正强化是连续的、固定的，譬如对每一次符合组织目标的行为都给予强化，或每隔一固定的时间给予一定数量的强化。尽管这种强化有及时刺激、立竿见影的效果，但久而久之，人们就会对这种正强化有越来越高的期望，或者认为这种正强化是理所应当的。管理者要不断加强这种正强化，否则其作用会减弱甚至不再起到刺激行为的作用。另一种正强化的方式是间断的，时间和数量都是不固定的，即管理者根据组织的需要和个人行为在工作中的反映，不定期、不定量实施强化，使每一次强化都能起到较大的效果。实践证明，后一种正强化更有利于组织目标的实现。

（2）负强化

负强化就是惩罚那些不符合组织目标的行为，以使这些行为削弱直至消失，从而保证组织目标的实现不受干扰。负强化包括减少奖酬或罚款、批评、降级等。实施负强化的方式与正强化有所差异，应以连续负强化为主，即对每一次不符合组织的行为都应及时予以负强化，消除人们的侥幸心理，减少直至完全避免这种行为重复出现的可能性。实际上，不进行正强化也是一种负强化。

（3）消退

即对行为不施以任何刺激，任其反应频率逐渐降低，以至自然消退。消退也是一种强化方式。时间证明，某种行为长期得不到肯定或否定的反应，行为者就会轻视该行为的意义，以致丧失继续行为的兴趣。

2. 归因论

归因论是美国心理学家凯利（Harold H. Kelley）等人提出来的。

目前归因理论研究着两个重要方面：一个方面是把行为归结为外部原因还是内部原因；另一个方面是人们获得成功或遭受失败的归因倾向。人们的行为获得成功还是遭受失败可以归因于四个要素，即努力、能力、任务难度、机遇。这四个要素可以按以下三个方面来划分。

（1）内因或外因：努力和能力属于内因，任务难度和机遇属于外因。

（2）稳定性：能力和任务难度属于稳定因素，努力和机遇属于不稳定因素。

（3）可控性：努力是可控因素，能力在一定条件下是不可控因素，但人们可以提高自己的能力，这种意义上的能力是可控的，任务难度和机遇是不可控的。

人们把成功和失败归因于何种因素，对以后的工作态度和积极性有很大影响。例如，把成功归因于内部原因，会使人感到满足和自豪，归因于外部原因，会使人感到幸运和感激；把成功归因于稳定因素，会降低以后的工作积极性，归因于不稳定因素，可能提高以后的工作积极性等。

归因理论有助于领导者了解下属的归因倾向，以便正确指导和训练正确的归因倾向，调动下属的积极性。

3. 挫折论

心理学上将挫折解释为个人从事某项活动时遇到障碍或干扰，使其动机不能获得满足的情绪状态。挫折的结果有利也有弊，从有利的方面来讲，它引导个人的认识产生创造性的变迁，增长解决问题的能力。但挫折过大，则可能使人们心理痛苦，产生行为偏差。不同的人在面对挫折时可能采取不同的态度，从而导致各种行为的发生。为避免挫折可能导致的严重后果，在管理工作中：一方面应尽量消除引起挫折的环境，避免使员工受到不应有的挫折；另一方面，当员工受到挫折时，应尽量降低挫折所引起的不良影响，提高员工对挫折的容忍力，引导其行为向积极方向发展。

补充阅读材料

我只专心做了一件事，就是让我的员工感动

对人的重视，是唐骏"带兵"的重要原则。员工的招聘、培训、考核等所有HR（Human Resource，人力资源）管理的事务唐骏都亲自出马，他不仅亲自面试求职者，给他们上课、培训，还设计了一套在线考评程序：员工把每次工作完成数字填进去，系统自动给出评估等级。唐骏后来总结说："其实我只专心做了一件事，就是让我的员工感动。"

唐骏说："如果你全部按照西方的管理方式做，还不一定能把中国人的潜能给激发出来。"这就是唐骏对中国员工的心理所作的研究。他的经验是，在美国做管理，不需要感动员工，只要按合同支付报酬就行；而在中国，人们追求的不仅是金钱，还有感觉。唐骏认识到，中国人最怕的是被感动，如果你感动了他，那么他会为你赴汤蹈火，这是中国人的性格。

唐骏还举了这样一个真实的例子：有一次唐骏在公司大楼的电梯里遇见了一个叫David的工程师，当时David正带着女朋友参观完公司，要乘电梯下楼。唐骏见状就很热情地对David说了句："David，最近你们工行的客户项目做得怎样了？"本来唐骏只是想表示一下对下属的关心，但是效果却出乎意料的好。第二天一早，唐骏就收到了来自David的邮件。David在邮件中说，连总裁都知道他的名字，还知道他在做什么，女朋友觉得David在公司一定很重要、很有前途，这让David在女朋友面前很有面子，他说他很感动，以后一定会继续努力，不辜负唐骏和公司对他的期望。

通过这件事，唐骏在《中国梦——唐骏正传》中总结说："感动员工的方式可以是多样的。我当时就给人事部门订了一条规定：所有加入微软中国的员工都要经过我的面试。刚开始的时候，有些中层觉得很不理解，甚至怀疑我对他们不够信任。其实我的目的就是在员工还没进入微软的时候就'感动'他们一下，让他们真正感受到什么叫'以人为本'，感受到公司对员工的重视。"

唐骏的做法只是感动员工的一种，如果你也想成为一名出色的管理者，可以尝试的方法还有很多。

第一，肯定成绩。很多管理人员没有表扬员工的习惯，他们喜欢找下属的毛病，而不是找下属的优点。作为管理者，尤其是来"打工"的管理者必须转变观念，去发现下属的优点，然后把它当众说出来，这些优点就会成为下属的行为标准。而且，最好是能当众肯定下属的成绩，因为这是最好的表扬方式。

第二，送礼物。当员工取得比较好的业绩时、通过种种努力克服困难而取得成功时……可以给他们送上礼物，既"贿赂"了员工，又鼓励了员工。只要礼物一直存在，就会一直感动着员工，比仅仅口头上的表扬好多了，这种方法对女性员工特别有效。

第三，拥抱。含蓄的中国人从来不善于拥抱别人，但并不意味着我们可以忽略拥抱的力量。其实，每一个人都是希望得到别人的拥抱的，所以，管理者如果能在适当的时候给员工一个拥抱，必然会极大地感动和鼓励员工。所以管理人员应有效地使用拥抱这一情感交流的手段。例如，当员工完成任务后出差回来时，是作为领导的你送上拥抱的最佳时机。而且要注意的是，最好要在大庭广众之下拥抱对方，这样会收到事半功倍的效果。

第四，家访。家访的目的是要向员工的家人表达谢意，表扬员工在企业里的努力、所取得的成绩、与同事相处的优点等，让家人一起分享。同时通过家访，可以了解一些在办公室里了解不到的情况。

第五，与家属同乐。管理者可以定期邀请员工的家人到公司里来，和全体员工一起参与一些活动，如奖励大会、野餐等，这个过程能让家属和员工一起分享工作成果、感受企业文化。而且在活动之前最好不要告诉员工，要给他们一个突然的惊喜，需要的时候，可以请员工家属讲上几句，一般都会讲些感谢之类的话，这可比上司自己的鼓励效果要好得多！

第六，给予生病的员工以关怀。一个人在生病的时候会非常敏感脆弱，特别渴望得到别人的关心。作为管理者的你，如果能在员工生病的时候给予适当的关怀，如亲自去探望、说几句安慰的话、送点营养品等，一定可以感动员工。甚至当员工家属病了的时候，也可以关怀一下，感动效果必然好上加好。

第七，帮助员工摆脱困境。每个人都有身处困境的时候，此时如果有人能帮助其脱困，一定会在心里非常感激。这些困难有可能是工作上的，也有可能是生活上的。作为企业管理者，必须在平时多注意员工的表现、情绪等，及时发现他们的问题所在，在最关键的时候伸出援手，帮助员工摆脱困难。当员工从困境中走出来之后，就多了一种经历，不仅在经验上得到收获，也在内心里多一份对你的感激之情！

第八，给员工成长的机会。任何一个员工都希望自己能够在企业里获得成长，无论是在工作技能、技巧，还是在与人相处、职业素养方面。而员工的成长是否顺利与管理者的帮助是分不开的,企业的管理者可以在员工成长的过程中大有作为,为员工提供接受培训的机会,多一些时间对员工进行指导、沟通,在工作上既要严格要求,又要人性化管理,既要指出员工的不足,也要肯定员工取得的任何进步。因为哪怕是小小的进步,也是足以让员工感动不已的。

作为企业的管理者,为了自己的团队能更好地工作,取得更大的成绩,应想尽办法用真情去温暖下属的心,这不仅仅是为了感动他们,也是向上司证明自己的管理能力的最好手段。

(资料来源:《激情创业玩转职场:左手马云右手唐骏》)

单元三 激励原则与方式

战国的名臣吴起

有一次,吴起手下的一名士兵生疮了,吴起知道后,二话没说,亲自用嘴为那名士兵吸脓。后来这件事情让士兵的母亲知道了,这位母亲立即伤心地大哭起来。旁边的人看到后感到很不解,就问她:"你儿子只是一个普通的士兵,现在将军大人亲自为他吸脓,你该感到欣慰才是啊,怎么会觉得伤心呢?"这位伤心的母亲擦了擦眼泪回答说:"不是这样的。你不知道,从前吴将军还曾经帮我丈夫吸过脓,结果孩子他爹感恩戴德,打起仗来不要命一般,总是冲在最前面,所以很快就战死了。现在,将军又给我的儿子吸了脓,我不知道他又会死在哪里了。"

点评:吴起虽然贵为军事统帅,却始终坚持与最下层的士兵同衣同食,像对待自己兄弟一样对待他们。他的部属都十分爱戴他,并心甘情愿地为他效命。吴起的故事同时还教会我们:小到团队激励,大到企业整体管理,改善的效果都是没有止境的。

(资料来源:http://www.chinahrd.net/manage/info/105011)

一、激励的原则

1. 目标结合原则

在激励机制中,设置目标是一个关键环节。目标设置必须同时体现组织目标和员工需要的要求。

2. 物质激励和精神激励相结合的原则

物质激励是基础,精神激励是根本。在两者结合的基础上,逐步过渡到以精神激励为主。

3. 引导性原则

外激励措施只有转化为被激励者的自觉意愿，才能取得激励效果。因此，引导性原则是激励过程的内在要求。

4. 合理性原则

激励的合理性原则包括两层含义：其一，激励的措施要适度。要根据所实现目标本身的价值大小确定适当的激励量；其二，奖惩要公平。

5. 明确性原则

激励的明确性原则包括三层含义：其一，明确，激励的目的是需要做什么和必须怎么做；其二，公开，特别是分配奖金等大量员工关注的问题时，更为重要；其三，直观，实施物质奖励和精神奖励时都需要直观地表达它们的指标，总结和授予奖励和惩罚的方式。直观性与激励影响的心理效应成正比。

6. 时效性原则

要把握激励的时机，"雪中送炭"和"雨后送伞"的效果是不一样的。激励越及时，越有利于将人们的激情推向高潮，使其创造力连续有效地发挥出来。

7. 正激励与负激励相结合的原则

所谓正激励就是对员工的符合组织目标的期望行为进行奖励。所谓负激励就是对员工违背组织目的的非期望行为进行惩罚。正负激励都是必要而有效的，不仅作用于当事人，而且会间接地影响周围其他人。

8. 按需激励原则

激励的起点是满足员工的需要，但员工的需要因人而异、因时而异，并且只有满足最迫切需要（主导需要）的措施，其效价才高，其激励强度才大。因此，领导者必须深入地进行调查研究，不断了解员工需要层次和需要结构的变化趋势，有针对性地采取激励措施，才能收到实效。

二、激励的一般方式

1. 目标激励

目标激励是指给员工确定一定的目标，以目标为诱因驱使员工去努力工作，以实现自己的目标。任何企业的发展都需要有自己的经营目标，目标激励必须以企业的经营目标为基础。任何个人在自己需要的驱使下也会具有个人目标，目标激励要求把企业的经营目标与员工的个人目标结合起来，使企业目标和员工目标相一致。

2. 情感激励

情感是人们对客观事物的态度的一种反映，它具有两极性，即积极的情感可以提高人的活动能力，消极的情感可以削弱人的活动能力。在工作中，具备积极情感的人通常有积极的心态和进取心，有着较高的工作效率；而具有消极情感的人通常工作效率较低。在进行情感激励时，管理者可以通过交谈等语言激励方式与被管理者沟通，了解被管理者想法、状况，从而对症下药，改善关系。也可以通过非语言形式如动作、手势、姿态等激励员工。无论采取何种方式，管理者本人要具备良好

的积极情感,还要使自己处于一种情感移入状态,与被管理者达成情感共融。

3. 公平激励

公平感是每个被管理者都具有的,当他们在分配上产生公平感时,会心态平和、努力工作,而产生不公平感时则会有思想包袱、满腹怨气,影响工作效率。公平激励就是根据公平的心理规律,在管理中采取各种措施力争做到公平,必须坚持客观、公正、民主和科学,使员工产生公平感,从而调动工作积极性。

4. 期望激励

期望激励指利用被管理者对所追求目标或结果的期望心理来调动被管理者积极性的方法。如果被管理者认识到某项目标的效价很高,而且通过自己的努力也能实现目标,那么管理者应用这一目标来激励被管理者十分有效。在人力资源管理中,正确的确定目标十分重要。

5. 参与激励

每一项制度或工作,参与设计或充分理解的人越多,成功实施的机会就越大。所以让每一位被管理者产生参与感,感到受重视、被信任,进而使他们产生责任心和参与感,集体的向心凝聚力也得到增强。

6. 奖惩激励

企业以奖励为诱因或利用惩罚手段,诱导或驱使员工采取符合其企业需要的行为的一种激励,从正反两面对员工进行引导,从而规范员工的行为,达到企业的目的。

总之,激励员工的方式多种多样,每一种形式都是从各个不同的角度对员工进行激励。管理者应该因地制宜地采取上述激励方式,有效激励员工。

三、激励过程中应注意的问题

激励在企业管理中有着重要的作用,无论从个人发展的角度还是从实现组织目标的角度来看,激励都是管理人员不可忽略的一项工作。事实上,在企业管理过程中,管理者也每时每刻都在有意或无意地使用某种激励手段去激励下属做好本职工作。

1. 目标的具体化

企业设定目标应该具体化,既有一定难度又要有实现的可能性,让实现目标的人员参与到目标的设定。同时,在实现目标的过程中,对其进程应及时、客观地进行反馈。

2. 建立多层次激励机制

随着时代的进步,人们对物质和精神要求更为强烈,并有很强的自我意识,企业采取的激励方式要灵活多样,要根据不同的工作、不同的人、不同的情况制定出不同的激励机制,让员工能充分发挥潜能。

3. 激励技巧运用

管理者要充分发挥人的积极性与创造性,是要让组织成员为有效地实现组织目标而努力工作，激励技巧的运用尤为重要。委以恰当的工作，能激化职工内在的工作热情。公平的对待，促进良性循环。适当的奖惩，引导员工正确方向。培训教育的加强，提高员工素质，增强其进取精神。

本章小结

激励是对人的一种刺激，是促进和改变人的行为的一种有效的手段。其过程包括需要、动机和行为。

激励理论分为内容型激励理论、过程型激励理论和行为改造理论。

激励的原则。

激励的一般表现方式。

思考与应用

【知识题】

一、单项选择题

1. 激励的特点不包括（　　）。
   A. 过程性　　　　B. 时效性　　　　C. 条件性　　　　D. 创新性
2. 激励的过程包括（　　）。
   A. 需要　　　　　B. 动机　　　　　C. 行为　　　　　D. 以上均是
3. 双因素理论包括（　　）。
   A. 成长因素和保健因素　　　　　　B. 保健因素与目标因素
   C. 激励因素和保健因素　　　　　　D. 激励因素和目标因素
4. 商鞅在秦国推行改革，他在城门外立了一根木棍，声称有将木棍从南门移到北门的，奖励500金，但没有人去尝试。根据期望理论，这是由于（　　）。
   A. 500金的效价太低　　　　　　　B. 居民对完成要求的期望很低
   C. 居民对得到报酬的期望很低　　　D. 枪打出头鸟，大家都不敢尝试
5. 马斯洛最高层次需求是（　　）。
   A. 安全需要　　　B. 社会需求　　　C. 自我实现需求　D. 尊重需求

二、简答题

1. 什么是马斯洛的需求层次理论？
2. 描述激励的过程。
3. 什么是保健因素？什么是激励因素？赫茨伯格的双因素理论对管理者有何启示？
4. 什么是激励的公平理论？强化理论的主要内容是什么？
5. 激励的一般表现方式有哪些？

【案例分析题】

星巴克"人和"成就企业

星巴克（Starbucks）这个名字来自麦尔维尔的小说《白鲸》中一位处事极其冷

静,极具性格魅力的大副。他的嗜好就是喝咖啡。一百多年之后的1971年,3个美国人在西雅把它变成一家咖啡店的招牌,经营着原产于世界各地、经过精心烘焙的咖啡豆。在星巴克的忠实顾客中流传着这样一句话:"我不在家,就在星巴克;我不在星巴克,就在去星巴克的路上。"

咖啡豆股票计划

1987年,舒尔茨购买了星巴克咖啡公司,他建立了美国历史上第一个星巴克"期股"形式,即公司所有员工都将获得公司的股权,获得健康保险。1991年,星巴克开始实施"咖啡豆股票"(BeanStock)。这是面向全体员工(包括兼职员工)的股票期权方案。其思路是:使每个员工都持股,都成为公司的合伙人,这样就把每个员工与公司的总体业绩联系起来,无论是CEO还是任何一位合伙人,都采取同样的工作态度。要具备获得股票派发的资格,一个合伙人在从4月1日起的财政年度内必须至少工作500个小时,平均起来为每周20小时,并且在下一个一月份即派发股票时仍为公司雇佣。1991年一年挣2万美元的合伙人,5年后仅以他们1991年的期权便可以兑换现款5万美元以上。

这一理念同样带到中国。1999年,星巴克在北京开出第一家分店。截至2005年年底,这家全球最热门的咖啡连锁店在中国内地的18个城市仅有165家咖啡店,与其在美国拥有的近5 000家连锁店相比,中国市场开拓的速度远远不够。但并没有在中国赚钱的星巴克仍然带进了其"员工伙伴"理念,中国的雇员也成为星巴克的合作伙伴,包括员工的家庭成员同时成为星巴克交谈和关注的对象。

为了吸引和留住本地优秀人才,星巴克已于2006年11月份在大中华区开始实施"咖啡豆股票计划"。无论是公司高层还是普通员工,只要是在2006年4月1日前加盟星巴克,每周工作时间超过20小时的全职或兼职员工,都有权获得星巴克的股票期权。公司董事会决定将这个计划初次实施的比例确定为14%,即有权享受该福利的员工将获得相当于年薪的14%价值的公司股票期权。这是迄今为止外资公司在中国进行的最大范围的股票期权计划。

伙伴关系

在星巴克公司,员工不叫员工,而叫"合伙人"。这就是说,受雇于星巴克公司,就有可能成为星巴克的股东。星巴克现在遍布全球的"合伙人"约25 000人。霍华德·舒尔茨将公司的成功很大程度上归功于这种伙伴关系的独特性。他说,"如果说有一种令我在星巴克感到最自豪的成就,那就是我们在公司工作的人中间建立起的这种信任和自信的关系。"

与零售业其他同行相比,星巴克雇员的工资和福利都是十分优厚的,其30%的薪酬是由奖金、福利和股票期权构成。星巴克每年都会在同业间做一个薪资调查,经过比较分析后,每年会有固定的调薪。舒尔茨还给那些每周工作超过20小时的员工提供卫生、员工扶助方案、伤残保险,这在同行业中极为罕见。这种独特的福利计划使星巴克尽可能地照顾到员工的家庭,对员工家里的长辈、小孩在不同状况下都有不同的补贴办法。中国星巴克有"自选式"的福利,让员工根据自身需求和家庭状况自由搭配薪酬结构,有旅游、交通、子女教育、进修、出国交流等福利和补贴,甚至还根据员工的不同状况给予补助。这些做法尽管成本不是很高,但会让那些享受福利的员工感到公司的关怀并对此心存感激。

星巴克对合伙人的尊重还体现在其独特的合伙人快照方案和努力营造内部开放的沟通氛围。合伙人快照方案和意在得到顾客反馈的顾客快照方案是平行的，包括公司范围内的民意调查、使命评价及一个相对较新的对公司和员工感兴趣的关键问题进行调查的电话系统，目的是为了尽量从公司伙伴那里得到反馈。公司于1990年正式设立了使命评价方案。公司在每个地方放置了评论卡谈论有关使命评价的问题，员工可以在他们认为这些决策和后果不支持公司的使命时填写评论卡。相关的经理有两周时间对员工的问题做出回应。此外，一个跨部门的小组在公开论坛上探讨员工对工作的忧虑，并找出解决问题的方法及提交相关报告。这样做能够及时掌握员工的动向，不仅使得公司的使命具有生命力，也加强了企业文化的开放性。公开的沟通方式也是星巴克公司原则的一部分。公开论坛一年要开好几次，告诉员工公司最近发生的大事，解释财务状况，允许员工向高级管理层提问，同时也给管理层带来新的信息。此外，公司定期出版员工来信，这些来信通常是有关公司发展的问题，也有员工福利及股东方案的问题。

学习旅程

当星巴克把纯正的意大利式咖啡介绍到美国后，迅速得到了市场的追捧。但是要把这种最难量化的感觉，日复一日、在全球上万家门店精准复制，人员的培训成为成败关键。仅仅在2001年，星巴克就进行了上百万小时训练，平均全球每人每天要接受近1小时的训练。培训的内容包括咖啡知识与制作技能两个主要部分。星巴克要求员工掌握精细的关于咖啡的知识：关于咖啡豆、咖啡种类、添加物、生长地区、烘焙、配送、包装等方面的详细知识；如何以正确的方式闻咖啡和品咖啡，以及确定它什么时候味道最好；描述咖啡的味道；唤醒对咖啡的感觉；熟悉咖啡的芳香、酸度、咖啡豆的大小和风味等。使星巴克的每个员工都能成为咖啡专家，随时与人们分享咖啡的迷人之处，解答人们关于咖啡的各种问题。而制作咖啡的要求就更为复杂和精确，其中酿制咖啡的每个细节都要进行反复练习，直到每个动作都成为习惯。每杯浓缩咖啡要煮23秒，牛奶至少要加热到华氏150度，但是绝不能超过华氏170度。当然还有更多的细节，如商品陈列的方式，甚至是打开咖啡豆包装袋、贴上包装卷标这样的地方，都有明确的规定。例如，装好1磅的咖啡豆后，卷标一定要贴在星巴克标志上方1英寸。

对星巴克而言，每位员工都是构成品牌的一分子，在消费者心目中都代表着星巴克。星巴克的"学习旅程"（每次4小时一共5次的课程），是所有新合伙人在就业头80个小时中都要上的课程。从第一天起，新合伙人即熏陶在星巴克的这种价值和基本信念体系之中。所有招聘进来的新员工在进入公司的第一个月内都能得到最少24小时的培训，包括对公司适应性的介绍、顾客服务技巧、店内工作技能等。另外，还有一个广泛的管理层培训计划，着重训练领导技能、顾客服务及职业发展。对员工进行栽培和辅导训练，使他们得到可持续的成长发展空间，是星巴克公司所看重的。星巴克为员工提供了很多核心训练和技巧，希望他即使离开了，也同样能从星巴克的经历中受益。

（资料来源：http://www.examw.com/glzx/anli/104171/index.html）

分析思考问题

1. 你认为星巴克的取得成功的最关键因素是什么？为什么？
2. 星巴克对合伙人的激励是从几方面进行的？你认为其中最为有效的方式是什么？结合你所掌握的激励理论谈谈你的理由。
3. 常用的激励手段和方法有哪些？结合星巴克的案例你认为如何提高激励的有效性？

【实训】

为所在班级制订一份激励计划

实训目标

(1) 培养对实际管理系统进行观察分析的能力；
(2) 培养运用激励理论，进行有效激励的能力。

实训内容与要求

(1) 调查与深入研究本班学生学习积极性以及包括奖学金在内的激励状况。
(2) 以模拟公司为单位，就如何在本班进一步调动学习积极性、实现有效激励组织研讨。

成果与成绩考核

(1) 每人为班级起草一份激励计划。
(2) 在班级组织研讨，深入分析目前的激励状况，研讨如何有效激励，充实完善同学们的激励计划。

模块八 控 制

 管理情景

南方大学电子商务一班学生刚入校时,班主任就组织全班进行了学校有关学生管理制度的学习,并且也制定了相应的班规用以学生的日常管理。大一期间,全班到课率高,学风浓,参加活动积极。但到了大二以后,班级缺勤率高,学生松散,出现了一些不好的现象。试问班主任应该怎么办?

 学习目标

知识目标

① 理解并掌握控制的概念,了解控制的作用;
② 理解控制的基本类型;
③ 掌握控制的要领和过程。

能力目标

① 培养学生的控制意识和初步的控制能力;
② 培养运用控制方法的能力。

单元一 控制的概念和作用

一、控制的概念

控制是管理的一项重要职能，管理中的控制职能是指为了实现组织目标，以计划为标准，由管理者对被管理者的行为、活动进行检查、监督、调整等的管理活动过程。控制的概念主要包括以下三点内容：

（1）控制有很强的目的性，即控制是为了保证组织中的各项活动按计划进行；
（2）控制是通过"监督"和"纠偏"来实现的；
（3）控制是一个过程。

补充阅读材料

麦当劳公司的控制

麦当劳公司在世界各地的所有麦当劳分店的经营者和员工们都实行标准化、规范化的作业，主要是通过制定并严格贯彻科学而详细的程序、规则和条例规定来实现的。麦当劳公司对制作汉堡包、炸土豆条、招待顾客和清理餐桌等工作都事先进行翔实的动作研究，确定各项工作开展的最好方式，然后再编成书面的规定，用以指导各分店管理人员和一般员工的行为。

麦当劳公司总部的管理人员还经常走访、巡视世界各地的经营店，进行直接的监督和控制，以确保所有特许经营分店都能按统一标准经营。例如，有一次巡视中发现某家分店自作主张，在店厅里摆放电视机和其他物品以吸引顾客，这种做法因与麦当劳的风格不一致，立即得到了纠正。麦当劳公司还加强对各分店经营业绩的考评，运用各种经济分析手段进行动态控制。

（资料来源：http://zhidao.baidu.com/question/133527180.html）

与控制工作关系最为密切的管理职能是计划，有些管理学家认为，计划和控制只不过是同一个问题的两个方面而已。实际上，控制与计划既有区别，又相互紧密联系。控制职能旨在按计划标准来衡量所取得的成果并纠正所发生的偏差，以保证计划目标的实现。如果说计划是谋求一致、完整而又彼此衔接的实现目标的计划方案，那么管理控制则是使一切组织活动都按计划正确地进行。

计划和控制工作构成了一个问题的两个方面。它们之间的关系不仅仅表现为计划为控制提供标准，控制为计划实现提供保证，而且还表现在以下三个方面。

（1）有些计划本身就已经具有控制的作用，如政策、程序和规则等，它们在规定人们的行为准则的同时，也在制约着人们的行为。至于计划的重要组成部分——预算和工作进度表等，本身就是一些有效的控制工具。

（2）有效的控制系统的设计和控制方法的选择，必须考虑计划的要求，如何控制，控制到什么程度等。计划本身越明确、全面和完整，控制系统的设计和控制方法的选择依据就越充分。

（3）广义的控制职能实际上包含了对计划的修订。计划在执行过程中产生偏差，其原因除了执行过程本身的问题外，还有可能是当初制订计划时对内部条件或外部环境的估计有误，造成目标设定不当，或是计划执行过程中的内外部环境条件发生了重大变化，导致目标脱离现实。如果出现上述问题，就需要重新制订计划，确定新的目标和控制标准。从这个意义上说，控制不仅是实现计划的保证，而且可以积极地影响计划。

二、控制的作用

在管理实践中，人们都深切地体会到，没有控制就很难保证每个计划的顺利执行，而如果每个计划都不能顺利进行，那么组织的目标就无法实现。因此，控制工作在管理活动中有着非常明确的目的，起着非常重要的作用。

在现代管理活动中，无论采用哪种方法来进行控制，要达到的第一个目的是要"维持现状"，即在变化着的内外环境中，通过控制，随时将计划的执行结果与标准进行比较，若发现有超过计划容许范围的偏差时，则及时采取必要的纠正措施，以使系统的活动趋于相对稳定，实现组织的既定目标。

控制工作要达到的第二个目的是要"打破现状"。在某些情况下，变化的内、外部环境会对组织提出新的要求，主管人员对现状不满，要改革，要创新，要开拓新局面。这时就势必要打破现状，即修改已制订的计划，确定新的现实目标和管理控制标准，使之更先进、更合理。

基于上述的目的，控制在管理活动中的地位和作用是显而易见的，它主要体现在以下三个方面。

1. 控制是完成计划的重要保障

计划是对未来的设想，是组织要执行的行动规划。由于受各种因素的制约，制订一项行动计划，无论花费多大的代价，也难以达到十全十美的境界。一些意想不到的因素往往会出现在计划的执行过程中，影响计划目标的实现。此外，计划能否得以实现，除了计划本身要科学、可行之外，还要依靠计划执行人员的努力，计划执行者在执行过程中偏离既定的路线或目标是常见的现象。这些缺陷和偏差，都要靠控制工作来弥补和纠正。控制对计划的保证作用主要表现在两个方面：其一，通过控制来纠正计划执行过程中出现的各种偏差，督促计划执行者按计划办事；其二，对计划中不符合实际情况的内容，根据执行过程中的实际情况，进行必要的修正、调整，使计划更加符合实际。

2. 控制是提高组织效率的有效手段

控制工作可能提高组织的效率。其主要表现是：其一，控制过程是一个纠正偏差的过程，这一过程不仅仅能够使计划执行者回到计划确定的路线和目标上来，而且还有助于提高人们的工作责任心，防止再出现类似的偏差，这就有助于提高人们执行计划的效率；其二，控制对计划的调整和修正，既可使执行中的计划更加符合实际情况，又可发现和分析制订的计划所存在的缺陷以及产生缺陷的原因，发现计划制订工作中的不足。从而使计划工作得以不断改进；其三，控制过程中，施控者通过反馈所了解的不仅仅是受控者执行决策的水平和效率，同时他也可了解到自己的决策能力和水平，管理控制的能力和水平，这都有助于决策者不断提高自己的决策、控制等管理活动的水平。

3. 控制是管理创新的催化剂

控制不等于管、卡、压。控制不仅要保证计划完成，而且还要促进管理创新。施控过程要通过控制活动调动受控者的积极性，这是现代控制的特点。如在预算控制中实行弹性预算就是这种控制思想的体现。特别是在具有良好反馈机制的控制系统中，施控者通过接受受控者的反馈，不仅可及时了解计划执行的状况，纠正计划执行中出现的偏差，而且还可以从反馈中受到启发、激发创新。

单元二　控制的类型

一、按控制目的和对象划分

控制职能按控制目的和对象划分为纠正执行偏差和调整控制标准两种类型。

1. 纠正执行偏差

它是使执行结果符合控制标准的要求，为此需要将管理循环中的实施环节作为控制对象，这种控制的目的就是为缩小实际情况与控制目标的偏差，即负馈控制。

2. 调整控制标准

调整控制标准是使控制标准发生变化，以便更好地符合内外现实环境条件的要求，其控制作用的发生主要体现在管理循环中的计划环节，也就是这种控制对象包括了控制标准本身，这种控制的目的就是使控制标准产生动荡和变动，使之与实际情况更接近，即正馈控制。

正馈控制和负馈控制应该并重使用，但现实中要处理好这两方面控制工作的关系并不容易。增进适应性的正馈控制，有时很易于被用来作为无视"控制"的借口。而这样做的结果就会导致系统进行的不稳定、不平衡。但另一方面，平衡不应该是静态的平衡。现代的企业面临复杂多变的环境，环境条件变了，计划的前提也变了，如果还僵硬地抱着原先的控制标准不放，不做任何调整，那么组织很快就要衰亡。现代意义上的控制，应该持一种动态平衡的观念，应能促进被控制系统在朝向目标行为的同时适时地根据内外环境条件做出调整，妥善处理好适应性和稳定性、正馈控制和负馈控制这两种既相互对立又往往需要统一的关系，而这正是现代企业控制的难点。

二、按控制手段实施的时间划分

管理中的控制手段可以在行动开始之前、进行之中或结束之后进行。第一种称为前馈控制,第二种称为同期控制,第三种称为反馈控制,如图 8-1 所示。

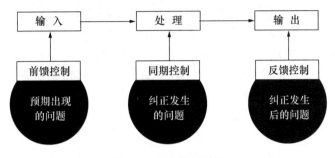

图 8-1　三种控制过程

扁鹊论医术

　　扁鹊三兄弟均从医。一天,魏文王问扁鹊说:"你们家兄弟三人,都精于医术,到底哪一位医术最好呢?"扁鹊回答说:"长兄最好,中兄次之,我最差。"听之,文王不解,就再问:"那为什么你最出名呢?"扁鹊答道:"我长兄治病,是治于病情发作之前。由于一般人不知道他事先能铲除病因,所以他的名气无法传出去,只有我们家里的人才知道。我中兄治病,是治于病情刚刚发作之时。一般人以为他只能治轻微的小病,所以他只在我们的村子里才小有名气。而我扁鹊治病,是治于病情严重之时。一般人都看到我在经脉上穿针管来放血、在皮肤上敷药等大手术,所以以为我的医术高明,因此名气响遍全国。"听了扁鹊的解释,文王连连点头称道:"你说得好极了。"

扁鹊画像

点评:控制有事前控制、事中控制、事后控制。控制贵在事前控制。

(资料来源:http://www.cqvip.com/qk/88129X/200602/21493719.html)

1. 前馈控制

前馈控制是最渴望采取的控制类型,因为它能避免预期出现的问题。之所以称为前馈控制是因为它发生在实际工作开始之前。例如,洛克希德公司的管理者可能在政府宣布与该公司签订的大笔军火合同之前就已经开始招聘人员,如此可以防止潜在的工作延误。因此,采用前馈控制的关键是要在实际问题发生之前就采取管理行动。

前馈控制是期望用来防止问题的发生而不是当出现问题时再补救(如质量低劣的产品、客户的流失、收入下降等)。这种控制需要及时和准确的信息,但不幸的是这些常常是很难办到的。因此，管理者是不得不借助于另外两种类型的控制。

2. 同期控制

同期控制，它是发生在活动进行之中的控制。在活动进行之中予以控制，管理者可以在发生重大损失之前及时纠正问题。

最常见的同期控制方式是直接视察。当管理者直接视察下属的行动时，管理者可以同时监督雇员的实际工作，并在发生问题时马上进行纠正。虽然在实际行动与管理者做出反应之间肯定会有一段延迟时间，但这种延迟是非常小的。技术设备可以设计成具有同期控制的功能，如许多计算机系统在程序中就设置了当出现错误时操作人员要采取的行动；当你输入一个错误的命令时，程序的同期控制会拒绝你的要求，有时甚至会告诉你为什么错了。

3. 反馈控制

最常用的控制类型就是反馈控制，控制作用发生在行动之后。反馈控制的主要缺点在于管理者获得信息时损失已经造成了，这与亡羊补牢类似。但是在许多情况下，反馈控制是唯一可用的控制手段。

小思考

请列举一个管理实际系统，分析三种管理控制的过程及它们之间的区别是什么？

我们应该注意到，与前馈控制和同期控制相比，反馈控制在两个方面要优于它们。首先，反馈控制为管理者提供了关于计划的效果究竟如何的真实信息。如果反馈显示标准与现实之间只有很少的偏差，说明计划的目标达到了；如果偏差很大，管理者就应该利用这一信息使新计划制订得更有效。其次，反馈控制可以增强员工的积极性。因为人们希望获得评价他们绩效的信息，而反馈正好提供了这样的信息。

三、按采用的控制手段划分

按采用的手段可以把控制划分为直接控制和间接控制两种类型。

1. 直接控制

直接控制是指管理者通过行政命令的手段对被控制对象直接进行控制的形式。实现直接控制的关键是对施控人员的精心选择和有针对性的培养。因为工作能力强和综合素质高的施控人员在控制过程中将会不犯错误或少犯错误，控制效果将是高质量的。

2. 间接控制

管理中的间接控制是相对于直接控制而言的，间接控制是控制者与被控制对象之间并不直接接触，而是通过中间媒介进行控制的形式，如评优、升降职务、税收、奖励惩罚等措施。间接控制是以合格的管理人员差错最少为指导思想，通过控制管理者的素质来控制组织活动。

单元三 控制的过程

一、控制过程

控制的对象一般都是针对人员、财务、作业、信息及组织的总体绩效，无论哪种控制对象其所采用的控制技术和控制系统实质上都是相同的。控制工作的程序基本是一致的，大致可以分为三个步骤，第一，确定控制标准；第二，衡量工作绩效；第三，采取纠正措施。如图 8-2 所示：

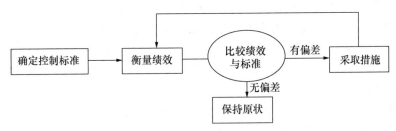

图 8-2　控制的过程

（一）确定控制标准

控制的目的是确保计划目标的实现，计划是控制的依据。从逻辑上讲，控制的第一步应当是制订计划，再以计划作为控制的标准。但是，由于组织中计划所包含的内容、项目很多，涉及的范围也很广，各种计划的详尽程度和复杂程度各不相同。因此，在大多数的组织活动中，主管人员没有精力，也不可能直接以计划作为控制的标准，来对整个计划执行的全部过程进行全面、具体的控制。所以需要拟定具体的控制标准。标准应当是从整个计划方案中选出的，是对工作绩效进行评价的关键指标，或者是对计划目标的实现发挥关键作用的项目。有了这样的标准，主管人员不必去考察计划执行中的每一个步骤或细节，就能够了解整个计划执行的进展情况，从而使控制起到保证计划目标实现的作用。

为保证有效控制，控制标准应满足如下几个方面的要求。

（1）控制标准应尽可能数量化，具有可操作性，这样在控制过程中，施控者和受控者心中都有明确的行动界线和标准，有助于发现行动中出现的偏差。受控者由此可自觉地、主动地纠偏。模棱两可，解释起来主观随意性大的控制标准是不利于控制的。

（2）控制标准应尽量简洁明了，不仅能为控制者所了解、所掌握，更要能为全体执行人员所掌握、所了解。

（3）控制标准体系应协调一致。一个组织内的活动是多种多样的，各职能管理部门都会制定出各自的控制标准，这些标准应该协调一致，形成一个有机整体，不能互相矛盾,否则会使计划执行者陷入两难困境,或管理真空地带中。

在一个组织中,标准的类型有多种。最理想的标准是把可考核的目标直接作为标准。但更多的情况则往往是需要将某个计划目标分解为一系列的标准。在实际工作当中,按照不同的依据,可以将标准分为不同的类型。例如,可以分为实物标准和财务标准,财务标准中又分为费用标准、资金标准和收入标准等,还可以分为有形标准和无形标准,或者定量标准和定性标准;再如根据标准规定的内容,可以通俗地将一个组织的标准分为管理标准、工作标准、技术标准等。无论采用哪类标准,都必须按照控制对象来决定。

(1) 实物标准。这是一类非货币标准,普遍适用于使用原材料、雇佣劳动力、提供劳务或产品等的操作层。这些标准反映了定量的工作成果,常用的有:单位产量工时、单位工时产量、日门诊人数等。实物标准也可以反映产品的质量,如轴承面的硬度、公差的精密度、飞机上升的速率、纺织品的耐久性和颜色牢度等。在某种程度上,实物标准是计划的基石,也是控制的基本标准。

(2) 成本标准。这是一类货币标准,也是普遍适用于操作层,这些标准是用货币值来衡量经营活动的代价。常用的成本标准有:单位产品的直接成本和间接成本、单位产品或每小时的人工成本、单位产品的原材料成本、工时成本、单位销售成本、单位销售费用等。

(3) 资本标准。这类标准与投入企业的资本有关,而与企业的营运资本无关,最常用的就是投资报酬率,还有流动比率、资产负债率、应收账款周转率、存货周转率等。这类标准主要是与资产负债表有关。

(4) 收益标准。这是用货币值衡量销售量的标准,如公共汽车每名乘客每公里的收入、既定市场范围内的人均销售额等。

(5) 无形标准。这是一类既不能用实物又不能用货币来衡量的标准。主管人员能够以什么样的标准来确定下属的才干?又能够用什么标准来确定一项广告策划是否符合组织的短期目标或长期目标?怎样才能判断出下属人员是否忠诚于组织目标?要为这类目标确定控制标准是非常困难的,因为既无法用明确的定量标准也无法用明确的定性标准来描述它们。

(6) 直接以目标为标准——定量目标和定性目标。定量目标大多采用的是上述各种标准的量化表达形式,它是可以准确考核的。定性目标虽然也可考核,但却不能与定量目标一样准确考核,不过,我们可以采用详细说明计划或其他具体目标的特征和完成日期的方法来提高其可考核的程度。

补充阅读材料

通用汽车公司的控制标准

美国通用汽车公司为下列八个领域建立了标准:①获利性(如利润);②市场地位;③生产率;④产品领导地位;⑤人员发展;⑥员工态度;⑦公共责任;⑧短期目标与长期目标之间的平衡。

(资料来源:http://www.china-b.com/jyzy/scyx/20090220/248805_1.html)

（二）衡量工作绩效

衡量工作绩效就是对计划执行的实际情况进行实地检查，并做出判断。衡量工作绩效是控制的中间环节，也是工作量最大的一个环节。在这个阶段，施控者可发现计划执行中所存在的缺陷，有什么样的以及程度多大的偏差，它们是由什么原因引起的，应采取什么样的纠正措施。可见，该环节的工作影响着整个控制效果。

衡量工作绩效主要应注意以下几个方面。

（1）必须深入基层，踏踏实实地了解实际情况，切忌只凭下属的汇报做判断，也要防止检查中走过场、搞形式，工作不踏实，走马观花，点到为止。

（2）考核工作必须制度化。通过制度建设，管理者可及时、全面地了解计划执行的情况，以便从中发现问题，迅速纠正，尽可能地将重大偏差消灭至萌芽状态，检查无制度，随心所欲，就可能等到出现了大问题，才手忙脚乱地仓促应付。

（3）考核的方法应科学。考核应根据所确立的标准考核，对计划执行中存在的问题，不夸大、不缩小，实事求是地反映情况。这些方法包括个人观察、统计报告、口头报告或书面报告、抽样检查等。

衡量工作绩效的目的是对计划执行状况做出判断，更进一步讲，要判断是否存在偏离计划路线和目标的现象的工作。实际计划执行中的偏差有两种，一种可称为正偏差，通俗地讲就是超额完成计划的情况。在大多数人的思想上，一直存在着这样一种意识：超额完成计划是好的，应该鼓励。其实，超额完成计划并非都是有利的。有些正偏差会加剧结构失衡。所以，在绩效考核中发现存在着正偏差，也必须全面分析，然后再做出结论。另一种是负偏差，即没有完成计划和偏离计划的情况，显然，负偏差是不利的，施控者必须深入分析产生负偏差的原因，并及时采取对策加以纠正。

（三）采取纠正措施

这一步是控制的关键，它体现了控制的目的，同时，通过纠正偏差的行动，将控制和其他管理职能结合在一起。

通常人们认为，如果制定的标准反映了组织的目标和实际情况，也就是在实际的衡量中，通过用该标准与计划的执行情况进行比较，能够找出对产生偏差的"责任人"，那么就能对偏差做出迅速纠正。主管人员能够根据组织结构准确地知道必须在什么地方采取纠正措施。然而，尽管已经找出偏差，但采取纠正措施，通常并不那么简单，甚至要困难得多。

这是因为，采取纠正措施，纠正偏差是通过消除产生偏差的原因实现的，而不是简单的纠正现象。而偏差可能是由多种复杂的原因引起的。主管人员必须花大力气找出造成偏差的真正原因，而不能仅仅是头痛医头，脚痛医脚。例如，销售收入的明显下降，无论是用同期比较的方法，还是用年度计划目标来衡量都很容易发现问题，但引起销售收入下降的原因，却不那么容易一下就找准，到底是销售部门营销工作中

小思考

控制的过程都包括上述三个阶段吗？请以你主持或参与组织的大型社团活动为例，分析对其控制的三大阶段。

的问题或是对销售部门授权不够；还是制造部门制造质量下降和不能按期交货；还是技术部门新产品开发进度太慢致使产品老化，竞争力下降；或是由于宏观经济调控造成的。再如组织运行过程中，问题经常发生在具体的操作岗位——即"做事儿"的人身上，而原因在哪里呢，实践证明，80%的原因是由于管理系统有问题。管理控制过程中，每一种可能的原因与假设都不可能通过简单的判断确定下来。而对造成偏差的原因判断得不准确，纠正措施就会是无的放矢，不可能奏效。

另一方面，在查明原因后，纠正偏差的工作可能涉及一些主要的管理职能。纠正偏差产生的原因，主管人员可能采用重新制订计划或修改目标的方法来消除偏差；也可能利用组织手段来进一步明确职责、补充授权或是对组织结构进行调整；还可能用撤换责任部门的主管或是增配人员的办法来纠正偏差；此外，他们还可能通过改善领导方式如采用精神奖励和物质奖励相结合等办法来纠正偏差。

总之，对计划执行过程中出现的偏差进行纠正，说明管理是一个连续的过程。控制职能与其他管理职能的交错重叠，则说明了主管人员的职能是一个统一的完整的系统。

二、有效控制

如果控制使用得当，无疑将有助于主管人员掌控非预期的因素，实现战略目标。一个有效的控制系统应包括如下特征。

（一）适时控制

适时控制是指控制系统应该及时提供信息，迅速做出管理上的反应。如果反应过于迟缓，修正措施将毫无价值。如进口产品检验不合格，过了索赔期，对方就不承担责任。

时滞现象是反馈控制的一个难以克服的困难。正像前文提到的，虽然检查实施结果，并将结果同标准进行比较，找出偏差，可能不会花费很多时间。但分析偏差原因，提出纠正偏差的具体方法也许旷日持久，当真正采取这些办法纠正偏差时，实际情况可能有了很大变化。

如何解决这种问题？较好的办法是建立企业经营状况的预警系统来实现。我们可以为需要控制的对象建立一条警报线，反映经营状况的数据一旦超过这个警戒，预警系统就会发出警报，提醒人们采取必要的措施防止偏差的产生和扩大。

（二）适度控制

适度控制是指控制的范围、程度和频度要恰到好处。虽然任何组织都需要控制，但控制系统的大小各异。不管管理者应用怎样的控制，它必须与涉及的工作相适合并是经济的。

对适度控制的要求体现在两个方面：一方面，过多的控制会扼杀组织中成员的积极性、主动性和创造性，会抑制他们的首创精神，从而影响个人能力的发展和工作热情的提高，最终影响企业的效率；另一方面，控制不足将不能使组织活动有序地进行，不能保证各部门活动进度和比例的协调，造成资源的浪费。此外，过少的控制还可能使组织中的个人无视组织的要求，我行我素，甚至利用在组织中的便利地位谋求个人利益,从而导致组织的涣散和崩溃。

(三) 客观控制

控制系统必须是精确的,这道理似乎是显而易见的,然而,在现实生活中,许多管理人员的决策往往是基于不精确的信息。销售人员在估计销量时说些模棱两可的话,以迎合主管上司的看法;生产车间的管理人员为了达到上级制定的目标隐瞒生产成本的上升;一些管理者为了得到领导的青睐而虚报成绩。这些都给管理人员的正确决策带来了负面影响。

要客观地控制,第一要尽量建立客观的计量方法,即尽量把绩效用定量的方法记录并评价,把定性的内容具体化。第二是管理人员必须谨慎适当地去解释所获得的信息。数字的客观性不能代表一切,管理人员在做决策时还应看到数字背后的真正含义,如销售每月提高销量多少,上层管理部门对这类报告显然会感到高兴,但是,在销量提高的背后,也许是销售者擅自提供了折扣,或对产品的功效做了不切实际的保证,或答应较早的交货期等。第三是管理人员要从组织目标的角度来观察问题,避免个人偏见和成见。

(四) 弹性控制

企业在生产经营过程中经常可能遇到某种突发的、无力抗拒的变化,如环境突变、计划疏忽、计划变更、计划失败等,这些变化使企业计划与现实条件严重背离。有效的控制系统应在这种情况下仍应有足够的灵活性去保持对运行过程的管理控制,也就是说,应该具有一定的弹性。例如,在工程项目建设中在对地质进行勘测、工程量测量时经常会发生偏差,导致工程费用急剧上升。因此,在做总投资估算时都有预备费的预算。事实上,弹性控

小思考

实施有效控制的目的是使不希望出现的行为更少发生,还是使希望出现的行为更多发生?

制最好是通过弹性的计划和弹性的衡量标准来实现。在制订计划时,充分考虑到未来企业经营可能出现的不同水平,从而为标志经营规模的不同参数值规定不同的经营额度,使预算在一个可接受的范围内变化。

单元四 运用控制方法的能力

一、预算控制

预算是以财务术语(如收入、费用以及资金等),或者以非财务术语(如直接工时、材料、实物销售量和生产量等)来表明组织的预期成果,它是用数字编制的反映组织在未来某一个时期的综合计划。预算可以称为是"数字化"或"货币化"的计划,它通过财务形式把计划分解落实到组织的各层次和各部门中去,使主管人

员能清楚地了解哪些资金由谁来使用、计划将涉及哪些部门和人员、多少费用、多少收入，以及实物的投入量和产出量等。预算控制的种类很多，概括起来可以分为以下几种。

1. 收支预算控制

收支预算是指组织在预算期内以货币单位表示的收入和经营费用支出的计划预算，收入预算必须尽可能准确地估计各项收入的数量和时间，并努力提高其实现的可靠性。

2. 实物量预算控制

这是一种以实物单位来表示的预算，是货币量收支预算的重要补充。常用的实物量预算的单位包括直接工时数、台时数、原材料数量、面积、重量和体积等。

3. 资本支出预算控制

资本支出预算概括了专门用于厂房、机器、设备、库存和其他一些类目的资本支出。由于资本通常是企业最有限制性的因素之一，而且这类预算数额大、回收周期长。因此，需要慎重考虑，单独列支，并将它与组织的长期计划工作密切结合起来。

4. 负债预算控制

这是指考虑一定时期的资产、债务和资本等账户的情况，设计筹资方式、途径和数量以及还款时间、方式和能力，防止出现"资不抵债"的情况，保持财务收支的平衡。从某种意义上说，这种预算是组织中最重要的一种控制。

5. 总预算控制

通过编制预算汇总表，可以用于公司的全面业绩控制。它把各部门的预算集中起来，反映了公司的各项计划，从中可以看到销售额、成本、利润、资本的运用、投资利润及其相互关系。总预算可以向最高管理层反映出各个部门为了实现公司总的奋斗目标而运行的具体情况。

为了克服预算存在的不足，使预算在控制中更加有效，有必要采用可变的或灵活的预算方案，主要有弹性预算、滚动预算和零基预算等，这里不再一一介绍。

二、非预算控制方法

1. 审计法

审计是一种常用的控制方法，财务审计与管理审计是审计控制的主要内容。所谓财务审计是以财务活动为中心内容，以检查并核实账目、凭证、财物、债务以及结算关系等客观事物为手段，以判断财务报表中所列出的综合的会计事项是否正确无误，报表本身是否可以信赖为目的的控制方法。通过这种审计还可以判明财务活动是否符合财经政策和法令。所谓管理审计是检查一个单位或部门管理工作的好坏，评价人力、物力和财力的组织及利用的有效性。其目的在于通过改进管理工作来提高经济效益。

2. 统计报告法

统计报告法是使用统计方法对大量的数据资料进行汇总、整理、分析，以各种统计报表的形式及分析报告，自下而上向组织中有关管理者提供控制信息。使用这种方法，要求企业具备良好的基础工作，有健全的原始记录和统计资料。管理者通过阅读和分析统计报表及有关资料，找出问题、分析问题并解决问题。

3. 财务报表分析

财务报表是用于反映企业经营的期末财务状况和计划期内的经营成果的数字表。财务报表分析，也称经营分析，就是以财务报表为依据来判断企业经营的好坏，并分析企业经营的优劣势。它主要包括：利润率分析，指分析企业收益状况的好坏；流动性分析，指分析企业负债与支付能力是否相适应，资金的周转状况和收支状况是否良好等；生产率分析，指分析企业在计划期间内生产出多少新的价值，又是如何进行分配将其变为人工成本、应付利息和净利润的。

财务报表分析法主要有实际数字法和比率法两种。实际数字法是用财务报表分析中的实际数字来分析，但有时这种绝对的数字因为可比性问题，不能准确地反映企业的不同时期或不同企业间的实际水平。比率法是求出实际数字的各种比率后再进行分析，因为是用相对数进行分析，所以，体现出了对比的科学准确性，比较常用。

三、作业控制

作业控制是为了保证各项作业计划的顺利进行而做的一系列工作。一般包括成本控制、质量控制、采购库存控制等。

1. 成本全面控制

成本全面控制是在对系统的所有工作做全面详细分析后，层层分解成本指标，以其作为衡量控制标准。也就是说，以成本为控制主线，确保在预定成本下获得预期目标利润。

2. 全面质量控制

为保证产品质量符合规定标准要求和满足用户使用目的，企业需要在产品设计、试制、生产制造直至使用的全过程中，进行全员参加的、事后检验和预先控制有机结合的、从最终产品的质量到产品赖以形成的工作的质量，全方位抓好质量管理。

Dell 电脑的硬盘质量

虽然 Dell 个人电脑的质量已达到行业领先水平，但是首席执行官 Michael Dell 仍然为故障率问题而苦恼。他认为最关键的一点是降低硬盘——个人电脑的最敏感部分——组装时的触摸次数。改进生产线后，"触摸"的次数由 30 多次减少至不到 15 次。不久之后，硬盘的不合格率降低了 40%，公司个人电脑的总故障率下降了 20%。

(资料来源：http://www.docin.com/p-3651634.html)

20 世纪 80 年代，随着国际竞争的加剧和顾客期望值的提升，许多企业采用全面质量管理（TQM）的方法来控制质量，把质量观念渗透到企业的每一项活动中，以实现持续的改进。全面质量管理有以下四大特征。

（1）全过程的质量管理。即质量管理不仅仅在生产过程，而且应"始于市场，终于市场"，从产品设计开始，直至产品进入市场，以及售后服务等，质量管理都应贯穿其中。

（2）全企业的质量管理。质量管理不仅仅是质量管理部门的事情，它和全企业各个部门都息息相关，因为产品质量是做出来的，不是检验出来的，故每项工作都与质量相关。

（3）全员的质量管理。即每个部门的工作质量，取决于每个职工的工作质量，所以每个职工都要保证质量，为此，由职工成立了很多质量小组，专门研究在部门或工段的质量问题。

（4）全面科学的质量管理方法。它以统计分析方法为基础，综合应用各种质量管理方法，工作步骤按"计划—执行—检查—处理"（PDCA）四步循环进行。

3. 库存控制

企业的生产要正常连续地进行，供应流不能断，需要一定的库存，但库存占用了大量的流动资金。库存增加，不仅占用生产面积，还会造成保管费用上升、资金周转减慢、材料腐烂变质等；库存过少，又容易造成生产过程因停工待料而中断，产成品因储备不足而造成脱销损失等。所以，做好库存控制是非常重要的。库存控制主要要解决这些问题：哪些物资要有库存？哪些应多存？哪些应少存？何时订货？订多少？等等。

（1）库存什么。企业生产所需物质应根据数量和资金占用等情况分别对待，其中常用方法有 ABC 分类法。ABC 分类法是根据 80-20 原则制定的，其基本思想是少数的关键因素起决定性作用。A 类资金占用比重很大，但品种较少；C 类则相反，品种较多，但资金占用比重很小；B 类介于二者之间。通过分类，对各类物质实行不同的管理。A 类是库存控制的重点，应严格控制库存数量，严格盘点，采购间隔期尽量短，以利于加速资金周转；C 类可适当延长采购间隔期，简化管理；B 类控制方式可根据具体情况，采取适当的管理方式。

（2）库存量控制。库存量的控制要考虑总体采购资金、服务质量等因素。企业可控制采购间隔期或是采购批量来满足需要；也可设定一个订货点来控制，当库存量低于订货点时就需要再次订货了。

小思考

JIT对我国企业有现实意义吗？为什么？

（3）JIT 生产方式。虽然库存被认为是必需的，但库存给许多企业带来了极大的烦恼。基于此，日本丰田汽车公司的准时生产在这方面做出了良好的成绩，甚至被称为"无库存生产方式"。JIT 用"拉动式"的"看板管理"在生产现场控制生产进度，使之达到准时生产的目的。"拉动式"生产方式根据市场需求制订生产计划后，只对最后的生产工序工作中心发出指令，最后工序工作中心根据需要向它的前道工序工作中心发出指令，这样按反工艺顺序逐级"拉动"。在生产现场，其"拉动"靠"看板"来实现，每一张看板代表一定的数量，很容易计算和检查。

它实际上是将库存放在现场,由看板数量确定各零配件的库存数量,每当生产运行平稳后,就减少一些看板数量,使得生产中的一些问题暴露出来,从而采取措施,加以改进。

本章小结

　　管理的控制职能,是对组织的计划、组织、领导等管理活动及其效果进行衡量和校正,以确保组织的目标以及为此而拟定的计划得以实现。控制职能是每一位主管人员的主要职责,正确地和因地制宜地运用控制原理和方法,是使控制工作更加有效的重要保证。

　　控制工作的过程涉及三个基本步骤:第一步为应完成的任务制定标准;第二部为衡量实际绩效来对照这些标准;第三步,如果绩效与标准不相符合,则应采取纠偏行动。这三个步骤必须按上述顺序去实施,否则很难取得控制效果。按控制目的和对象可以将控制划分为纠正执行偏差和调整控制标准两种类型;按控制手段实施的时间可以将控制划分为前馈控制、同期控制和反馈控制三种类型;按采用的手段可以把控制划分为直接控制和间接控制两种类型。

　　如何有效地运用控制技术和方法是成功地进行控制的重要保证。控制的技术和方法多种多样,常用的控制技术和方法有预算控制、非预算控制和作业控制等。

思考与应用

【知识题】

一、单项选择题

1. "亡羊补牢"属于(　　)。
   A. 前馈控制　　　　B. 同期控制　　　　C. 反馈控制　　　　D. 预防性控制
2. 治病不如防病,防病不如讲卫生,说明下面哪种控制方案最重要?(　　)
   A. 预先控制　　　　B. 现场控制　　　　C. 事后控制　　　　D. 都不是
3. 人员的配备工作,属于(　　)。
   A. 现场控制　　　　B. 前馈控制　　　　C. 反馈控制　　　　D. 直接控制
4. 持续不断地解决现场中出现的紧急问题,这意味着管理者应该着手考虑以下何种行为了?(　　)
   A. 修正控制目标　　　　　　　　B. 组织更多的人员采取纠正行动
   C. 衡量实际绩效　　　　　　　　D. 认真分析问题产生的原因
5. 管理控制工作的一般程序是(　　)。
   A. 建立控制标准→分析差异产生原因→采取矫正措施
   B. 采取矫正措施→分析差异产生原因→建立控制标准
   C. 建立控制标准→采取矫正措施→分析差异产生原因
   D. 分析差异产生原因→采取矫正措施→建立控制标准

二、问答题

1. 什么是控制工作?它在管理中的地位如何?

2. 控制工作分为哪几个步骤？
3. 什么是前馈控制、同期控制以及反馈控制？试用企业具体实例进行分析。
4. 谈谈你对偏差的认识。为什么纠正偏差是控制的关键？
5. 简述库存控制的方法。

【案例分析题】

沃尔沃汽车公司的平衡记分卡应用

自从1993年与雷诺汽车公司（Renault）的兼并计划被取消，整个沃尔沃集团经历了重大的变革。首先，公司把大量的时间与资源花在了阐明沃尔沃集团各个子公司的远景与战略上。1995年年初，沃尔沃汽车公司（VCC）提出了新远景："成为世界上最理想、最成功的专业汽车品牌"。基于该远景，为公司的每个部门都阐明了详细的战略。通过以行动为基础的商业计划，这些战略在整个公司得以实施。

在阐明战略的过程中，公司的管理层意识到沃尔沃集团的预算和计划体系无法提供可靠的预测。管理控制体系没有正确的估计技术、产品以及成为市场上的有力的竞争者所需要的进程。公司需要一个灵活的管理控制工具，该工具能够模拟现实情况并且能够对商业环境中的变化做出快速的反应。这些因素导致公司开始引入了"新计划过程"。

新计划过程是一种报告和控制，在该过程中公司一年中至少准备四次长期和短期预测，同时还要把关注的焦点放在目标和当前的经营计划上。新计划过程不强调预算安排，甚至会传递这样一种信息："不需要预算"。依照管理的要求，预算已经成为一种形式，一种对有效控制经营起阻碍作用的每年一次的仪式。

利用新计划过程，沃尔沃想把关注的焦点从细节转向目标。沃尔沃认为决策的制定应该尽可能地靠近客户。这要求有一个能够提供早期预警信号的管理控制体系；一旦现实情况开始偏离预期，应该采取积极的决策行动来使公司朝着已经确定的目标调整。

沃尔沃的管理控制是通过测量各个部门的业绩指标来进行的，业绩指标以图形显示在记分卡上。业绩指标应该是相关的和易于测量的，并且它们应该包含有货币或者非货币的参数。而且，它们在短期和长期中应该与财务业绩或者资本使用之间有直接或者间接的联系。

每一个业绩指标都对应相应的目标。目标设定过程应该开始于对部门理想状况的清晰定义；通常情况下，在业务发展和战略阐明过程中这个步骤已经完成了。下一步是定义将引导部门朝着理想情况发展。关键的成功要素指标变成可测量的目标。目标应该是有可能实现的、便于理解的、能够分解为次要目标并能够应用于公司不同部门的。应该设定完成每个目标的最后期限，对目标实现的过程能够进行短期或长期的预测。

长期预测每季度进行一次，短期预测按月进行分解。长期预测是针对未来两年的，这样，包括过去的两年，就有5年的时间段在被关注的范围内。用这种方法，可以警告沃尔沃公司的管理层注意将要发生的变化，并采取相应的行动策略。在一年当中，绩效的评估是连续不断地对每一个绩效指标都进行经常的预测和控制。

VCC 业绩报告包括 VCC 公司各部门提交的报告。在业绩指标的基础上通过记分卡对每一个部门进行监督（指标事先由 VCC 的质量管理人员确定）。除了记分卡，还要对趋势、差异以及值得关注的事件发表评论；对任何差异都要提出一个行动计划。这种报告不仅要用书面形式加以记录，而且在每月举行的会议上还要同 CEO 或者 CFO 进行口头陈述。根据 VCC 业绩报告，沃尔沃集团的管理层了解到许多业绩指标的完成情况，包括利润、客户的满意程度、质量、成本以及营运资本等。

通过不断比较真实业绩与预期业绩，公司总是可以保证有一套行动计划来完成确定的目标。按照沃尔沃的规定，这些特点构成了业绩报告和年度预算之间的主要区别。但是，存在一个扩展的目标设定过程，在此过程中值得注意的是短期和长期目标总是保持不变，而预期目标却经常随着实际情况的改变而进行修正。因此，也可以看到补救行动计划是如何较好地完成的。

分析思考题

1. 请评价沃尔沃汽车公司对控制的认识。
2. "不需要预算"，你觉得可行吗？为什么？
3. 沃尔沃汽车公司的做法对我国企业是否有借鉴作用？为什么？

【实训】

控制方案设计

实训目标

（1）对控制形成感性认识；
（2）熟练运用各种控制方法；

实训内容与要求

（1）在 7 天以后才发现一名员工卷走了销售部几天的收入是没有意义的。你建议应该采取什么样的方法解决下列问题：一名员工无法隐藏很大数额的现金收入；如果有人确实隐藏了一些现金，我们可以及时发现。
（2）利用课余时间进行讨论，写出控制方案。

成果与成绩考核

（1）以小组为单位提交控制方案；
（2）课堂报告：各组陈述，交流体会；
（3）由教师根据报告及陈述表现综合评分。

模块九 创　新

 管理情景

猫吃辣椒的故事

一天，老和尚正和他的两个徒弟商量怎么让猫吃辣椒的对策。

老和尚："怎么样才能让猫乖乖地去吃辣椒？"

徒弟们都愣了，心想："猫是不吃辣椒的，也绝不可能乖乖地去吃辣椒啊！"

大徒弟："最好的办法就是灌！捏着鼻子往嘴里灌，它就吃了。"

二徒弟："依我看，还是饿它三天，然后把辣椒拌到鱼肉饭里。"

老和尚还是摇头。

"那么师父您老人家有什么高见呢？"

"很简单嘛，你把辣椒水涂到猫屁股上面。猫由于屁股辣，不得不舔。舔的时候自鸣得意，又心甘情愿。那不是吃了辣椒，还要感谢你的恩典了吗？"

"猫吃辣椒的故事"给你的学习有什么启示？

  学习目标

知识目标

1. 创新的概念；
2. 基于过程的创新步骤；
3. 一般的创新行为。

能力目标

1. 培养学生的创新思维能力；
2. 管理与创新结合能力培养。

单元一 创新思想的起源

一、创新的基本概念

二人分树

甲、乙二人同时发现了一棵被洪水从山上冲到山下的大树,于是二人商量如何分树。

甲很想得到这棵树,便很委婉地对乙说:"树是我们两个同时发现的,你说吧,你说怎么分就怎么分!我家最近要盖新房,分完树我还得回家准备材料去!"

乙听了甲的话自然明白了他的意思,他仔细地看了看那棵树,很大方地对甲说:"你家盖房子需要木料,我要木料也没什么用。这样吧,树根归我,我回去当柴烧,其余的都归你!"

甲听了乙的话非常高兴,他也很佩服乙的大度。讲好了分树的办法,两个人便各自找来家人帮忙,把树按乙说的办法分开了。甲高高兴兴地把树干运回了家,乙也在家人的帮助下把树根抬了回去。

甲的家里根本不准备盖新房,只是为了得到那棵树才这样讲的。第二天他就把树卖给了一个准备盖房的人,得了2 000元钱。乙的家人听说了,都埋怨乙。乙只是笑了笑,没有说话。

过了一段时间,乙用那个树根做的大型根雕卖了10万元。甲听到这个消息后,气得够呛,但也没有什么办法。其实,即使当时把树根给了甲,他也只能把它劈了当柴烧。因为和乙比,他缺乏一种关键的东西,那就是创造力。正是因为乙的创造力起到了点石成金的作用,使一个看似没有什么大用处的东西变成了宝贝。

点评:人们对同一事物的看法"仁者见仁,智者见智",关键是你的出发点是什么。

(资料来源:http://www.foodmate.net/hrinfo/story/30376.html)

创新是企业生存的根本,是发展的动力,是成功的保障。在今天,创新能力已成了国家的核心竞争力,也是企业生存和发展的关键,是企业实现跨越式发展的第一步。

什么是创新?简单地说就是利用已存在的自然资源或社会要素创造新的矛盾共同体的人类行为,或者可以认为是对旧有的一切所进行的替代、覆盖。

经济学上,创新概念的起源为美籍经济学家熊彼特在1912年出版的《经济发展概论》。熊彼特在其著作中提出:"创新是指把一种新的生产要素和生产条件的'新结合'引入生产体系。"它包括五种情况:引入一种新产品,引入一种新的生产方法，开辟一个新的市场，获得原材料或半成品的一种新的供应来源。熊彼特的创新概念包含的范围很广，如涉及技术性变化的创新及非技术性变化的组织创新。

到20世纪60年代，新技术革命的迅猛发展。美国经济学家华尔特·罗斯托提出了"起飞"六阶段理论，对创新的概念发展为技术创新，把技术创新提高到创新的主导地位。

1962年，由伊诺思（J. L. Enos）在其《石油加工业中的发明与创新》一文中首次直接明确地对技术创新下定义，"技术创新是几种行为综合的结果，这些行为包括发明的选择、资本投入保证、组织建立、制订计划、招用工人和开辟市场等"。伊诺思的定义是从行为的集合的角度来下定义的。而首次从创新时序过程角度来定义技术创新的林恩（G. Lynn）认为技术创新是"始于对技术的商业潜力的认识而终于将其完全转化为商业化产品的整个行为过程"。

美国国家科学基金会（National Science Foundation of U. S. A.），也从20世纪60年代开始兴起并组织对技术的变革和技术创新的研究，迈尔斯（S. Myers）和马奎斯（D. G. Marquis）作为主要的倡议者和参与者。在其1969年的研究报告《成功的工业创新》中将创新定义为技术变革的集合。认为技术创新是一个复杂的活动过程，从新思想、新概念开始，通过不断地解决各种问题，最终使一个有经济价值和社会价值的新项目得到实际的成功应用。到20世纪70年代下半期，他们对技术创新的界定大大扩宽了，在NSF报告《1976年：科学指示器》中，将创新定义为"技术创新是将新的或改进的产品、过程或服务引入市场。"而明确地将模仿和不需要引入新技术知识的改进作为最终层次上的两类创新而划入技术创新定义范围中。

从20世纪70~80年代开始，有关创新的研究进一步深入，开始形成系统的理论。厄特巴克（J. M. UMerback）在70年代的创新研究中独树一帜。他在1974年发表的《产业创新与技术扩散》中认为，"与发明或技术样品相区别，创新就是技术的实际采用或首次应用"。缪尔赛在80年代中期对技术创新概念做了系统的整理分析。在整理分析的基础上，他认为："技术创新是以其构思新颖性和成功实现为特征的有意义的非连续性事件。"

我国从20世纪80年代以来开展了技术创新方面的研究。清华大学教授傅家骥先生对技术创新的定义是：企业家抓住市场的潜在赢利机会，以获取商业利益为目标，重新组织生产条件和要素，建立起效能更强、效率更高和费用更低的生产经营方法，从而推出新的产品、新的生产（工艺）方法、开辟新的市场，获得新的原材料或半成品供给来源或建立企业新的组织，它包括科技、组织、商业和金融等一系列活动的综合过程。由此，我们可以看出，傅家骥先生对创新的定义是从企业的角度给出的。

总结前人的观点，本文以傅家骥先生的定义为基础，对创新定义为：企业家抓住市场潜在的赢利机会，或技术的潜在商业价值，以获取利润为目的，对生产要素和生产条件进行新的组合，建立效能更强、效率更高的新生产经营体系，从而推出新的产品、新的生产（工艺）方法、开辟新的市场，获得新的原材料或半成品供给来源或建立企业新的组织，它包括科技、组织、商业和金融等一系列活动的综合过程。

补充阅读材料

地图的另一面

一天早上,一位贫困的牧师,为了转移哭闹不止的儿子的注意力,将一幅色彩缤纷的世界地图,撕成许多细小的碎片,丢在地上,并许诺说:"小约翰,你如果能拼起这些碎片,我就给你二角五分钱。"牧师以为这件事会使约翰花费上午的大部分时间,但没有十分钟,小约翰便拼好了。牧师:"孩子,你怎么拼得这么快?"小约翰很轻松的答道:"在地图的另一面是一个人的照片,我把这个人的照片拼在一起,然后把它翻过来。我想,如果这个'人'是正确的,那么,这个'世界'也就是正确的。"牧师微笑着给了儿子二角五分钱。

(资料来源:http://emuch.net/fanwen/287/51747.html)

二、马克思主义对创新的认识

马克思主义经济学的根本在于劳动概念,而创新是劳动的基本形式,是劳动实践的阶段性发展。基于科学的人类进化、自我创造的发展学说的经济学思想,是来自人类自我内在矛盾创造的实践思想。劳动价值论是马克思主义经济学的核心,其揭示出社会发展的本质变量。其在广义上是一切社会存在的基本决定要素。

(1)人类创造自我的行为就是以发现、创新的质变到重复、积累的量变。对自然及社会的发现是创新的前提条件。人类来自自然物质世界,以创新自我的物质形态为起源,对社会本身的发现与创造构成新的社会关系。

(2)在经济领域,创新是劳动的一个重要的阶段性成果,是生产力发展的阶段性标志。创新的价值在于以新的生产方式重新配置生产要素形成新的生产力,创造新形式的劳动成果或者更大规模的生产。创新价值是从个别主体的垄断价值到社会再生产的普遍价值转化。

(3)创新行为的社会化与创新成果的社会化是相辅相成的。创新社会是依赖创新成果有效社会化的。创新成果的有限社会化同时是创新劳动的社会价值实现。同时其创造了创新理念的社会化。从社会历史发展的过程看,创新的社会化根本是创新劳动行为的社会化。创新行为的社会化与分工的社会化结合在一起形成总体对于简单劳动的超越性发展。

(4)创新劳动的价值论在于创新成果的分配过程,分配又看所有制。从社会关系的发展史看财富的流通过程就是形成社会各个主体间关系的直接路径。但社会财富的生产过程中的生产分工才是分最根本的决定通道,决定分工的竞争要素根本上取决于劳动者的劳动素质。所以一个创新的价值直接来自财富分配、流通,而根本反映劳动者本人的劳动素质的实现。

(5)创新劳动的根本问题在于创新劳动者自我,劳动者的劳动是对于自我的劳动素质的创造。人来自自然却是自我创造了自我的人格与生命的统一。人的内在矛盾要素都是人的自我创造并在有意识的连续发展中。人在一定实践范畴中,却无时不在超越已有的生命经历。

（6）社会创新是社会人对于社会关系的创新性发展。其对于社会关系的内在本质及范畴的发现及创新是对于人类自我解放的自觉实践的反映。只有人类自我自觉的自我解放行为才可以是真的社会创新，才可以形成整体的社会革命性创新。其最终表现为所有劳动者的社会化总体生产力的提升与劳动者作为人的存在的发展。

三、创新的分类

系统内部的创新可以从不同的角度去考察。

（1）从创新的规模以及创新对系统的影响程度来考察，可将其分为局部创新和整体创新。局部创新是指在系统性质和目标不变的前提下，系统活动的某些内容、某些要素的性质或其相互组合的方式，系统的社会贡献的形式或方式等发生变动；整体创新则往往改变系统的目标和使命，涉及系统的目标和运行方式，影响系统的社会贡献的性质。

（2）从创新与环境的关系来分析，可将其分为消极防御型创新与积极攻击型创新。防御型创新是为了避免威胁或由此造成的系统损失扩大，系统在内部展开的局部或全局性调整；攻击型创新是在敏锐地预测到未来环境可能提供的某种有利机会，从而主动地调整系统的战略和技术，以积极地开发和利用这种机会，谋求系统的发展。

（3）从创新发生的时期来看，可将其分为系统初建期的创新和运行中的创新。系统的组建本身就是社会的一项创新活动。系统的创建者在一张白纸上绘制系统的目标、结构、运行规划等蓝图，这本身就要求创新的思想和意识，创造一个全然不同于现有社会（经济组织）的新系统，寻找最满意的方案，取得最优秀的要素，并以最合理方式组合，使系统进行活动。但是"创业难，守业更难"，在动荡的环境中"守业"，必然要求积极地以攻为守，要求不断地创新。创新活动更大量地存在于系统组建完毕开始运转以后。系统的管理者要不断地在系统运行的过程中寻找、发现和利用新的创新机会，更新系统的活动内容，调整系统的结构，扩展系统的规模。

（4）从创新的组织程度上看，可分为自发性创新与有组织的创新。任何社会经济组织都是在一定环境中运转的开放系统，环境的任何变化都会对系统的存在和存在方式产生一定影响，系统内部与外部直接联系的各子系统接受到环境变化的信号以后，必然会在其工作内容、工作方式、工作目标等方面进行积极或消极的调整，以应付变化或适应变化的要求。同时，社会经济组织内部的各个组成部分是相互联系、相互依存的。系统的相关性决定了与外部有联系的子系统根据环境变化的要求自发地做了调整后，必然会对那些与外部没有直接联系的子系统产生影响，从而要求后者也做相应调整。系统内部各部分的自发调整可能产生两种结果：一种是各子系统的调整均是正确的，从整体上说是相互协调的，从而给系统带来的总效应是积极的，可使系统各部分的关系实现更高层次的平衡——除非极其偶然，这种情况一般不会出现；另一种情况是，各子系统的调整有的是正确的，而另一些则是错误的——这是通常可能出现的情况，因此，从整体上来说，调整后各部分的关系不一定协调，给组织带来的总效应既可能为正，也可能为负（这取决于调整正确与失误的比例），也就是说，系统各部分自发创新的结果是不确定的。

与自发相对应的，是有组织的创新。有组织的创新包含两层意思：① 系统的管

理人员根据创新的客观要求和创新活动本身的客观规律、制度化地检查外部环境状况和内部工作,寻求和利用创新机会,计划和组织创新活动;② 在这同时,系统的管理人员要积极地引导和利用各要素的自发创新,使之互相协调并与系统有计划的创新活动相配合,使整个系统内的创新活动有计划、有组织地展开。只有有组织的创新,才能给系统带来预期的、积极的、比较确定的结果。

单元二 创新的过程与原则

一、创新过程

创新有无规律可循?对于这个问题是有争议的。美国创新活动非常活跃,经营成功的 3M 公司的一位常务副总裁在一次讲演中甚至这样开头:"大家必须以一个坚定不移的信念作为出发点,这就是,创新是一个杂乱无章的过程。"是的,创新在本质上是杂乱无章的,因为创新是对旧事物的否定,是对新事物的探索。总结众多成功企业的经验,成功的创新要经历"寻找机会、提出设想、加快行动、坚持不懈"这四个阶段的努力。

1. 寻找机会

创新是对原有秩序的破坏。原有秩序之所以要打破,是因为其内部存在着或出现了某种不协调的现象。这些不协调对系统的发展提出了有利的机会或创造了某种不利的威胁。创新活动正是从发现和利用旧秩序内部的这些不协调现象开始的。不协调为创新提供了契机。

旧秩序中的不协调既可存在于系统的内部,也可产生于对系统有影响的外部。就系统的外部说,有可能成为创新契机的变化有:企业的创新,往往是从密切地注视、系统地分析社会经济组织在运行过程中出现的不协调现象开始的。

2. 提出设想

创新者敏锐地观察到了不协调现象以后,还要透过现象究其原因,并据此分析和预测不协调的未来变化趋势,估计它们可能给组织带来的积极或消极后果,并在此基础上,努力利用机会或将威胁转换为机会,采用头脑风暴、特尔菲、畅谈会等方法提出多种解决问题、消除不协调、使系统在更高层次实现平衡的创新设想。

3. 加快行动

创新成功的秘密主要在于迅速行动。提出的构想可能还不完善,甚至可能很不完善,但这种并非十全十美的构想必须立即付诸行动才有意义。"没有行动的思想会自生自灭",这句话对于创新思想的实践尤为重要,一味追求完美,以减少受讥讽、被攻击的机会,就可能错失良机,把创新的机会白白地送给自己的竞争对手。创新的构想只有在不断地尝试中才能逐渐完善,企业只有迅速地行动才能有效地利用"不协调"提供的机会。

4. 坚持不懈

构想经过尝试才能成熟，而尝试是有风险的，是不可能"一打就中"的，是可能失败的。创新的过程是不断尝试、不断失败、不断提高的过程。因此，创新者在开始行动以后，为取得最终的成功，必须坚定不移地继续下去，决不能半途而废，否则便会前功尽弃。要在创新中坚持下去，创新者必须有足够的自信心，有较强的忍耐力，能正确对待尝试过程中出现的失败，既为减少失误或消除失误后的影响采取必要的预防或纠正措施，又为把一次"战役"（尝试）的失利看成整个"战争"的失败，知道创新的成功只能在屡屡失败后才姗姗来迟。伟大的发明家爱迪生曾说过："我的成功乃是从一路失败中取得的。"这句话对创新者应该有所启示。创新的成功在很大程度上要归因于"最后五分钟"的坚持。

补充阅读材料

格力老总董明珠的创新

20年中，董明珠逐渐成为空调业内领军人物，而让她的名字更加响亮的，主要因为她带领团队打破日本对空调技术的封锁。

众所周知，空调的核心部件在于压缩机，而压缩机的核心技术几乎全部掌握在外资，尤其是日系企业手中。在20世纪90年代，国内空调企业的技术基本上都来源于对外资企业的模仿和借鉴，那时候中国空调业没有自己的核心技术。这让国内众多的空调企业处处受制于人。

为了打破外资企业这种技术封锁，董明珠开始大力倡导自主创新，并且从没有放弃过对自主创新的坚持。

在她的带领下，格力电器组建了一支3500多人的科研队伍，成立了3个基础性研究院，设立了15个研究所，建成300多个实验室，拥有中国制冷行业唯一的国家工程技术研究中心——国家节能环保制冷设备工程技术研究中心。她曾多次公开表示："在技术研发上从来不设门槛，需要多少就投入多少"。格力电器成为中国空调业技术投入费用最高的企业。仅2010年，格力电器在技术研发上的投入就超过30亿元。

因对自主创新的重视和巨大投入，格力电器在科技创新上屡获硕果。2010年7月，格力电器自主研发的高效离心式冷水机组、超高效定速压缩机、G10低频控制技术在北京人民大会堂全球首发。经国家权威部门鉴定，三项技术均达到"国际领先"水平，分别代表了中央空调、定频、变频领域的最高技术水平。

仅最近三年，格力电器拥有技术专利2 000多项，平均每周有12项新技术问世，是中国空调行业中拥有专利技术最多的企业，也是中国空调行业唯一掌握核心技术、不受制于国外技术的家电企业。

董明珠和格力电器用行动证明了中国企业不仅仅可以扮演好一个"制造者"的角色，而且在自主创新特别是核心技术的创新方面，同样可以有所作为，同样能成为世界的强者，同样能赢得世界的尊敬。

（资料来源：http://www.worlduc.com/blog.aspx?bid=735903）

二、创新的原则

管理创新原则是权变管理原理最有效的体现。创新的原则就是指创新活动所依据的原则或标准，通常包括以下几个原则。

（一）系统辩证原则

系统辩证原则是指创新活动本身就是一个系统，故应从多个角度去辩证地思考。具体包括正面和反面创新法和系统辩证创新法两个方面。

1. 正面和反面创新法

正面和反面创新法是指任何事物都有正反两方面。系统辩证原则就是借助正反两方面，从系统各个相互联系、相互制约的关系中去思考问题，从它们相生相克、相辅相成的关系中观察事物。

试举例说明生活中只有正反两面的物品。

在从正面、正向、有利的方面思考的同时，也要注意从其反面、反向、不利的方面去考虑，形成看待事物时"正、反、合"的科学思维方式。"正、反、合"即对正面和反面的利弊得失进行综合分析，然后再决策，这对所有事物都普遍适用，也是战略思想、战略决策应遵循的思维方式。因为，有时正面思考难以解决的问题，改换一下思维角度，从反方面考虑便可迅速得到解决。

2. 系统辩证创新法

系统辩证创新法是指在创新活动中，基于系统论、信息论和控制论三大理论的指导，形成以整体的、联系的、结构的、功能的、层次的、非线性的观点对某一特定系统进行分析、归纳、综合并求得创新创意的方法。总之，遵照系统辩证的原则，非但不会约束你的创新思路，反而有助于你拓宽思路并创造出行之有效的解决问题的方法。

（二）市场评价原则

市场评价原则又称效益效率原则，是指创新成果大小的评价标准，除了基础科学的评价之外，还要接受市场的检验和评估。

创新的评价标准，一是新颖性，二是价值性。如果说创新的对象是新产品，它的新颖性多指新技术、新材料、新工艺、新样式和新功能等，都是以技术为核心。而它的价值性，多是指市场价值，及市场对这种新技术的需要程度。市场的需求包括开发、引导、创新、扩展等环节，最终结果是要看又多大的市场占有率及市场份额。

市场评价原则其实指的就是具有一定技术标准和技术壁垒，并被市场认可的核心技术。因为，在市场经济条件下，竞争力是企业生存和发展的基础，企业不掌握核心技术就没有竞争力，企业只有具备了强大的竞争力才会有更高的效益和效率。所谓的技术标准，包括技术水平高于原有技术和技术本身具有竞争对手很难模仿的技术壁垒。市场标准是指市场需求大不大、强不强等。所以，核心技术 = 技术标准

+市场标准。因此,抓住了核心技术,市场评价原则就抓到了实处,抓到了重点和核心。

市场评价原则要求我们开发和提升人的创新能力。核心技术就是由创新能力体现出来的。对此,大发明家爱迪生说得十分明确和深刻:"我不打算发明任何卖不出去的东西,因为不能卖出去的东西都没有达到成功的顶点。能销售出去的东西就证明了它的实用性,而实用性就是成功。"

为了评价发明的使用性,有人设计了具有使用价值的检核表,作为市场评价原则的重要依据,并包含了很多有关的评价指标。

(1) 该发明要解决的问题是否迫切;
(2) 是否容易使用;
(3) 是否耐用可靠;
(4) 是否令人喜欢、赏心悦目甚至爱不释手;
(5) 其他一些要求能否满足,如使用安全、不妨碍他人、无公害等。

(三) 比较优势原则

比较优势原则是指创新活动的成果,都必须强调比较优势而不是绝对优势。

显然,创新活动无论是开发新产品、新技术,还是开发新市场、新资源,都须强调比较优势而不是绝对优势,尤其是在市场经济条件下,创新的比较优势原则更是普遍适用的、极为重要的原则。换句话说,比较优势原则就是适合原则、适度原则。

就一个国家来说,如果强调绝对优势,就会追求国民经济体系包罗万象,其结果不但不可能有绝对优势,反而连相对优势也没有,会造成国弱民穷的局面。

就一个企业来说,发展的目标是什么,资金投向哪里,如何为将来培养人才,都应基于比较优势原则来确定。

开发新技术也同样如此。例如,我国的硅产业就是一个在国际上具有比较优势的产业。作为一直掣肘太阳能产业发展的多晶硅的生产大国——中国,近年来,通过加快技术创新,在降低成本提高产能方面,都取得了令人鼓舞的进步。2012 年年底,我国多晶硅形成大约 20 万吨年生产能力,其潜在的经济技术价值和应用市场情景都极为可观,明显地具有技术开发和应用的比较优势。

对于个人来说同样也是如此,我们应该更多地分析自己创新的相对优势在哪里,你奋斗的目标市场,你在哪个领域、哪个专业上最有发展的相对优势,这些是首先需要明确下来的问题。只有当这些问题搞清楚了,再根据创新的比较优势原则,量力而行,才能较快地取得事业上的成功。

牛顿与万有引力定律

(四) 构思独特原则

构思独特原则是指成功的创新活动的成果往往是构思独特、不同反响且出奇制胜的,是见人多不见、思人所不思,或者虽是人有所思,但思之不深、思之不广的。例如，英国工程师查尔斯·德莱帕就因其为泰晤士河设计的 D 型洪水闸的构思独特，而获得了"伦敦城公民"的荣誉称号。

（五）简单性原则

简单性原则是指对事物本质属性的认识最终都是趋于简单的。

尽管大千世界千姿百态，但其构成其实只有 30 多种粒子和 110 种元素。而世间全部的客观存在，就其本质、原理、元素、构成而言，都是简单的。不为复杂变化所迷，找出事物之间的联系就形成了创新的简单性原则。这正如牛顿所说："自然界喜欢简单。"这句话揭示了自然界普遍规律的表达方式是异乎寻常的简单。在高水平的管理中，其规则越简单就越是抓住了本质、抓住了关键、抓住了要害，就越是有效的。创新的简单性原则在一切领域里都是普遍适用的原则。创新往往是简单的，这个原则有助于破除对创新、创造、发明、发现的神秘化，摆脱无助于效率的、效益的、繁文缛节的、空耗精力和浪费时间的形式主义。

（六）不轻易否定、不简单比较原则

不轻易否定、不简单比较原则是指在分析评判各种产品创新创意方案时，应注意避免习惯性思维，依据经验、逻辑等轻易否定的倾向。

事实上，现代科学技术的发展使许多认为不可能的事成为可能。在创新者的头脑里，应不用"不"字，或起码应该慎用"不"字。在避免轻易否定倾向的同时，还要注意不要随意在两个事物之间进行简单比较。不同的创新，包括非常相近的创新，原则上不能以简单的方式比较其优势。

创新不能简单比较的原则，带来了相关技术在市场上的优势互补，形成了共存共荣的局面。创新的广泛性和普遍性都源于创新具有的相融性，如市场上常见的钢笔、铅笔就互不排斥，即便都是铅笔，也有普通木质的铅笔和金属或塑料外壳的自动铅笔之分，它们之间也不存在排斥的问题。

总之，我们应在尽量避免盲目地、过高地估计自己的设想的同时，也要注意珍惜别人的创意和构想、简单的否定与批评是容易的，难得的却是闪烁这希望的创新构想。

补充阅读材料

卷纸的运输

卷纸是一种既便宜又轻便的产品，但其运输成本在价格中所占比重较高。圆形卷纸在捆扎包装时会留有缝隙，造成空间的浪费，而方形卷纸因其断面是方形的，可以缩小缝隙进行打包，这种改进降低了运输成本，提高了经济效益。

单元三　管理创新行为

管理系统在运行中的创新要涉及许多方面。为了便于分析，我们以社会经济生活中大量存在的企业系统为例来介绍管理创新行为。

一、目标创新

企业是在一定的经济环境中从事经营活动的，特定的环境要求企业按照特定的方式提供特定的产品。当环境发生变化，企业的生产方向、经营目标以及企业在生产过程中与其他社会经济组织的关系就要进行相应的调整。我国的社会主义工业企业，在高度集权的经济体制背景下，必须严格按照国家的计划要求来组织内部的活动。经济体制改革以来，企业同国家和市场的关系发生了变化，企业必须通过其自身的活动来谋求生存和发展。因此，在新的经济背景中，企业的目标必须调整为"通过满足社会需要来获取利润"。至于企业在各个时期的具体的经营目标，则更需要适时的根据市场环境和消费需求的特点及变化趋势加以整合，每一次调整都是一种创新。

二、技术创新

技术创新是企业创新的主要内容，企业中出现的大量创新活动都是有关技术方面的。因此，有人甚至把技术创新视为企业创新的同义词。

现代工业企业的一个主要特点是在生产过程中广泛运用先进的科学技术。技术水平是反应企业经营实力的一个重要标志，企业要在激烈的市场竞争中处于主动地位，就必须顺应甚至引导社会技术进步的方向，不断地进行技术创新。由于一定的技术都是通过一定的物质载体和利用这些载体的方法来体现的。因此，企业的技术创新主要表现在要素创新、要素组合方法的创新以及产品创新三个方面。

（一）要素创新

企业的生产过程是一定的劳动者利用一定的劳动手段作用于劳动对象使之改变物理、化学形式或性质的过程。参与这个过程的要素包括材料、设备以及企业员工三类。

1. 材料创新

材料构成产品的物质基础，材料费用在产品成本中占很大比重，材料的性能在很大程度上影响产品的质量。材料创新的内容包括：开辟新的来源，以保证企业扩大再生产的需要；开发和利用量大价廉的普通材料（或许寻找普通材料的新用途），替代量少价昂的稀缺材料，以降低产品的生产成本；改造材料的质量和性能，以保证和促进产品质量的提高。现代材料科学的迅速发展，为企业的原材料创新提供了

广阔的前景。如目前流行的3D打印技术就运用粉末状金属或塑料等可粘合材料。

2. 设备创新

现代企业在生产过程中广泛地利用了机器设备体系，劳动对象的加工往往由机器设备直接完成，设备是现代企业进行生产的物质技术基础。马克思曾经说过："各种经济时代的区别，不在于生产什么，而在于怎样生产，用什么劳动资料生产。"设备的技术状况是企业生产力水平具有决定性意义的标志。因此，不断进行设备的创新，对于改善企业产品质量，对于减少原材料、能源的消耗，对于减少手工劳动的使用都有着十分重要的意义。

设备创新主要表现在下述几个方面：① 通过利用新的设备，减少手工劳动的比重，以提高企业生产过程的机械化和自动化的程度；② 通过将先进的科学技术成果用于改造和革新原有设备，延长其技术寿命，提高其效能；③ 有计划地进行设备更新，以更先进、更经济的设备来取代陈旧的、过时的老设备，使企业建立在先进的物质技术基础上。

3. 人事创新

任何生产手段都需要依靠人来操作和利用，企业在增加新设备、使用新材料的同时，还需不断提高人的素质，使之符合现代化的生产与管理的要求。

企业的人事创新，不但包括根据企业技术进步的要求不断地从外部取得合格的新的人力资源，而且更应注重企业内部现有人力的继续教育，用新技术、新知识去培训、改造和发展他们，使之适应技术进步的要求。

（二）要素组合方法的创新

利用一定的方法将不同的生产要素加以组合，是形成产品的先决条件。要素的组合包括生产工艺和生产过程时空组织两个方面。

生产工艺是劳动者利用劳动手段加工劳动对象的方法，包括工艺过程、工艺配方、工艺参数等内容。工艺创新既要根据新设备的要求，改变原材料、半成品的加工方法，也要在不改变现有设备的前提下，不断研究和改进操作技术和生产方法，以求使现有的设备得到更充分的利用，使现有材料得到更合理的加工。工艺创新与设备创新是相互促进的，设备更新要求工艺方法做出相应的调整，而工艺方法的不断完善又必然促进设备的改进和更新。

生产过程的组织包括设备、工艺装备、制品以及劳动在空间上的布置和时间上的组合。空间布置不仅直接影响设备、工艺装备和空间的利用效率，而且影响人机配合，从而直接影响工人的劳动生产率；各生产要素在时空上的组合，不仅影响在制品、设备、工艺装备的占用数量，从而影响生产成本，而且影响产品的生产周期。因此，企业应不断地研究和采用更合理的空间布置和时间组合方式，以提高劳动生产率、缩短生产周期，从而在不断增加要素投入的前提下，提高要素的利用效率。20世纪最伟大的企业生产组织创新，莫过于将泰勒的科学管理原理与汽车生产实践相结合而产生的生产流水线。流水线的问世引起了企业生产率的革命。

芭比娃娃如何跨过半个世纪

Mattel公司的产品——芭比娃娃已经50多岁了,回顾芭比50年"人生"经历,人们可以轻易找到过去50年美国女性发展的脉络。从年龄上说该是"阿姨"了,但为什么她还如此受全球小朋友的宠爱呢?这是因为她不断创新的缘故——20世纪50年代,芭比是个广交朋友、能说会道的小女孩;60年代,芭比细眉轻弯,平民化突出;70年代,有不同肤色的芭比;80年代,黑色的芭比十分可爱,而且有不同的职业装;90年代,芭比飞指敲击键盘,灵性十足;到了21世纪,芭比娃娃"甩掉"相伴多年的"男友"肯,一展独立自信的现代形象;现在,孩子们可以在网站上设计出更新潮的、各具特色的芭比娃娃,而其还会赋予她一个非常特别的性格。

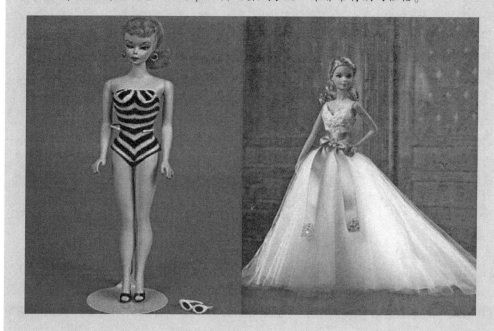

(资料来源:解放牛网 http://www.jfdaily.com/blog/107684?page=8)

(三) 产品创新

生产过程中各种要素组合的结果是形成企业向社会贡献的产品。企业是通过生产和提供产品来求得社会承认、证明其存在的价值,也是通过销售产品来补偿生产消耗、取得盈余,实现其社会存在的。产品是企业的生命,企业只有不断地创新产品,才能更好地生存和发展。

产品创新包括许多内容,这里主要分析物质产品本身的创新。关于产品使用价值在实现过程中的创新,我们将在"环境创新"中分析。物质产品主要包括品种和结构的创新。

品种创新要求企业根据市场需求的变化,根据消费者的转移,及时地调整企业的生产方向和生产结构,不断地开发出受消费者欢迎和适销对路的产品。

产品结构的创新在于不改变原有品种的基本性能，对现在生产的各种产品进行改进和改造，找出更加合理的产品结构，使其生产成本更低、性能更完善、使用更安全，从而更具有市场竞争力。

产品创新是企业技术创新的核心内容，它既受制于技术创新的其他方面，又影响其他技术创新效果的发挥：新的产品、产品新的结构，往往要求企业利用新的机器设备和新的工艺方法，而新工艺的运用又为产品的创新提供了更加优越的物质条件。

海尔"小小神童"的诞生

海尔集团的产品以质量稳定而著称于世，往往成为消费者在选购家电时的首选，在家电市场其市场占有率一直名列前茅。但1996年的夏天，海尔集团收到上海一位消费者写的信，抱怨市场上买不到适合夏天用的洗衣机。经过调查，海尔发现，原来夏天人穿的衣服比较轻，比较薄，并且要天天换，天天洗。如果用通常的洗衣机洗的话，则既费水又费洗衣粉。了解到

小小神童宣传广告

这一情况后，海尔立即着手进行产品开发，针对夏天洗衣服的特殊需求，三天后开发出了适合于夏天用的"小小神童"洗衣机系列，投放市场。果然市场对这一系列洗衣机的反响空前，此类洗衣机销售一空。

三、制度创新

要素组合的创新主要是从技术的角度分析了员工、设备、材料各种结合方式的改进和更新，而制度创新则需要从社会经济角度分析系统中各成员间的正式关系的调整和改革。

制度是组织运行方式的原则规定。一般来说，企业制度主要包括产权制度、经营制度和管理制度三个方面的内容。

产权制度是决定其他制度的根本性制度，它规定着企业最重要的生产要素的所有者对企业的权力、利益和责任。不同的时期，企业各种生产要素的相对重要性是不一样的。在主流经济学的分析中，生产资料是企业生产的首要因素，因此，产权制度主要是指企业生产资料的所有制。目前存在相对的两大生产资料所有制——私有制和公有制（或更准确地说是社会成员共同所有的"共有制"），在实践中都不是纯粹的。私有制正越来越多地渗入"共有"的成分，被"效率问题"所困扰的公有制则正或多或少地添进"个人所有"的因素，如我国目前试行中的各种形式的"股份制"。企业产权制度的创新也许应朝着寻求生产资料的社会成员"个人所有"与"共同所有"的最适度组合的方向发展。

经营制度是有关经营权的归属及行使条件、范围、限制等方面的原则规定。它

表明企业的经营方式，确定谁是经营者，谁来组织企业生产资料的占有权、使用权和处置权的行使，谁来确定企业的生产方向、生产内容、生产形式，谁来保证企业生产资料的完整性及其增值，谁来向企业生产资料的所有者负责以及负何种责任。经营制度的创新方向应是不断寻求企业生产资料最有效利用的方式。

管理制度是行使经营权、组织企业日常经营的各种具体规则的总称，包括对材料、设备、人员以及资金等各种要素的取得和使用的规定。在管理制度的众多内容中，分配制度是极其重要的内容之一。分配制度涉及如何正确地衡量成员对组织的贡献，并在此基础上如何提供足以维持这种贡献的报酬。由于劳动者是企业诸多要素的利用效率的决定性因素，因此，提供合理的报酬以激发劳动者的工作热情，对企业的经营者就有着非常重要的意义。分配制度的创新在于不断地追求和实现报酬与贡献的更高层次上的平衡。

产权制度、经营制度、管理制度这三者之间的关系是错综复杂的（实践中相邻的两种制度之间的划分甚至很难界定）。一般来说，一定的产权制度决定相应的经营制度。但是，在产权制度不变的情况下，企业具体的的经营方式可以不断地进行调整；同样，在经营制度不变时，具体的管理规则和方法也可以不断改进。而管理制度的改进一旦发展到一定程度，则会要求经营制度做相应的调整；经营制度的不断调整，则必然会引起产权制度的变革。因此，反过来，管理制度的变化会反作用于经营制度，经营制度的变化会反作用于产权制度。

我国企业制度的改革正是循着这条线路进行的。企业改革首先开始于内部的管理制度改革，如企业整顿，管理改革的深化引起了经营制度的调整，如"松绑放权"，使企业从"产品生产者"成为"相对独立的商品生产者"，而经营方式的进一步改革，如从"日常经营权"到"战略经营权"，则要求产权制度的完善，如从"相对独立的商品生产者"转向"完全独立的商品生产者"，从纯粹的"公有制"趋向"股份制"。

企业制度创新的方向是不断调整和优化企业所有者、经营者、劳动者三者之间的关系，使各个方面的权利和利益得到充分的体现，使组织中各种成员的作用得到充分的发挥。

补充阅读材料

3M 公司的 15% 规则

3M 公司为在整个公司范围内激励起创新的热情，推出了"15%规则"的制度。根据这一规则，每个研发人员都可以拿出15%的工作时间做个人感兴趣的发明和研究。这些事情包括读书、上网，也包括钓鱼、登山……只要是在发明，不管这项发明是否直接有利于3M公司，都不会受到上级任何干预。3M公司这一独特的企业文化，造就了一个奇异的规律：产品的发明永远早于市场的需求。这似乎有悖于任何一本经济学课本中对产品和需求关系的定义，但事实上很多起初并未找到真正合适的用途的产品最终都得以大放光芒。

（资料来源：http://cofco.mellnet.com/mellnet/705/blog/news20100609152236.html）

四、组织机构和结构创新

企业系统的正常运行,既要求具有符合企业及其环境特点的运行制度,又要求具有与之相应的运行载体,即合理的组织形式。因此,企业制度创新必然要求组织形式的变革和发展。

从组织理论的角度来考虑,企业系统是由不同的成员担任不同的职务和岗位的结合体。这个结合体可以从结构和机构这两个不同层次去考察。机构是指企业在构建组织时,根据一定的标准,将那些类似的或与实现统一目标有密切关系的职务或岗位归并到一起,形成不同的管理部门。它主要涉及管理劳动的横向分工的问题,即把对企业生产经营业务的管理活动分成不同部门的任务。而结构则与管理部门之间,特别是与不同层次的管理部门之间的关系有关,它主要涉及管理劳动的纵向分工问题,即所谓的集权和分权问题。不同的机构设置,要求不同的结构形式;组织结构完全相同,但结构之间的关系不一样,也会形成不同的结构形式。由于机构设置和结构的形成要受到企业活动的内容、特点、规模、环境等因素的影响,因此,不同的企业也有不同的组织形式,同一企业在不同的时期,随着经营活动的变化,也要求组织的机构和结构不断调整。组织机构和结构创新的目的在于更合理地组织管理人员努力提高管理劳动的效率。

补充阅读材料

"昨天的组织是机械,今天的组织是系统,明天的组织是头脑。"这是今天人们对于不同时期企业组织特点的概括。在工业化时代,组织的机能如同机械,生产组织内有明确的定义和分工,学习只体现在某些局部的专业技能培训上。而在当今,人们把组织作为有机的系统来把握。个人是组织中的一个有机组成部分,整个企业组织就是一个完整的学习和信息交流反馈的系统,可以说,企业的运行是靠不间断的学习来推动的。至于未来,学习型组织不仅仅是系统模型,还要超过它,要使组织和人一样发挥大脑的功能。组织如果能像人脑一样对外部变化的事物反馈及时,能够自主认识、思考和行动,组织就能更简单地学习,也更有成效,达到自我组织、自我监控、自我修正的理想境界。

当然,组织的这一演化过程离不开创新,创新作为企业的核心专长需要组织制度上的保证,同时,创新又能够使组织不断变革、发展,以适应形势的需要。

五、环境创新

环境是企业经营的土壤,同时也制约着企业的经营。环境创新不是指企业为适应外界变化而调整内部结构或活动,而是指通过企业积极的创新活动去改造环境,去引导环境朝着有利于企业经营的方向变化。例如,通过企业的公关活动,影响社区、政府政策的制定;通过企业的技术创新,影响社会技术进步的方向;等等。就企业来说，环境创新主要是指市场创新。

市场创新主要是指通过企业的活动去引导消费，创造需求。新产品的开发往往被认为是企业创造市场需求的主要途径。其实，市场创新的更多内容是通过企业的营销活动来进行的，即在产品的材料、结构、性能不变的前提下，或通过市场的地理转移，或通过揭示产品新的物理使用价值，来寻找新用户，再或通过广告宣传等促销工作，来赋予产品一定的心理使用价值，影响人们对某种消费行为的社会评价，从而诱发和强化消费者的购买动机，增加产品的销售量。

 管理小故事

非洲卖鞋

一天，一位鞋商把他的两个销售人员叫来吩咐说："给你们个任务，谁能完成，我将会给他丰厚的回报，你们谁去把鞋卖到非洲去？"

甲说："老板你这不是难为人吗，怎么可能把鞋卖给非洲人呢，那里的人根本就不穿鞋的。"

乙说："老板，我去！多好的机会啊，多大的市场啊，要是非洲人民知道穿鞋的好处，那得有多少人买我的鞋啊。"

点评：面对相同的环境，人们应发挥主观能动性去改变不利因素，来创造好的环境，服务于自己的目标。

 补充阅读材料

中国式创新：四种模式与四个心态

改革开放30年来，随着人民币升值和劳动力成本的一步步提高，从"中国制造"到"中国创造"的转型越来越急迫。中国的时代转型倚重于创新，但对于创新的解读，却是见仁见智。这里不妨戏说一下：中国式创新的四种模式以及模式背后的四种心态：危创新，丛林草莽心态；伪创新，百事可乐的心态；微创新，精益求精的心态；伟创新，开放的心态。

危创新：丛林草莽心态

危创新，说白了就是违反道德底线，甚至违反法律约束的所谓"创新"——从黑社会到黄赌毒，从盗版光碟到软件外挂和恶意劫持，从食品掺假到媒体抹黑和幕后操纵，从资历作假到知识产权盗用，处处都是危创新在作祟。

国人文化情结中对于"梁山好汉"的认同和推崇，为危创新提供了滋生的沃土，民众常常看不清危创新的危害而容易为之蒙蔽。危创新者非常善于操纵网民舆论，借所谓的"民意"之刀杀人。我国法制和监管的不完善更是给危创新者以可乘之机，所以"铤而走险"式的危创新案例层出不穷。

2010年8月，在黑公关和部分媒体的操纵下，圣元奶粉深陷"激素门"，一时间民意鼎沸，一致声讨圣元的不负责任和政府的监管失职。此后短短半年时间，进口奶粉的市场占有率陡然上升到50％以上，国人不敢再喝国产奶粉。倘若不是事后抓出幕

后黑手，恐怕直到今天，圣元和政府还要备受谴责。

危创新，常常能够带来快速而直接的效益，这对于急功近利者有着巨大的诱惑力。一位参与掺假三聚氰胺的乳品收购商曾经向记者透露："加了三聚氰胺才能赚钱；不加，那就一分钱赚不到。不赚钱，我们吃什么？一吨牛奶卖给老百姓多少钱，可我们装在口袋里的没有这么多钱……"言下之意，只要产业链分配不合理，他们就有理由而为之。危创新者往往以"被逼无奈"、"别无选择"、"社会所迫"和"劫富济贫"等为借口，这些借口一方面给了他们"出师有名"的强心理暗示，另一方面则蒙蔽了公众的是非判断。

伪创新：百事可乐的心态

伪创新，其实本身并没有创新，而是把别人的创新和成功模式简单复制，将其应用在"先驱者"覆盖不到或覆盖不全的领域。假设市场足够大，假设在某些地域和垂直领域，有足够的特有需求，而且一直不能为"先驱者"所满足，那么简单复制的伪创新便有强大的生命力。

这里有一个正面案例，是当可口可乐如日中天时，百事可乐横空出世——同样是碳酸类饮料，口味非常接近，在这场"百事挑战"（PepsiChallenge）中，大部分人无法辨别两者口味的差别。但作为一个市场的后来者，作为一个先驱者品牌的挑战者，百事可乐没有停留在第一步的伪创新上，而是从市场营销、品牌推广、渠道模式、资本运作和商业模式上不断创新。经过这么多年的发展，百事可乐的市值与可口可乐越来越接近，同时还分拆上市了一些品牌优质的企业，其中包括拥有KFC和必胜客的百胜。

类似的故事在中国也有很多，在国内做得很出色的品牌代理商，反向收购母品牌的地域所有权，甚至整个品牌。

收购后，不拘泥于原来的品牌风格，不断地给品牌增添新的内涵，让原本濒临危境的品牌焕发出新的活力。

B2B商业模式最早出现在美国，或许今天已经没有太多人还记得CommerceOne、Ariba、FreeMarkets这些B2B的先驱，网络泡沫破碎的不仅是浮躁和不切实际的梦想，也抹杀了一个可能爆发的产业潜力。而真正将B2B模式可持续地做成功的，却是中国——以阿里巴巴为代表的众多B2B公司的率先赢利和上市，让世界为之一振。

名为伪创新，其实不伪。敢于在市场的规范下挑战先驱是一种勇气。挑战者也常常拥有自己独特的优势，如更了解本地或垂直领域的用户需求，拥有更强的执行团队和更好的推广渠道……在"同质化竞争"日趋白热化的今天，决定成败的不再是"一招鲜"和"一锤定音"，而是商场博弈和执行智慧的长跑。换句话说，百事可乐的成功模式可以被复制。设想，如果中国出现更多成功的自主品牌"千事可乐"、"万事可乐"，你是会责骂产品山寨，还是为更多元的市场选择和勇于挑战的企业家喝彩呢？

微创新：精益求精的心态

微创新，顾名思义，是基于原有的商业模式、产品模式和技术基础上的进一步革新、小步骤创新。因其微小而往往被忽视，但其爆发力同样巨大。

以日本汽车工业为例。早年的日本汽车，在美国人的眼里就是廉价低质的代名词。日本汽车工业经过几十年的发展，日本企业表现出持续的微创新能力，彻底改变了世界汽车市场的竞争格局。我曾生活在丰田汽车在美国最大的工厂（Georgetown, Kentucky）附近，有机会与丰田汽车的工程师交流，当时他们最常用的考查质量的标准是"问题数（Defect Count）"，即平均每辆车的小毛病数量，而丰田汽车Camry的"问题数"是美国同类车型的二分之一。丰田汽车不遗余力地探究每一个出问题多的地方及其原因，搜集相关数据，建立了一个庞大的数据库，而后以优化流程的方式，尝试将"问题数"一降再降。通过这种老美看不上眼的精益求精的微创新精神，把日本车的质量做扎实，口碑做响亮。

在中国，关于微创新的讨论也有很多。我印象很深的是，很多互联网精英到网吧、用户家中，考察用户使用产品的行为习惯、操作过程及使用感受，并根据这些采样改进产品。恰恰是这些产品的细节处理逐步满足了用户的需求，令其在一段时期里有了长足发展。

微创新，的确渺小到不足以言道，但诸多商业流行品牌的成功案例证明，不积跬步何以至千里，正是那一点点的细节处理和看似漫不经心的微弱发力，日积月累，推动市场走向新的格局。

伟创新：开放的心态

伟创新，一如在过去30年里的电脑技术、互联网技术以及基于互联网的商业模式、搜索、SNS等带来的全新产业变革和机遇，是人们传统意识里公认的"伟大创举"。但关于伟创新的理解，容易陷入以下三个误区。

误区之一：伟创新，总是发明者能够最成功的创新

回顾历史，第一个发明图形界面的是XeroxLab（施乐实验室），第一个把这项技术商业化的是苹果公司的Macintosh，而真正把这个技术普及给大众的是微软的Windows视窗操作系统；10年前，在Overture和AltaVista横行的网页搜索年代，人们质疑Google是不是还有机会；6年前，在MySpace、Classmate.com和Friendster蓬勃发展的SNS领域，有多少人相信同是从学生领域入手的Facebook能够后来者居上。伟创新，并不一定是"第一个吃螃蟹的人"创新的简单结果。

误区之二：伟创新，是一次性的创新

伟创新，是厚积薄发的过程，人们在惊叹爆发结果的时候，往往忽略其历经艰辛的漫长发展史。当SNS标杆Facebook在用户时间上已独霸江湖之时，大家是否还记得，2004年至2007年间Facebook经历过几次艰苦转型：从最早的校园模式扩张到用户动态（Feed）表现形式更新，从单一的交友式网站到复合型的profile展示，从简单的社交模式到建立在开放平台基础上的多种应用，从单一的用户内容源到包容了FacebookOpenGraph（原FacebookConnect）的多元内容源……今时今日的成功无法一蹴而就，坚持脚踏实地的积累迈进，才是造就Facebook风靡全球的稳固基石。

误区之三：伟创新，是一个企业或某个人的创新

创新之所以伟大而影响深刻，是因其带来的产业和行业的巨大变革。以微软的Windows操作系统为例。

20世纪90年代初，如果你有机会去美国大学的机房看一看，会发现苹果公司的Mac电脑与X86型IBM的电脑在数量上不相上下，但Windows的开放平台（WindowsAPI

和基于 API 的开发）迅速发展，颠覆了市场格局。一大批企业在 Windows 平台上大展身手，众多 Windows 软件和应用如雨后春笋般崭露头角，带动了一大批软件公司蓬勃兴起，实现了第一次基于 Client-Server 开发模式的革命，也让 Windows 操作系统成为个人电脑 OS 的无冕之王。

今天的 Facebook 开放平台，与苹果 AppStore 平台和 Android 应用平台，也有着异曲同工之妙。在中国，包括中国移动、腾讯在内的诸多大型企业，也开始尝试开放产业链，让更多的中小企业释放创新潜力，与行业一起成长。以代表腾讯社区的 QQ 空间和腾讯朋友为例，接入的一个个第三方应用（如摩天大楼、家园守卫战、功夫英雄、梦幻海底等）都获得了用户基数和商业模式的成功，QQ 互联也给 Yoka、酷 6 网、cn-Beta 和 Donews 等各类网站带来了直接流量和用户。

创新式的中国

成就伟创新需要一个开放的心态，一个共赢的心态。

今天，一个开放的创新，是把鱼塘不断扩大，鱼塘的开发者在自己养鱼的同时，把更大的鱼塘提供给其他人。微软其实就是一个例子，在 Windows 上，既有微软自己开发的 Office 软件，也有更多满足不同需求的非微软研发的应用。市场份额最大的浏览器是 IE，但是通过 IE，我们看到最成功的 Portal 是 Yahoo，最成功的搜索是 Google，最成功的 SNS 是 Facebook……放水养鱼式的开放，将成就一个更开阔的共赢的行业。

中国需要腾飞，国人应该摒弃危创新，在尊重法制和游戏规则的前提下，敢于伪创新，埋头苦干、踏踏实实地微创新，积少成多，汇聚伟大，在开放的心态中成就伟创新。

今天我们探讨"中国式创新"，明天期盼出现一个"创新式的中国"！

（资料来源：http://www.sino-manager.com/2011420_23461_p2.html）

本章小结

市场经济是有波动的，要使经济得以在波动中寻找规律，各社会组织就需要不断进行创新，企业作为社会组织中重要的组成部分，也不例外。企业的经营管理者只有不断创新，才能确保企业长盛不衰。

本模块先阐述了创新的基本概念以及马克思对创新的认识，其次结合管理的原理阐述了创新的过程和基本原则，再者结合当前企业实际，罗列了企业五种创新行为。

思考与应用

【知识题】

一、单项选择题

1. 熊彼特认为经济增长和发展的"主发动机"是（　　）。
    A. 管理 　　　　B. 营销 　　　　C. 创新 　　　　D. 人才
2. 企业创新一般包括的内容是（　　）。
    A. 组织创新、市场创新、管理创新、文化创新

B. 目标创新、技术创新、制度创新、环境创新
   C. 技术创新、制度创新、组织创新、管理创新
   D. 文化创新、制度创薪、市场创新、管理创新
3. 制度创新是一个（　　）。
   A. 静态过程
   B. 从制度均衡到非均衡的过程
   C. 从制度非均衡到均衡的过程
   D. 制度均衡与非均衡交替出现的动态循环上升过程
4. 企业的目标必须调整为（　　）。
   A. 追求质量
   B. 降低成本
   C. 通过满足顾客需要来达到企业利益最大化的目标
   D. 大力发展生产
5. 从创新的组织程度上看，创新可分为（　　）。
   A. 系统初建期的创新和运行中的创新　　B. 自发创新与有组织的创新
   C. 消极防御型创新与积极攻击型创新　　D. 局部创新和整体创新

二、简答题
1. 简述熊彼特的创新理论的内容。
2. 举例说明创新的四个过程。
3. 创新类型主要有哪些？
4. 简述企业制度的内容。
5. 你每天的日常生活进行过创新吗？试举例说明。

【案例分析题】
　　1. 联想分拆，二少帅分掌事业空间
　　2001 年 3 月，联想集团宣布联想电脑、神州数码战略分拆进入到资源分拆的最后阶段，同年 6 月，神州数码在香港上市。分拆之后，联想电脑由杨元庆接过帅旗，继启自有品牌，主攻 PC、硬件生产销售；神州数码则由郭为领军，另创品牌，主营系统集成、代理产品分销、互联网产品制造。至此，联想接班人问题以喜剧方式尘埃落定，深孚众望的二少帅一个握有联想现在，一个开往联想未来。曾经少期困扰中国企业的接班人问题，在联想老帅柳传志的世事洞明的眼光下，一笑而过。
　　分析思考题：结合所学知识，分析案例中的企业管理创新的运用。
　　2. 两教授心系学员，创立好赖网
　　2007 年 3 月 29 日中午 13 时许，郝新军教授和赖伟民教授在南京大学资源大厦一楼上岛咖啡厅坐而论道。
　　席间，赖教授感叹：最近负担的教学任务太重，难有时间进行课题研究，更难有时间深入企业实地调研。
　　郝教授曰：同感、同感、尤其者，无法一一解答全国学员的学习疑问和管理问题，甚憾。郝教授进而设想，我俩的全国学员以企业高管者居多，数量接近十万。可否合办一个学员联谊会之类的组织，集中解答学员问题，促进学员交流联谊。

此语一出，赖教授拍案而起：我们假如利用互联网技术，办一个网站，不仅服务学员，还能成为现代管理领域的学习、研讨、交流平台。

郝教授也两眼放光：太好了，就以我俩的姓氏"郝"、"赖"为名，叫"好赖网"吧。

分析思考题：结合所学知识，分析案例中的企业管理创新的运用。

【实训】

创新方法应用

实训目标

（1）掌握应用创新方法；

（2）提高创新能力。

实训内容与要求

（1）对以下两个故事任选其一进行创新，每组6~8人，选出组长；

（2）利用课余时间创新，对故事进行改编。

故事一：龟兔赛跑

兔子和乌龟赛跑，兔子嘲笑乌龟爬得慢，但是它笑了笑说："总有一天我会赢你"。兔子说，"你很快会看到我是跑得多么地快。"它们打算马上就开始比赛。乌龟拼命地爬，一刻都不停止，兔子认为比赛太轻松了，它认为它可以先打个盹，然后很快就可以追上乌龟。同时，乌龟仍坚持爬行，当兔子醒来跑的时候，乌龟已经到达终点。

在学习过程中，假设你是案例中的"龟"，学习成绩不如同学"兔"，请问有哪些路径使"龟"的成绩超越"兔"？

故事二：让和尚买木梳

企业负责人出了这样一个实践题目：把木梳卖给和尚。众多应聘者困惑不解，光头和尚怎么会买木梳？纷纷离去。剩下甲、乙、丙三人。甲历尽艰辛甚至遭到和尚们的唾骂，最后卖出一把木梳。那是下山时在如火如荼的太阳下见一个和尚挠着又脏又厚的头皮，甲递上一把木梳，小和尚一用止了痒，顺便买了一把。乙为人比较机灵。他见朝圣神者个个被山风吹得头发蓬乱，便建议长老在庙宇里备一把木梳让进香者梳理一下乱发以免蓬头垢面对神不敬。长老采纳了这个建议买了10把木梳，因为山上有10座庙宇。丙思路宽广富于开拓，一次卖出木梳千把。丙说，他到一座名山古刹，见进香者如云，施主络绎不绝，便对主持说：进香者其心虔诚，施主慷慨，宝刹应对施主有所回赠以保其平安，鼓励他们多做善事，你的书法好，我有木梳一批，你可在木梳上写上"积善梳"三字后，作纪念品回赠给香客。主持大喜，当即买下一千把，香客得了纪念品也十分高兴。

结合"木梳卖给和尚"案例，请问如何将洗发水卖给和尚？

成果与成绩考核

（1）以小组为单位展示改编的故事；

（2）课堂报告：各组陈述，交流体会；

（3）由教师根据报告及陈述表现综合评分。

参 考 文 献

[1] 斯蒂芬·P. 罗宾斯等. 管理学 [M]. 大连：东北财政大学出版社，2004.
[2] 哈罗德·孔茨，海因茨·韦里克. 管理学 [M]. 北京：经济科学出版社，1998.
[3] 杨文士，张雁. 管理学原理 [M]. 北京：中国人民大学出版社，2004.
[4] 周三多，陈传明，鲁明泓. 管理学——原理与方法（第四版）[M]. 上海：复旦大学出版社，2003.
[5] 周健临. 管理学教程 [M]. 上海：上海财经大学出版社，2003.
[6] 芮明杰，管理学：现代的观点 [M]. 上海：上海人民大学出版社，1999.
[7] 蒋永忠，张颖. 管理学基础 [M]. 大连：东北财经大学出版社，2006.
[8] 周三多. 管理学 [M]. 北京：高等教育出版社，2003.
[9] 孙耀君. 西方管理学名著提要 [M]. 南昌：江西人民出版社，2002.
[10] 王凤彬，李东. 管理学 [M]. 北京：中国人民大学出版社，2005.
[11] 单凤儒. 管理学基础 [M]. 北京：高等教育出版社，2008.
[12] 黄煜峰，荣晓华. 管理学原理 [M]. 大连：东北财经大学出版社，2007.
[13] 钟经汉. 学习型组织的真谛——活出生命的意义 [J]. 江西教育论丛，2008.
[14] 〔英〕Burry Curnow, Jonathan Reuvid. 管理咨询国际指南——全球管理咨询的发展、实务及其结构 [M]. 上海：上海财经出版社，2003.
[15] 〔美〕丽贝卡·奥茨瓦尔. 罗宾斯《管理学》学习指导 [M]. 北京：中国人民大学出版社，2006.
[16] 肖更生，刘安民. 管理学原理 [M]. 北京：中国人民公安大学出版社，2002.
[17] 周三多. 管理学原理与方法 [M]. 上海：复旦大学出版社，2006.
[18] 卜军，姜英来. 管理学基础 [M]. 大连：大连理工大学出版社，2005.
[19] 徐晓黎. 管理学原理 [M]. 重庆：重庆大学出版社，2003.
[20] 余伟. 创新能力培养与应用 [M]. 北京：航空工业出版社，2008.
[21] 张玉利. 管理学 [M]. 天津：南开大学出版社，2004.
[22] 周秀淦，宋亚非. 现代企业管理原理（第三版）[M]. 北京：中国财政经济出版社，1998.
[23] 黄津孚. 现代企业管理原理（第四版）[M]. 北京：首都经济贸易大学出版社，2002.
[24] 王利平. 管理学原理 [M]. 北京：中国人民大学出版社，2003.
[25] 罗锐韧. 哈佛管理全集 [M]. 北京：企业管理出版社，1999.
[26] 周祖城. 管理与伦理 [M]. 北京：清华大学出版社，2000.
[27] 杨杜. 现代管理理论 [M]. 北京：中国人民大学出版社，2001.
[28] 〔美〕哈罗德·孔茨，海因茨·韦里克. 管理学（第九版）[M]. 北京：经济科学出版社，1993.

［29］ 宋维明. 管理学概论［M］. 北京：中国林业出版社，1999.

［30］ 王春利，李大伟. 管理学基础［M］. 北京：首都经济贸易大学出版社，2001.

［31］ 董速建，董群惠. 现代企业管理［M］. 北京：经济管理出版社，2002.